Michael Morris

KLIMA TERROR

Die tödliche Agenda hinter der Klimapolitik

Great Reset, Agenda 2030, Plan 50/50, Wettermanipulation, korrupte Wissenschaftler und die Reduktion der Menschheit

amadeus-verlag.com

dritte Auflage

Amadeus Verlag GmbH & Co. KG
Birkenweg 4
74579 Fichtenau
Fax: 07962-710263
www.amadeus-verlag.com
Email: amadeus@amadeus-verlag.com

Druck:
CPI – Ebner & Spiegel, Ulm
Satz und Layout:
Jan Udo Holey
Umschlaggestaltung:
Amadeus Holey

ISBN 978-3-98562-015-9

INHALTSVERZEICHNIS

TEIL 1 – WOVON SPRECHEN WIR?

TEIL 2 – DER EINFLUSS DES MENSCHEN AUF DAS WETTER

TEIL 3 – EINE BEQUEME UNWAHRHEIT

Vorwort

Mitte März 2023 hielt ich vor einer kleinen geschlossenen Gruppe von mehreren Dutzend Personen auf deren Bitte hin einen Vortrag zum Thema „Klimawandel". Ich hatte mich bereits in mehreren meiner Bücher am Rande mit dem Thema befasst, jedoch immer nur Teilaspekte der Thematik beleuchtet, passend zum jeweiligen Rest des Buches. Nun aber versuchte ich erstmals, in nur 90 Minuten alle Aspekte des omnipräsenten Themas zu beleuchten, inklusive der Verflechtungen mit allen anderen wichtigen Themen unserer Zeit. Mein Ziel war es, das große, ganze Bild zu zeichnen, weil das genau das ist, was meiner Meinung nach bislang fehlte.

Es gibt dutzende kritische, auch durchaus gute Bücher zu der Thematik, doch sie alle beleuchten nur einen Teilaspekt des Ganzen, meist sind es physikalische Erklärungen darüber, warum die Theorie, dass CO_2 für eine Erderwärmung verantwortlich sein soll, stimmt oder eben nicht stimmen kann. In den zahlreichen Interviews mit Physikern oder Meteorologen wird immer das Thema des „Klima-Aktivismus", dessen Hintermänner und deren Agenda geschickt umschifft, weil die Wissenschaftler sich damit entweder nicht auskennen oder aber bestimmte Konsequenzen fürchten, was ich durchaus nachvollziehen kann. Niemand hat meines Wissens nach bislang die Verbindungen zwischen Militär, Politik, privaten Lobbys, dem Great Reset, der Energiewende, dem Geo-Engineering, der Wettermodifikation und einem gekauften Teil der Wissenschaftler schlüssig, übersichtlich und leicht verständlich dargestellt und mit den neuesten echten wissenschaftlichen Daten abgeglichen.

Doch solange man nur Teilaspekte einer Sache betrachtet, kann man sie nie richtig verstehen. Meiner Meinung nach muss man ein Thema von allen Seiten betrachten, um es wirklich erfassen und damit sinnvoll umgehen zu können. Also recherchierte ich und stieß auf Firmengeflechte und Organisationen, die selbst mir neu waren. Zudem arbeitete ich die neuesten wissenschaftlichen Erkenntnisse ein, die zum Teil hochbrisant sind und unbedingt gehört werden sollten, also jene Fakten und Daten, die von der Populärwissenschaft, der Politik und den Medien völlig ignoriert werden – zum einen, weil ihnen dazu der Sachverstand fehlt, zum anderen, weil diese Erkenntnisse dem gängigen Narrativ und der dahinterstehenden Klima-Agenda klar zuwiderlaufen.

Der Vortrag sollte nicht länger als 90 Minuten dauern, was zur Folge hatte, dass ich stark vereinfachen und verkürzen musste. Eigentlich hätte ich zu allen Themenbereichen gerne mehr erzählt, denn schließlich will man neue, spannende Informationen immer gerne mit Gleichgesinnten teilen, doch der zeitliche Rahmen zwang mich dazu, mich auf das absolut Wesentlichste zu beschränken und in allen Bereichen zur Quintessenz zu kommen, was wiederum seinen eigenen Reiz hatte, denn nichts ist schwieriger, als komplexe Zusammenhänge ganz kurz, einfach und für jeden verständlich darzustellen. Ich wage jedoch zu behaupten, dass gerade das eine meiner Stärken ist, und so war es dann auch im Vortrag.

Das Komprimieren hatte den Vorteil, dass die Zuhörer und Zuseher nicht mit zu vielen Details und Zahlen überfordert wurden und somit für eineinhalb Stunden voll fokussiert und aufmerksam blieben, weil sie das Klima-Thema erstmals in gewisser Weise wie einen Thriller präsentiert bekamen. Zwar hatten die meisten Anwesenden bereits gute Vorkenntnisse, aber sie hatten dennoch vieles von dem, was ich ihnen präsentierte, bislang als voneinander getrennt wahrgenommen, als völlig unterschiedliche Bereiche des Lebens, der Wirtschaft und der Politik. Zu erkennen, wie alles in unserem Leben untrennbar mit der Klima-Agenda verflochten ist, eröffnete vielen von ihnen eine neue Perspektive und führte zu einem „Aha-Erlebnis“ und dadurch zu neuem, tieferem Verständnis.

Der Vortrag wurde überwiegend positiv aufgenommen. Die Anwesenden wussten, dass ich mich sonst nie in der Öffentlichkeit zeige und für sie, als eingeschworenen Zirkel Gleichgesinnter, eine absolute Ausnahme gemacht hatte. Dennoch versuchten einige von ihnen, mich davon zu überzeugen, dass ich diesen Vortrag öfter und vor größeren Gruppen halten müsste, vor allem vor jungen Menschen, als Gegenpol zu der Indoktrination, der sie ansonsten durch Medien und Schule ausgesetzt sind. Ich will jedoch weiterhin nicht öffentlich in Erscheinung treten, weil es mir hier nicht um meine Person, sondern um die Sache geht, und weil dies die einzige Möglichkeit ist, die Privatsphäre meiner Familie zu schützen. Außerdem habe ich weder die Zeit noch die Ressourcen, um wie Ex-US-Vizepräsident *Al Gore* meine eigenen kleinen Klimabotschafter auszubilden, die dann mit meinem Diavortrag durch die Lande ziehen, um ihre Altersgenossen zu manipulieren.

Allerdings beschloss ich auf die Bitte eines Zuhörers hin, meine PowerPoint-Präsentation jedem kostenlos zur Verfügung zu stellen, sodass jeder, der das möchte, diese Informationen verbreiten kann, egal ob im Freundeskreis, im Verein, in der Schule oder wo auch immer.

Da meine „Dia-Show“ neben den Bildern aber natürlich nur die Überschriften der Themenbereiche enthielt, inklusive einiger Stichworte, blieb mir nichts anderes übrig, als alles Weitere für alle Interessierten aufzuschreiben, damit künftige Referenten sich dementsprechend vorbereiten konnten. Natürlich passierte das, was dann immer passiert. Ich hatte in Wahrheit Wissen und Informationen, inklusive neuem hochbrisantem Material, das nicht in diese 90 Minuten gepasst hatte und das für einen zehnstündigen Vortrag gereicht hätte. Und wenn ich mich schon mal hinsetzte und über das Thema schrieb, dann wollte ich den Lesern natürlich auch all das weitergeben, denn das ist der Sinn dieser Arbeit.

Auf Wunsch meines Verlegers sollte es ein dünnes Buch von rund 150 Seiten werden, denn das Papier und der Druck werden immer teurer, und wenn wir junge Menschen erreichen wollen, dann liegt die Würze in der Kürze. In dem Sinne bin ich an der Aufgabe gescheitert, weil das Buch doch wieder länger geworden ist. Schließlich schreibe ich für alle Interessierten, unabhängig von ihrem Alter.

Ich glaube, dass dieses Buch außergewöhnlich und spannend ist, weil es Hintergründe aufdeckt, die selbst jenen, die bereits über Vorbildung verfügen, neue Perspektiven eröffnet. Es ist spontan und organisch entstanden und kann sowohl als Grundlage für kürzere oder längere Vorträge dienen als auch als eigenständiges Werk zur Weiterbildung für den einzelnen interessierten Leser.

Eigentlich hatte ich nicht vorgehabt, nochmals über das Klima-Thema zu schreiben. Es wurde zuletzt aber immer schwieriger, das eigene Leben vorauszuplanen – nicht nur für mich, wie ich immer wieder bestätigt bekomme. Alles befindet sich im Zustand des Umbruchs und der Veränderung, und da ich diesen Wandel gerne aktiv mitgestalten möchte, versuche ich, im Fluss zu bleiben und das anzunehmen, was das Leben mir präsentiert, selbst wenn ich in dem Moment manchmal noch nicht weiß, was genau es damit auf sich hat oder wohin es führen wird.

In dem Maße, in dem man jenen, die das alte System dominierten, immer weniger trauen kann (um es freundlich auszudrücken), bleibt folglich nur, dem Leben selbst, der Vorsehung oder der göttlichen Intelligenz zu trauen. Der Verstand hatte mir bis zur Einladung zu diesem Vortrag gesagt, dass es zu diesem Thema bereits genügend Bücher und Informationen gibt, doch das positive Feedback mehrerer Teilnehmer erzeugte ein Momentum, dem ich letztlich vertraute und folgte.

Die Menschen kaufen heute immer weniger Bücher, vor allem im deutschsprachigen Raum. Für die reiferen Semester, die prinzipiell noch ein gutes Verhältnis zum gedruckten Buch haben, wird es aufgrund der künstlich geschaffenen Inflation immer schwieriger, zwanzig oder fünfundzwanzig Euro für ein Buch auszugeben. Die meisten jungen Menschen lesen kaum noch freiwillig längere Texte. Sie sind audiovisuellen Input gewohnt, das rein geschriebene Wort ist ihnen zunehmend fremd. Ich weiß, dass man ihr Interesse daher mit einer visuell aufbereiteten Präsentation leichter gewinnen könnte. Noch besser als Power-

Point-Vorträge wäre da natürlich ein Film, aber dessen Erstellung würde lange dauern und wäre sehr kostenintensiv, deshalb halte ich es für unwahrscheinlich, dass ich dieses Vorhaben zeitnah selbst verwirklichen kann. Aber ich werde nichts unversucht lassen, und falls Sie selbst als Leser die Möglichkeit haben, die Informationen in audiovisueller Form zu gestalten und an andere weiterzugeben, so kann ich Sie nur dazu ermutigen. Gleichzeitig würde ich Sie bitten, mich diesbezüglich über den Verlag zu kontaktieren, um mögliche Ansätze zu koordinieren und zu bündeln, damit wir am Ende nicht mehr Verwirrung stiften, als das bislang ohnehin schon geschieht.

Der Klimawandel findet statt, und er wird heftiger, als sich das selbst die grünsten Öko-Fanatiker vorstellen können, aber er hat völlig andere Ursachen, als das verweichlichte linke Bildungsbürgertum glauben möchte.

Wir stehen offenbar am Beginn eines neuen Kataklysmus, der Teile der Menschheit oder unsere ganze Spezies auslöschen könnte. Und genau das ist es, was die Mächtigen im Hintergrund wollen. Deshalb lenken sie uns mit immer neuen falschen Daten und Narrativen in die Irre. Sie geben Milliarden dafür aus, um uns als Menschheit zu verwirren und zu verdummen, während sie sich im Hintergrund auf die drohende Katastrophe, den Klima-Zerberus, vorbereiten. Doch ich bin der Überzeugung, dass sie selbst nicht das große ganze Bild sehen und sich daher in falscher Sicherheit wähnen. Ihr verantwortungs- und skrupelloses Handeln könnte daher für sie genauso tödlich enden – wenn wir nicht noch rechtzeitig ein möglichst breites Umdenken erreichen.

Leser meiner früheren Bücher und Artikel wissen, dass ich zuletzt nicht mehr sehr optimistisch war, was den sogenannten „Bewusstseinssprung“ oder den „Aufstieg“ der Menschheit angeht. Zwar waren eine Zeit lang gefühlt mehr und mehr Menschen „erwacht“, doch hat sich diese Entwicklung, nicht zuletzt dank der Corona-Inszenierung, wieder deutlich verlangsamt. Es kamen zwar ein paar neue „Zweifler“ und „Verschwörungstheoretiker“ hinzu, aber gleichzeitig sind viele bereits zuvor Erwachte auf dieser Ebene hängengeblieben und haben nicht den nächsten Entwicklungsschritt gemacht. Ich bin mit einigen wunderbaren Menschen in Kontakt, die in ihrem jeweiligen Bereich seit Jahren versuchen, etwas zu einem positiven Wandel beizutragen, und wir alle müssen feststellen, dass selbst in spirituellen Zirkeln traurigerweise immer noch Zwietracht und Profilierungsbedürfnis vorherrschen.

Ich thematisiere das deswegen, weil ich hoffe, dass ein Verständnis für die wahren Vorgänge im Hintergrund dabei helfen könnte, die eigenen kleinen Befindlichkeiten hintanzustellen, damit wir kritische Geister endlich damit anfangen, an einem Strang zu ziehen, um vielleicht im letzten Moment doch noch eine kritische Masse zu erreichen und das Ruder herumzureißen, denn wenn das nicht gelingt, dann bleibt uns allen nur, uns zurückzuziehen und uns auf unser eigenes nacktes Überleben zu konzentrieren. Das hat dann aber nichts mit einem kollektiven Bewusstseinssprung zu tun, denn dann wären wir weiterhin in der Endlosschleife der karmischen Reinkarnation gefangen. Das ist ein Spiel, das ich schon seit Langem leid bin, und ich hoffe zutiefst, dass es genügend andere da draußen gibt, die den Ernst der Lage erkennen und mithelfen, das alte Muster zu durchbrechen.

Ich bin mir sicher, dass es nichts und niemanden gibt, der für uns einen Schalter umlegt und mit einem Mal all die Schwere, Feigheit und Angst von den Menschen nimmt. Wir müssen das schon selbst erledigen. Wir müssen den Willen und den Mut aufbringen zu einem positiven Wandel. Das ist Arbeit, tägliche Arbeit im Physischen, aber auch an uns selbst. Das ist ein langer und anstrengender Weg, aber es ist der einzige, der uns Erlösung bringen und unser Opferverhalten auflösen kann.

Doch zurück zum eigentlichen Thema, dem Klimawandel: Lassen Sie mich die Brücke vom altmodischen „Glauben“ hin zum zeitgemäßen „Wissen“ schlagen. Auch wenn es mir schwerfällt, so werde ich versuchen, mich so kurz und bündig wie möglich zu fassen, sodass alle Interessierten hoffentlich alle einzelnen Bereiche, aber auch das große Ganze verstehen werden – und im besten aller Fälle dazu angeregt und ermuntert werden, selbst weiter zu recherchieren und zu handeln. Das Ziel für uns alle sollte es sein, in dieser sehr komplexen Thematik zumindest so weit sattelfest zu sein, dass wir Lügen selbstständig als solche erkennen können und so nicht mehr dadurch manipuliert und gesteuert werden. Also, lassen Sie uns gemeinsam das „Klima retten“ – denn ohne Humor ist das alles nur noch sehr schwer zu ertragen.

Michael Morris

TEIL 1 – WOVON SPRECHEN WIR?

Im Raum steht die Behauptung, dass der „Klimawandel", der vor dem Jahr 2010 noch „Erderwärmung" genannt wurde, durch den menschlichen Ausstoß von CO_2 verursacht wird. Wer diesem sogenannten „anthropogenen Klimawandel" widerspricht, gilt als moderner Ketzer und wird heute nicht mehr nur als „Klimaleugner" beschimpft, sondern immer öfter auf dieselbe Stufe wie Terroristen und Staatsfeinde gestellt. Natürlich wissen die meisten Naturwissenschaftler, die halbwegs bei Verstand sind, dass das kompletter Unsinn ist, wie ich auf den folgenden Seiten auch anhand neuester wissenschaftlicher Erkenntnisse belegen werde.

Doch bevor wir ins Detail gehen, möchte ich im ersten Kapitel des Buches zunächst einige Begriffe klären, die im Zusammenhang mit dem „Klima" verwendet werden, und ein wenig ins Detail gehen. Schließlich ist es einfacher, einen Konsens herzustellen, wenn wir alle wirklich von ein und derselben Sache sprechen, was heute scheinbar oftmals nicht der Fall ist.

Wie das Wetter entsteht

> Als „Wetter" wird der physikalische, messbare Ist-Zustand an einem bestimmten Ort oder in einem bestimmten Gebiet in der Troposphäre, also dem unteren Teil der Atmosphäre, bezeichnet. Das für uns wahrnehmbare „Wetter" äußert sich in Form von Temperatur, Wind und Niederschlag.

Aber natürlich spielen hier wesentlich mehr Faktoren eine Rolle, denn das Wetter wird durch komplexe dreidimensionale Prozesse geprägt in einem Zusammenspiel folgender *meteorologischer Elemente*:

- Sonneneinstrahlung (Temperatur)
- Luftdruck

- Luftfeuchtigkeit
- Bewölkung
- Windstärke und Windrichtung
- Niederschlag

Welche weiteren Faktoren (wie kosmische Einflüsse und Meeresströmungen) aber darüber hinaus noch hinter der Entstehung des Wetters stecken, werden wir in Kürze betrachten. Vorerst bleiben wir bei der weithin gültigen Definition, um die es bis dahin keine Kontroversen geben sollte.

Wir alle haben die Erfahrung gemacht, dass Wettervorhersagen oftmals eher ungenau oder zumindest nicht ganz zuverlässig sein können. Trotz all der modernen Messtechnik, trotz Satelliten, digitalen Überwachungsmöglichkeiten und leistungsstarken Computern, trotz all dem Geld, das in meteorologische Institutionen rund um den Globus fließt, ist die Vorhersage des Wetters oftmals sehr unzutreffend. Woran liegt das?

Während naturverbundene Menschen das Wetter aufgrund von subjektiver Erfahrung für ihren Lebensraum voraussagen, erfolgt jede professionelle Wettervorhersage von Meteorologen auf Basis von **Wetter-Modellen**. Das sind mathematische Programme, die mit aktuellen Wetter-Daten gefüttert werden und die sie dann mit denen aus der Vergangenheit vergleichen, um zu berechnen, wie sich das Wetter wahrscheinlich entwickeln wird. Wenn es auf Basis der zuvor erwähnten aktuellen Wetterdaten (Temperatur, Wind, Niederschlag) in der Vergangenheit in ähnlichen Situationen von zehn Mal sieben Mal am nächsten Tag geregnet hat, dann lautet die Vorhersage, dass es *„mit 70%iger Wahrscheinlichkeit"* morgen regnen wird.

> *„Am zuverlässigsten unterscheiden sich die einzelnen Fernsehprogramme noch immer durch den Wetterbericht."*
>
> Woody Allen (Schauspieler, Autor und Regisseur)

Wir alle wissen, dass es in einem Dorf jetzt gerade regnen kann, während im nächsten Dorf, nur 2 km entfernt, zur selben Zeit die Sonne scheint. Wir wissen, dass es selbst in jeder Stadt Unterschiede innerhalb der einzelnen Stadtteile geben kann. „Wetter" ist eben ein sehr komplexer und schwer zu erfassender Zustand. Daher sagt eine „Wahrscheinlichkeit" letztlich recht wenig aus.

Meistens ist Wetter ein fließender Prozess, also eine Abfolge verschiedener Zustände. Es erwärmt sich und kühlt sich wieder ab. Erst scheint die Sonne, dann regnet es, dann scheint wieder die Sonne. Dieser Wetterwechsel ist der Normalzustand. Wenn sich das Wetter aber über längere Zeit, also mehrere Tage oder Wochen, in einem größeren Gebiet nicht ändert, dann sprechen wir von einer **„Großwetterlage"**. Die kann sowohl natürliche als auch künstliche Ursachen haben, wie wir im zweiten Teil des Buches sehen werden.

Unterschiedliche Meteorologen nutzen unterschiedliche Wetter-Modelle. Das Ergebnis des jeweiligen Modells hängt zum einen von den eingegebenen Daten ab und zum anderen von der Programmierung des Computerprogramms. Zudem hängt die letztliche Zusammenfassung des Wetters von der Gewichtung der Daten und dem Tempo der Verarbeitung ab. Jetzt könnte man vielleicht meinen, dass die aktuellen Wetter-Daten eigentlich unumstößlich und eindeutig sein müssten, aber schon da gibt es gravierende Unterschiede, wie wir in Abbildung 1 sehen können. Die meisten Wetter-Seiten bieten einem nur eine einzige Wettervorhersage an, beruhend auf einem einzigen Wetter-Modell. Eine Ausnahme ist hier die Wetter-Seite *Kachelmann-Wetter*, auf der man zwischen verschiedenen Modellen wählen kann. Die Abbildung 1 zeigt, dass ich am 6.1.2023 um 11 Uhr vormittags auf dieser Seite drei verschiedene Modelle für die österreichische Bundeshauptstadt Wien angeklickt habe, und selbst bei der aktuellen Temperatur, also dem „Jetzt-Zustand", gab es eine Abweichung von mehr als 40%. Zwei Modelle wiesen eine aktuelle Temperatur von 7°C aus, eines eine von 10°C.

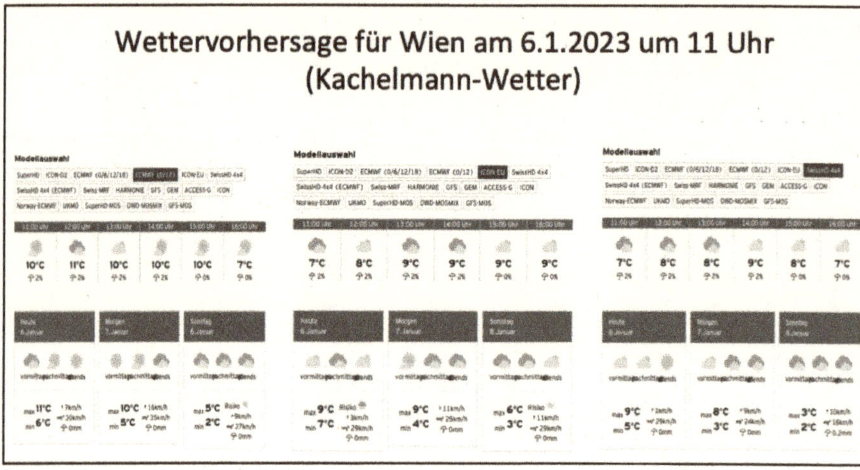

Wettervorhersage für Wien am 6.1.2023 um 11 Uhr (Kachelmann-Wetter)

Abb. 1: Wettervorhersage für Wien am 6.1.2023 um 11 Uhr (Kachelmann-Wetter)

Wie ist das möglich? Nun, das liegt vermutlich daran, dass unterschiedliche Modelle die Temperaturwerte von verschiedenen Messstationen beziehen, die an unterschiedlichen Orten stehen. Wettervorhersagen sind also offenbar schwierig, und je weiter man sich vorauswagt, desto unzuverlässiger werden sie. Selbst für den nächsten Tag erhalten wir bereits oft – je nach Modell – recht falsche Voraussagen. Oder anders ausgedrückt: Das Wetter – also die Natur – macht nicht das, was ein Computerprogramm von ihm erwartet.

Jede Vorhersage, die über mehr als drei Tage hinausreicht, gilt unter Meteorologen ohnehin als komplett unseriös und als reines Ratespiel. Doch wenn man nicht einmal das Wetter von morgen präzise vorhersagen kann, ist es dann nicht bemerkenswert, dass es da draußen scheinbar viele vermeintliche Experten gibt, die sich sicher sind, ganz genau zu wissen, wie das Klima in dreißig Jahren aussehen wird?

Was Klima tatsächlich bedeutet

„Klima" ist der mittlere Zustand im unteren Teil der Atmosphäre an einem bestimmten Ort oder in einem bestimmten Gebiet über das Jahr gesehen. Da das Wetter sich unentwegt ändert, muss man dafür den Mittelwert eines langen Zeitraumes hernehmen, per Definition der Weltorganisation für Meteorologie einen Zeitraum von mindestens dreißig Jahren.

Klima ist somit immer eine Betrachtung des Wetters in der Vergangenheit. Praktisch gesehen ist es eine Sammlung von hunderttausenden oder **Millionen von Wetterdaten** für einen bestimmten Ort. Da es aufgrund der starken lokalen Schwankungen kein „Welt-Wetter" gibt, kann es auch kein „Welt-Klima" geben. Daher ist auch der sogenannte „Weltklimarat" ein Oxymoron (das sind zwei Begriffe, die sich gegenseitig ausschließen). Was bedeuten also all die häufig benutzten Begriffe, die mit dem Wort „Klima" beginnen, wirklich:

- **„Klima retten"**: die hunderttausende von Wetterdaten aus der Vergangenheit zu sichern, beispielsweise indem man sie auf einer Festplatte speichert und in einen Tresor einschließt.
- **„Klima-freundlich"**: nett zu diesen Daten oder der Festplatte zu sein
- **„Klima-neutral"**: diesen Daten gegenüber keine Vorurteile zu haben
- **„Klima-Leugner"**: jemand der leugnet, dass es auch früher schon Wetter gegeben hat

In unterschiedlichen Regionen auf einem Planeten herrschen unterschiedliche klimatische Verhältnisse, die wir als „Klimazonen" bezeichnen. Das sind riesige Gebiete, in denen das Klima grob betrachtet relativ einheitlich ist, vorwiegend geprägt durch ihre Lage und den daraus resultierenden Winkel der Sonneneinstrahlung.

Wir unterscheiden auf der Erde zwischen den fünf großen Klimazonen *Polarzone*, *Subpolarzone*, *Gemäßigte Zone*, *Subtropen* und *Tropen*. Wenn bestimmte Faktoren zusammentreffen, kann es an manchen Tagen auch in der Polarzone, einer ansonsten sehr kalten Region, kurzzeitig warm werden, etwa weil der Wind aussetzt. Wenn man aber beispielsweise an einem solchen Tag am Rande der Antarktis eine Temperatur von +15°C misst, dann lässt das noch keine Aussage über einen „Klimawandel" zu, weil es sich dabei nur um ein „Wetterphänomen" handelt. Ob sich das Klima an dem Ort tatsächlich geändert hat, werden wir erst in frühestens 30 Jahren wissen, denn solche „Ausreißer" sind überhaupt nicht ungewöhnlich und müssen auf den langjährigen Durchschnitt, also das „Klima", keinen Einfluss haben.

Wenn man es langfristig betrachtet, also über tausende oder Millionen von Jahren, dann kann man das Klima in verschiedene Zyklen unterteilen. Wir erkennen lange Zyklen, die über tausende, teilweise sogar über hunderttausende Jahre reichen. Sie werden unterteilt in kürzere Zyklen, die man wiederum in noch kürzere unterteilen kann, die dann letztlich nur noch einige Jahrzehnte dauern. Seit Existenz der Erde haben sich Kalt- und Warmphasen immer abgewechselt, auch schon lange, bevor es Menschen gab. „Klimawandel" ist also nichts Neues oder Ungewöhnliches, es ist der Normalzustand. Das Klima hat sich immer geändert. Es gibt kein immer gleich bleibendes Klima, aber auf lange Sicht betrachtet, wiederholen sich bestimmte längere Zyklen, was bislang zu wenig Beachtung gefunden hat.

Neben der Sonneneinstrahlung und dem Wind, wird das Wetter, und somit auf längere Zeit betrachtet das Klima, vorwiegend von folgenden Faktoren beeinflusst:

- von der Position unseres Planeten im Sonnensystem,
- von der Position unseres Sonnensystems im Universum,
- von den Veränderungen der Erdumlaufbahn (Präzession),
- von der Sonnenaktivität,

- von der Intensität der kosmischen Strahlung,
- von der Aktivität im Erdinneren und der daraus resultierenden Verschiebung der Kontinente (Tektonik), die wiederum Erdbeben und Vulkanausbrüche auslösen können,
- von den Meeresströmungen.

Wir werden tagtäglich mit der Behauptung konfrontiert, dass es auf Erden gerade so heiß sei, wie nie zuvor und dass jeder weitere Temperaturanstieg – der angeblich auf unser Konto gehen soll – eine absolute Katastrophe wäre und die Erde unbewohnbar machen würde. Das ist schlichtweg falsch! Das Gegenteil ist der Fall. Und jeder, der möchte, kann das innerhalb weniger Minuten überall nachrecherchieren.

> *„Gegenwärtig, seit etwa 33,7 Millionen Jahren, herrscht kein Warmklima, sondern ein Eiszeitalter mit Vergletscherung der Antarktis, das Känozoische Eiszeitalter... Während die mittlere globale Erdoberflächentemperatur heute bei etwa 15°C liegt, betrug sie in den Warmklimaphasen rund 20 bis 25°C, in der heißesten Zeit des letzten Warmklimas rund 30°C.“*[(1)]

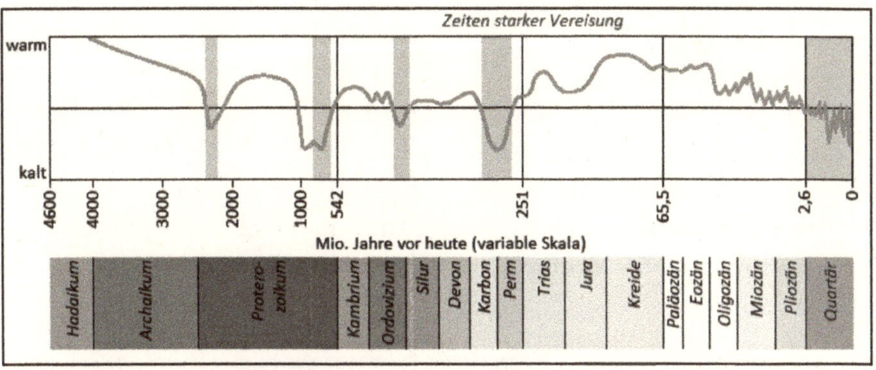

Abb. 2: Klima seit Entstehung der Erde vor rund 4,6 Milliarden Jahren laut ZAMG (Zentralanstalt für Meteorologie und Geodynamik) – die dunklen, vertikalen Balken markieren Kaltzeiten

Wie wir in Abbildung 2 erkennen, befinden wir uns gegenwärtig in einer der kältesten Phasen der Erdgeschichte. Warmphasen haben langfristig immer überwogen. Tatsächlich war es noch nie so lange so kalt wie heute. ***Die Erde war seit ihrem Bestehen zu 90% akryogen, also eisfrei!*** Vereiste Pole und Gletscher sind die absolute Ausnahme!

Betrachten wir doch **die aktuelle Klimaphase** etwas langfristiger: Wenn man das ganz große Bild betrachtet, befinden wir uns immer noch in einer Eiszeit, die bereits vor mehreren Millionen Jahren begann – dem „*Känozoischen Eiszeitalter.*" Es unterteilt sich wiederum in verschiedene kürzere Sub-Phasen. Derzeit befinden wir uns in einer relativen **Warmzeit** oder **„Interglacial-Zeit"**, die man das „Holozän" nennt. Es begann vor rund **12.000 Jahren** mit einer tausendjährigen Übergangsphase, die als „Friesland-Phase" bezeichnet wird – eine Zeitepoche, während der nur wenige Millionen Menschen auf unserem Planeten lebten, also rund ein Tausendstel der heutigen Weltbevölkerung. In dieser rund tausendjährigen Friesland-Phase änderten sich die Meeresströmungen durch einen raschen Temperaturanstieg, wodurch die Durchschnittstemperaturen auf Teilen der Nordhalbkugel **innerhalb von nur 20 bis 40 Jahren um sechs Grad Celsius stiegen, in Grönland sogar bis zu 10 Grad!**[(2)]

Wenn heute also Populärwissenschaftler – um sie freundlich zu benennen – davon sprechen, dass selbst ein vorhergesagter durchschnittlicher, globaler Temperaturanstieg von 1,5°C katastrophal wäre, dann widerspricht das allen vorliegenden Daten und Fakten, was sogar der öffentlich-rechtliche Rundfunk in Deutschland unter der Überschrift „Grönland war mal grün!" bestätigt:

> ***„Zeiten mit höheren Temperaturen erweisen sich als besonders produktiv:*** *die landwirtschaftlichen Erträge stiegen, die Gesundheit der* ***Bevölkerung*** *verbesserte sich, sie* ***WUCHS AN.*** *Ressourcen wurden frei für Handel, Kultur und Wissenschaft. Als Beispiel (sei) erwähnt...*

die hochmittelalterliche Warmzeit Europas von rund 1000 bis 1300. Die Temperaturen lagen im Schnitt zwei Grad über den heutigen. Die Vegetationsperiode war länger. Bis in den Norden Norwegens konnte Korn angebaut werden... Die Bevölkerung Europas explodierte geradezu. Kultur und Gesellschaft erlebten eine Blütezeit."[(3)]

Warmzeiten sind für Menschen immer besser als Kaltzeiten. In diesem Zitat ist vor allem die Aussage, dass die Bevölkerungszahl in Warmzeiten immer wuchs, von größter Bedeutung, wie wir später noch sehen und verstehen werden.

Der römische Politiker und Geschichtsschreiber *Publius Cornelius Tacitus* (58-120 n.Chr.) berichtete von den Olivenhainen und Weinbergen in England, weil es vor knapp zweitausend Jahren auf den britischen Inseln deutlich wärmer war als heute. Wie konnte der karthagische Heerführer Hannibal im Jahr 218 v.Chr. mit Elefanten die Alpen überqueren? Ganz einfach: weil sie eisfrei waren und die Temperaturen weit über den heutigen lagen.

Bis ins frühe 15. Jahrhundert hinein betrieben die Wikinger auf Grönland („Grünland") Ackerbau und Viehzucht, ehe die einsetzende kleine Eiszeit sie zwang, die Insel im Nordatlantik zu verlassen. Zu diesem Zeitpunkt soll die Weltbevölkerung bei unter 400 Millionen Menschen gelegen haben, also rund ein Zwanzigstel des heutigen Standes. Heute ist Grönland mit einer Eisschicht bedeckt, die im Durchschnitt 1,5 km dick ist! Allein an diesem einen Beispiel erkennen wir, dass der Ausstoß von CO_2 durch den Menschen wohl kaum einen nennenswerten Einfluss auf das Klima (Wetter) auf Erden haben kann.

Die meisten Menschen begehen in Bezug auf das Klima (Wetter) den Fehler, das, was sie in ihrer Kindheit erlebten, als den „Normalzustand" anzusehen. Und da die Winter in Europa in den 1940er- bis in die 1970er-Jahre hinein vielerorts tatsächlich kälter und schneereicher waren als in den vier darauffolgenden Jahrzehnten, war es leicht, ihnen einzureden, dass wir uns in einer Phase gefährlicher Erwärmung befänden. Da hilft es nun auch oftmals nicht, dass dieser minimale Temperaturanstieg nachweislich seit Jahren beendet ist. Wenn Menschen einmal den Begriff „Klimawandel“ als etwas Negatives abgespeichert haben, dann braucht es sehr viel Überzeugungsarbeit, ihnen deutlich zu machen, dass das einzig „normale“ am Klima der ständige Wandel ist und dass es kein gleichbleibendes Klima gibt.

Die Veränderungen sind real, und sie könnten unter Umständen auch gravierende Auswirkungen auf die Menschheit haben, aber sie haben nichts mit CO_2 zu tun, und so lange wir die wahren Hintergründe nicht begreifen, werden wir auch kaum in der Lage sein, uns dem Klimawandel anzupassen. Aber vielleicht ist ja genau das so gewollt?

Lebenswichtig: Kohlenstoffdioxyd – CO_2

„Kohlenstoffdioxid“ oder kurz „Kohlendioxid“ (CO_2) ist eine chemische Verbindung aus Kohlenstoff (C) und Sauerstoff (O). CO_2 ist ein nicht brennbares, farbloses Gas, das in geringen Mengen auch in der Erdatmosphäre vorkommt, weshalb es auch als „Spurengas“ bezeichnet wird.

CO_2 ist ein besonders spannendes Thema, denn es gibt kaum ein Thema, über das mehr Unsinn verbreitet wurde. Scheinbar ist die Mehrheit der Menschen in der westlichen Welt heute davon überzeugt, dass sich in unserer Atmosphäre mittlerweile zu viel CO_2 angesammelt hätte, doch wenn man sie fragt, wie viel „zu viel“ denn genau sei, so herrscht meist Stille.

Die Erdatmosphäre besteht zu rund 78% aus Stickstoff (N) und zu 21% aus Sauerstoff (O) und zu knapp 1% aus Argon (Ar). CO_2 ist nur in ganz winzigen Mengen vorhanden.

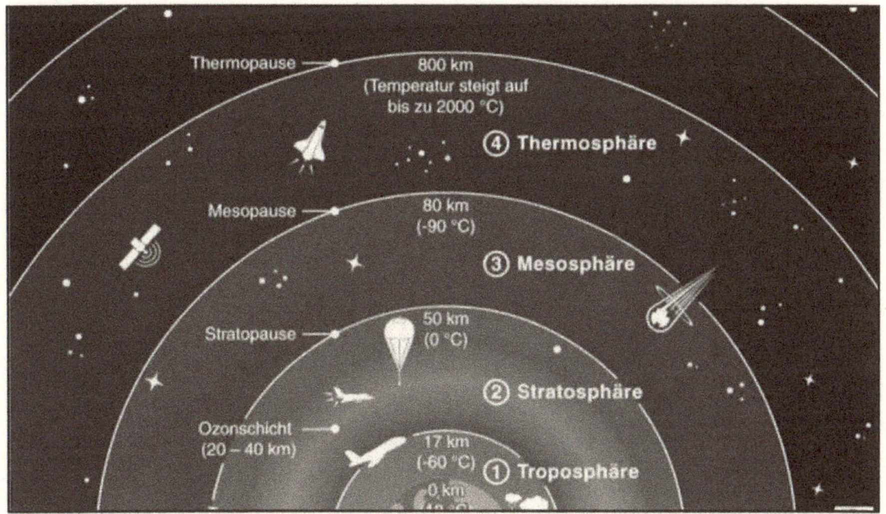

Abb. 3: Der Aufbau der Erdatmosphäre – wobei die Linien zwischen den einzelnen Schichten nur als optische Hilfe dienen. In der Realität sind dies fließende Übergänge der einzelnen Schichten.

Laut der offiziellen CO_2-Messstelle, dem *Manua Loa* Observatorium auf Hawaii, lag der Anteil des angeblich so gefährlichen Spurengases CO_2 in der unteren Erdatmosphäre (auf 3.400m) im April 2023 bei 423ppm, das sind 0,0423%. Seit den 1960er-Jahren wäre das angeblich ein dramatischer Anstieg von rund 40%, doch genau wie bei den Klimadaten ist es auch hier sinnvoll, den Blick auf einen längeren Zeitraum zu richten. (Siehe Abb. 4)

Betrachten wir die letzten 65 Millionen Jahre auf Erden (Abb. 4), so erkennen wir, dass erdgeschichtlich betrachtet die CO_2-Konzentration nur selten geringer war als heute. So wie höhere Temperaturen mehr Leben auf Erden ermöglichten, so gilt das auch für CO_2! Zumindest scheint eine höhere CO_2-Konzentration alles andere als lebensfeindlich zu sein.

Vor rund 500 Millionen Jahren soll der CO_2-Gehalt in der Erdatmosphäre um bis zu 6.000% höher gewesen sein als heute! Vor

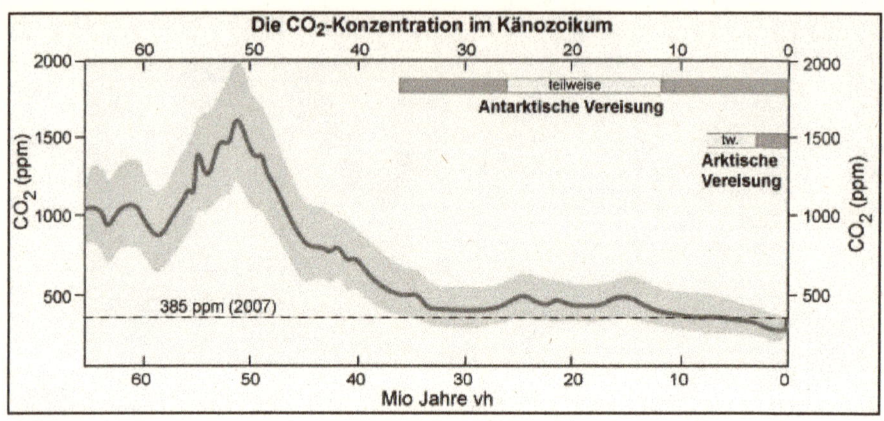

Abb. 4: CO_2-Konzentration in den vergangenen 65 Millionen Jahren

rund 100 bis 200 Millionen Jahren, war er noch um mehr als 1.000% höher als heute! Dies war die Zeit der Dinosaurier und Riesenfarne, die Zeit des üppigsten Lebens auf Erden. Da es zu jener Zeit noch keine Menschen auf Erden gab, ist es wohl eher unwahrscheinlich, dass der menschliche (anthropogene) CO_2-Ausstoß gröbere Auswirkungen haben konnte.

Eigentlich sollte jeder Mensch, der länger als acht Jahre zur Schule ging, wissen, dass CO_2 nichts Böses, sondern ganz im Gegenteil die Grundlage allen Lebens auf Erden ist, weil jeder im Biologie-Unterricht das Prinzip der **Photosynthese** gelernt haben sollte. Lassen Sie es mich daher nochmals ganz leicht verständlich zusammenfassen: Pflanzen nehmen tagsüber über den grünen Teil des Blattes, das Chlorophyll, CO_2 aus der Luft auf und spalten es mit Hilfe der Energie des Sonnenlichtes auf in C (Kohlenstoff) und O (Sauerstoff). Den Kohlenstoff wandelt die Pflanze dann in Zucker (Glucose) um, der wiederum der Baustoff für neue Zellen ist. Der Sauerstoff ist dabei ein Abfallprodukt, das die Pflanze wieder an die Luft ausscheidet (siehe Abb. 5). Das ist gut für uns, da wir diesen Sauerstoff zum Leben brauchen. Je mehr CO_2 die Pflanze aufnehmen kann, desto schneller wächst sie und desto mehr

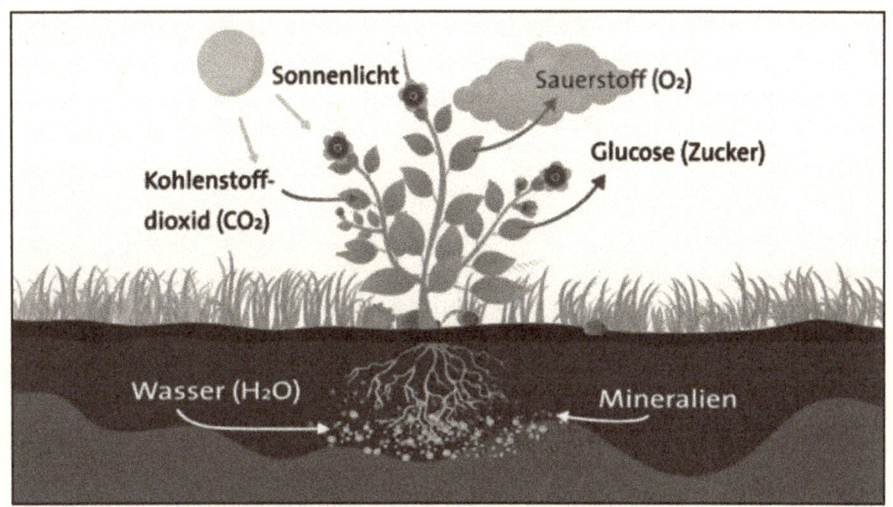

Abb. 5: Das Prinzip der Photosynthese

Sauerstoff stellt sie uns wiederum zur Verfügung. Das gilt für nahezu alle Pflanzen, vor allem für Bäume und Sträucher. Ausnahmen bilden hier lediglich einige wenige Pflanzen wie Getreidearten, deren Aufnahmekapazität bei über 400ppm nicht mehr zu steigen scheint.

Nachts geben Pflanzen übrigens auch wieder CO_2 an die Luft ab, aber in deutlich geringerer Menge als tagsüber. Das ist jedoch der Grund, warum man keine Pflanzen im Schlafzimmer haben sollte, weil sie der Luft nachts Sauerstoff entziehen – dies jedoch nur am Rande.

CO_2 ist Leben! Den CO_2-Anteil in der Atmosphäre zu reduzieren, bedeutet daher, gezielt das Leben auf Erden zu reduzieren! Die meisten Angaben und Aussagen über CO_2 sind völlig abstrus, was am Einfachsten durch den Umstand zu belegen ist, dass das CO_2-Narrativ des Weltklimarates und seiner Verbündeten besagt, dass *„unser CO_2-Ausstoß"*, verursacht durch Heizen, Industrie und Mobilität *„Klimaschädlich"* sei, das CO_2 aber, das wir unentwegt durch die Atmung ausstoßen, soll (noch) unbedenklich sein! Allein an diesem Punkt müsste man eigentlich jede Diskussion abbrechen, weil es keine zwei verschiedenen Arten von CO_2 gibt – es ist immer dasselbe Spurengas mit immer denselben Eigenschaften.

Aber der Reihe nach: Wenn wir genauer hinsehen, dann erfahren wir, dass rund 96% bis 96,5% des erdnahen CO_2 aus der Natur stammen, aus Böden und Gewässern, wobei der weitaus größte Teil von den Ozeanen ausgeschieden wird. Nur insgesamt rund 3,5% bis 4% des atmosphärischen Spurengases werden vom Menschen ausgeschieden, wobei diese Werte alle nur auf Schätzungen beruhen, nicht auf Wissen. Dennoch wird behauptet, dass wir sie unbedingt reduzieren müssten!

4% von den derzeitigen 0,04% CO_2 in der Atmosphäre wären nach Adam Riese ein vom Menschen beeinflussbarer Anteil von 0,0016% der gesamten Atmosphäre.

Deutschland soll für 2% des weltweiten anthropogenen Ausstoßes verantwortlich sein, also für 0,000032% Anteil an der Atmosphäre. Wenn wir das durch die 84 Millionen Einwohner dividieren, dann kommen wir auf einen Pro-Kopf-Wert, der weder darstellbar noch messbar ist. Doch selbst wenn wir es schaffen sollten, unsere „schädlichen Emissionen" beim Heizen und Autofahren gegen Null zu bringen, so wird sich dadurch am Klima nichts ändern. Und genau an dem Punkt wird es spannend!

Denn jeder Deutsche stieß im Jahr 2022 den offiziellen Zahlen zufolge **10,8 Tonnen „böses CO_2"** aus, was man auch als den individuellen **„CO_2-Fußabdruck"** bezeichnet. Das waren um 1,9% weniger als im Jahr zuvor und um ganze 40,4% weniger als im Jahr 1990.[(4)]

Jeder Erwachsene stößt im Jahr angeblich zwischen **1 bis 2 Tonnen CO_2** mit der Atmung aus – ein Wert, der nur schwer zu reduzieren ist, oder? Sollte also unser CO_2-Fußabdruck immer kleiner werden, das Wetter aber doch nicht das machen, was der „Weltklimarat" (IPCC) angeblich möchte, was wäre dann die logische Konsequenz? Richtig, wir müssten unsere Atmung verringern oder noch besser einstellen.

Zugegeben, diese Schlussfolgerung mag jetzt polemisch und spekulativ gewesen sein, die Zahlen, die ich Ihnen präsentiert habe, sind aber die offiziellen, und sie geben uns eine ungefähre Vorstellung davon, womit wir es hier zu tun haben.

Immer wieder hören wir die Aussage, CO_2 sei ein **„Treibhausgas"**, was bedeuten soll, dass es für eine Erwärmung der Erdatmosphäre verantwortlich wäre. Das ist jedoch Unsinn, weil die Erdatmosphäre kein Treibhaus ist! Die Linien zwischen den einzelnen Schichten der Atmosphäre in Abbildung 3 existieren in der Realität nicht, sie dienen nur einer schematischen Darstellung. Die Erdatmosphäre ist ein offenes System, nirgendwo gibt es ein Dach oder eine Decke. In einem geschlossenen Raum steigt warme Luft auf und hält sich dann unter der Decke, weil sie nicht entweichen kann. In einem Treibhaus ist es vor allem deshalb wärmer als draußen, weil der Luftaustausch mit der Umgebung, also die „Konvektion", unterbunden wird, also kein Wind geht und die Luft steht. In der Atmosphäre aber steigt die warme Luft auf und kühlt sich dann in dem Maße ab, wie Luftdruck und Erdanziehung geringer werden. Wäre es ein geschlossenes System, müsste es oben wärmer sein als unten. Jeder von uns weiß aber, dass es im Tal immer wärmer ist als auf dem Berg.

> Der angebliche *„...atmosphärische CO_2-Treibhauseffekt hat keinen physikalischen Hintergrund. Er basiert auf offensichtlich missverstandener Physik und lückenhaftem Wissen, was Joseph Fourier und Svantte Arrhenius Ende des 19. Jahrhunderts auf die Idee eines atmosphärischen Treibhauseffekts brachte... eine naive und falsche Vorstellung, die keiner Überprüfung standhält... die Atmosphäre ist kein Treibhaus. Nie wurde eine feste Schicht aus CO_2 (Trockeneis) in der Atmosphäre entdeckt. Es kann sie auch nicht geben... In 6 km Höhe beträgt die Lufttemperatur etwa -10°C. Für festes CO_2 wäre bei dieser Temperatur eine ganz erhebliche Erhöhung des Luftdrucks erforder-*

lich. Wie man weiß, nimmt der Luftdruck aber mit zunehmender Höhe exponentiell ab... Die angebliche Wärmerückstrahlung zum Erdboden, die den Treibhauseffekt ausmachen soll, wird in Abbildungen oft dargestellt wie eine Gegenstrahlung. Das ist so simpel wie falsch... Auch dem Nicht-Physiker muss auffallen, dass es eine einfache Reflexion an freien Molekülstrukturen nicht geben kann, die aber oft ernsthaft so erklärt wird... Die Atmosphäre ist physikalisch betrachtet ein offenes System... Es gibt keinen atmosphärischen CO_2-Treibhauseffekt, der zu einer menschengemachten Erwärmung führt."[5]

Prof. Dr. Werner Kirstein, deutscher Klimageograf und Universitätsprofessor für Geografie, Geoinformatik, Kartografie und Geostatistik im Jahr 2020

Vielleicht erinnern Sie sich daran, dass am 14. Oktober 2012 der österreichische Extremsportler Felix Baumgartner im oberen Teil der Stratosphäre aus einem Heißluftballon ausstieg und mit einem speziellen Gleitschirm 40 km in die Tiefe flog. Wenn die Troposphäre, also die untere Atmosphären-Schicht, ein Dach hätte, dann hätten wir es im Rahmen dieses *Red Bull Stratos-Projektes* live erlebt. Aber er ist in kein Treibhaus eingeschlagen.

Der einzige Grund, warum man CO_2 ein „Treibhausgas" nennen könnte, liegt darin, dass Gärtner früher sehr häufig CO_2 in ihre Glashäuser (Treibhäuser) eingeblasen haben, um das Pflanzenwachstum zu beschleunigen. Diese Methode ist seit einigen Jahrzehnten, seit dem Aufkommen synthetischer Dünger, immer mehr in Vergessenheit geraten, und dank der Anti-CO_2-Propaganda traut sich das heute ohnehin kaum noch jemand.

„Es ist, als ob ich in einem Irrenhaus aufgewacht wäre und die Patienten hätten die Macht übernommen!"[6]

Douglas Vogt ist wissenschaftlicher Autor, Forscher und Mitglied der Geological Society of America

Bereits in den 1940er-Jahren begann ein messbarer Anstieg des CO_2-Wertes in der Erdatmosphäre, wobei die Temperaturen aber gleichzeitig bis Mitte der 1970er-Jahre zurückgingen, was beweist, dass CO_2 nicht an einem Temperaturanstieg schuld sein kann.[7]

Wir wissen seit vielen Jahren aus seriösen Studien, dass ein steigender CO_2-Gehalt in der Atmosphäre nicht zu steigenden Temperaturen führt, sondern umgekehrt: **Erst steigt die Temperatur, dann der CO_2-Gehalt in der Atmosphäre.** Wenn sich die Sonneneinstrahlung intensiviert, führt dies zur Erwärmung von Böden und Gewässern, was wiederum gebundenes CO_2 freisetzt, und zwar mit mehreren Jahren, Jahrzehnten oder sogar Jahrhunderten Verzögerung – abhängig vom Grad der Erwärmung. Eine langfristige Abkühlung der Lufttemperaturen scheint mit entsprechender Verzögerung zu einer Abnahme an atmosphärischem CO_2 zu führen. Es gibt bei dem Thema jedoch nicht nur sehr unterschiedliche Meinungen, sondern auch unterschiedliche Messungen oder Schätzungen aus früheren Klimaphasen. Es scheint also so zu sein, dass hier noch andere Faktoren mit hineinspielen, auf die ich gleich noch zu sprechen komme.

Neueste Erkenntnisse des weltweit führenden Experten für Eiskern-Analysen, *Ian D. Clark*, Professor am *Department of Earth Sciences* an der *University of Ottawa*, zeigen, dass der CO_2-Gehalt in der Atmosphäre der Temperatur noch viel deutlicher hinterherhinkt, als bislang angenommen, und zwar mit einem Abstand von bis zu 800 Jahren! Demnach stünde der heutige Anstieg des atmosphärischen CO_2-Gehalts vermutlich mit der mittelalterlichen Warmzeit in Verbindung.[8]

Das Magnetfeld der Erde

> Das Magnetfeld der Erde verläuft ringförmig durch den Erdkern und die magnetischen Pole nach außen durch die Erdatmosphäre. Es bildet einen unsichtbaren magnetischen Schutzschild um unseren Planeten und schützt uns vor zu hoher Strahlung, die entweder direkt von der Sonne oder aber auch aus anderen Teilen des Universums auf uns einströmt.

Das Magnetfeld ist an den Polen am schwächsten, weshalb man dort auch die Entladung der elektrischen Teilchen als farbenfrohe Auroras visuell wahrnehmen kann (siehe Abb. 6).

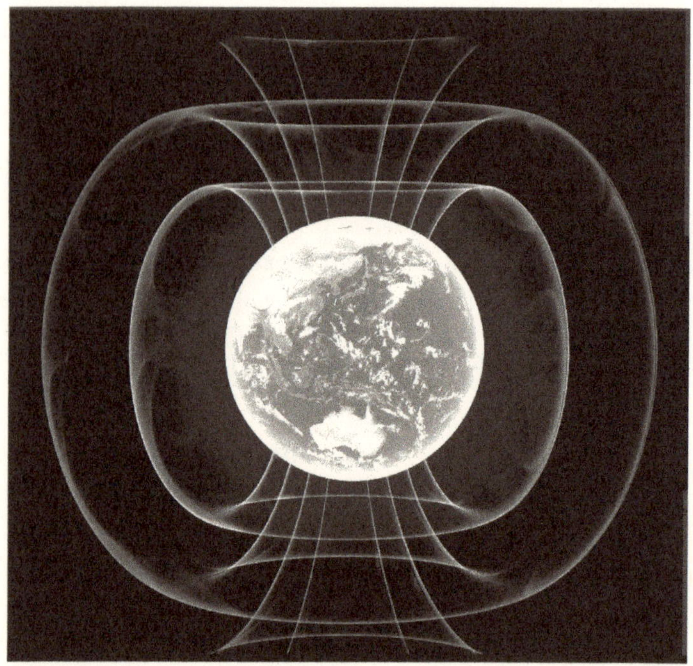

Abb. 6: Das Erdmagnetfeld

Aber auch ansonsten ist das Magnetfeld nicht überall gleich stark ausgeprägt. Ein Bereich, in dem das Erdmagnetfeld besonders schwach ist, lag lange vor der Küste Brasiliens. Doch diese sogenannte „Südatlantische Anomalie“ hat sich in den vergangenen Jahren zu einem immer größeren Gebiet ausgeweitet und reicht mittlerweile von Südamerika bis nach Afrika (siehe Abb. 7). Was genau diese Magnetfeld-Schwäche auslöst, ist auch bei den Experten bis heute umstritten.

„Neue Satellitendaten der Europäischen Weltraumorganisation (ESA) zeigen, dass sich die mysteriöse Anomalie, die das Magnetfeld der Erde schwächt, weiterentwickelt. Die jüngsten Beobachtungen zeigen, dass wir es bald mit mehr als einem dieser seltsamen Phänomene zu tun haben könnten. Die Südatlantische Anomalie ist eine riesige Fläche mit verminderter magnetischer Intensität im Erdmagnetfeld, die sich von Südamerika bis nach Südwestafrika erstreckt.“[9]

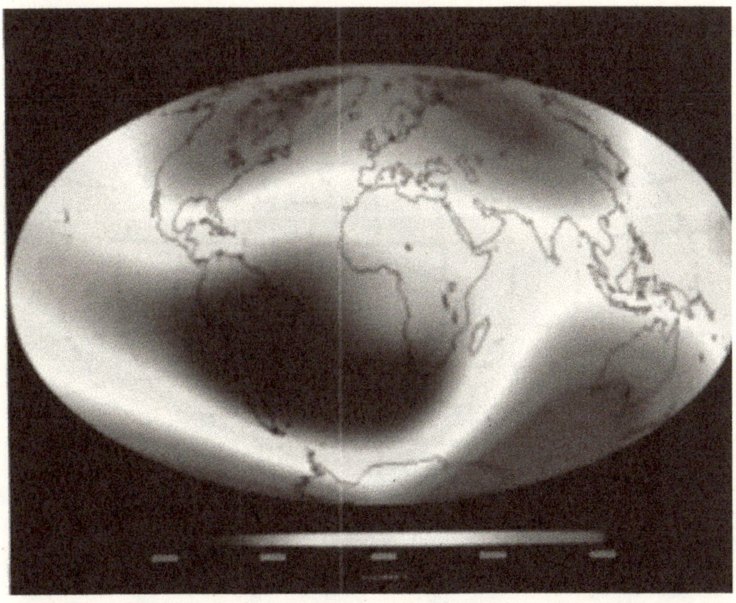

Abb. 7: Die dunklen Stellen zeigen, wo das Erdmagnetfeld derzeit am schwächsten ist. Im Bereich von Südamerika bis nach Afrika erkennt man deutlich die Südatlantische Anomalie, die immer größer wird.

Die Sonne sendet unentwegt ihre „Strahlen“ aus, elektrisch geladene Teilchen, von denen das Erdmagnetfeld in der Regel den weitaus größten Teil abfängt, aber gelegentlich kommt es auf der Sonne zu stärkeren Eruptionen, sogenannten Sonnenwinden (Solar Flares), oder im Extremfall zu Sonnenstürmen. Dann dringen mehr hochaufgeladene Teilchen bis zur Erdoberfläche durch, was nicht nur zu Schäden an Satelliten und den Stromnetzen führen kann, sondern auch für Mensch und Tier schädlich ist. Denn die Strahlung kann nicht nur die Haut und andere Organe schädigen, sondern nachweislich auch Krebs verursachen und das Erbgut schädigen.

Je weiter man sich von der Erdoberfläche entfernt, desto stärker wird diese Strahlung, weshalb regelmäßige lange Flugreisen in großen Höhen als gesundheitsschädlich gelten und den Alterungsprozess des Körpers beschleunigen. Besonders deutlich wird das bei Astronauten, die sich für lange Zeit in großen Höhen aufhalten, weil sie im Vergleich zu den meisten von uns dabei Strahlenmengen ausgesetzt sind, die den Normalwert um das 300fache bis 400fache übersteigen.

Abb. 8 zeigt die Verformung des Erdmagnetfeldes aufgrund der Energien, die von der Sonne zur Erde strömen.

Es ist erwiesen, dass sich unser Erdmagnetfeld seit den 1990er-Jahren deutlich abgeschwächt hat und somit immer mehr kosmische Strahlung zu uns durchdringt. Da gleichzeitig die Sonne zuletzt immer aktiver wurde und somit immer mehr elektrisch geladene Teilchen aussendet, sind wir immer größerer Belastung und größeren Gesundheitsrisiken ausgesetzt.

> *„Magnetische Erscheinungen, insbesondere das Magnetfeld der Erde, haben die Menschen schon seit Urzeiten beschäftigt. Der Kompass ist aus der Geschichte der Navigation nicht wegzudenken. Inzwischen wissen wir, dass das Magnetfeld der Erde auch ein wichtiger Schlüssel zum Verständnis des Erdinneren ist: Verlauf und Stärke des Magnetfeldes an der Erdoberfläche und im Außenraum der Erde verraten uns wichtige Details darüber, wie der ‚Erddynamo' im Inneren der Erde funktioniert, der das beobachtete Magnetfeld erzeugt."*[(10)]

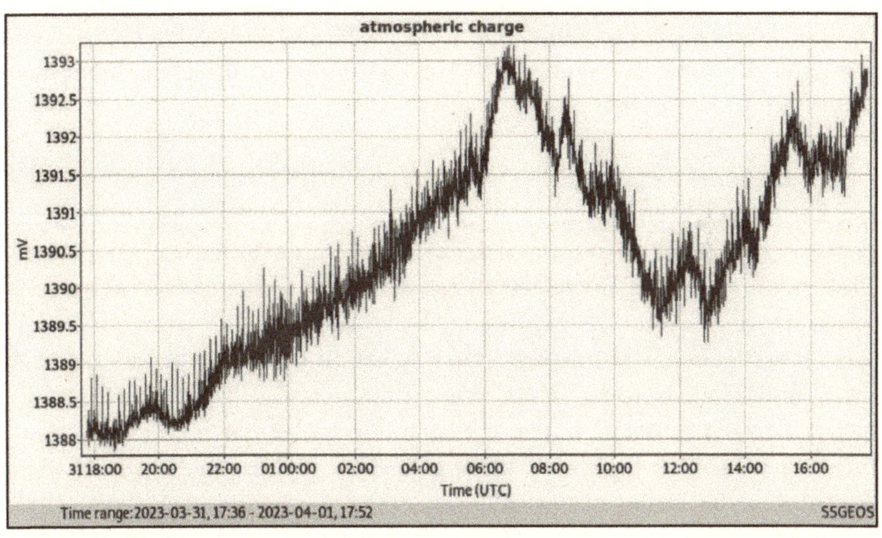

Abb. 9 zeigt die stark schwankenden Ausschläge der elektrischen Ladung in der Atmosphäre.

Der ständige Wechsel der elektrischen Ladung in der Atmosphäre (siehe Abb. 9) hat deutliche Auswirkungen auf unseren Körper und unsere Psyche. Empfindsame Menschen können die schwankenden Energiezustände zwischen der Auf- und Entladung in ihrer Umgebung deutlich spüren und einen Zusammenhang zu ihrer Verdauung, ihrem Gemütszustand und ihrem Schlafverhalten feststellen. Eine stark aufgeladene Atmosphäre führt zu Unruhe, was man an manchen Tagen nicht nur an sich selbst, sondern auch an seinen Mitmenschen feststellen kann, wenn alle „geladen" sind und etwas „in der Luft liegt". Wenn man das versteht, muss man die Reaktionen anderer an solchen Tagen nicht mehr länger persönlich nehmen und kann daher selbst leichter in der Ruhe bleiben.

Die Bedeutung der Schumann-Frequenz

> Die Schumann-Frequenz ist so etwas wie der Puls oder Herzschlag der Erde, eine messbare Schwingungs-Signatur, die alles Leben auf Erden beeinflusst.

Die **„Schumann-Frequenz"** oder **„Schumann-Resonanz"** geht auf ihren Entdecker, den Physiker Prof. Winfried Otto Schumann, zurück, der im Jahr 1952 erkannte, dass die stehenden elektromagnetischen Wellen rund um die Erdoberfläche, die bis zur Ionosphäre reichen, so etwas wie die Grundschwingung der Erde darstellen. Sie setzt sich aus 8 unterschiedlichen Frequenzen (F1-F8) zusammen, wovon aber nur 4 im ELF-Wellen-Bereich (Extra Low Frequency), also im Niedrigfrequenz-Bereich schwingen. Diese wirken direkt auf das menschliche Gehirn ein, denn die Eigenschwingung unseres physischen Körpers wird durch diese Frequenzen beeinflusst. Starke Ausschläge der Schumann-Frequenz haben somit auch starke Auswirkungen auf unseren Körper und unser Wohlbefinden. Der wichtigste Teil dieser Schumann-Resonanz ist die Frequenz F1, die normalerweise einen Basiswert von 7,83 Hz aufweist und auch als die „Ur-Welle" bezeichnet wird. Seit

2014 konnte man nun immer häufiger Schwingungs-Abweichungen von diesem Basiswert messen. Je mehr die einzelnen Wellenbereiche voneinander abweichen, je dissonanter sie werden, desto mehr Unruhe lösen sie auch bei uns aus, da sie auf unser Nervensystem wirken, wobei Ausschläge nach oben eher unser rationales Denken beeinflussen und Abweichungen in die Tiefe eher unser Unterbewusstsein ansprechen. Diese Abweichungen entstehen vor allem durch Sonnenwinde, Erdbeben, Vulkanausbrüche oder starke Stürme.[11]

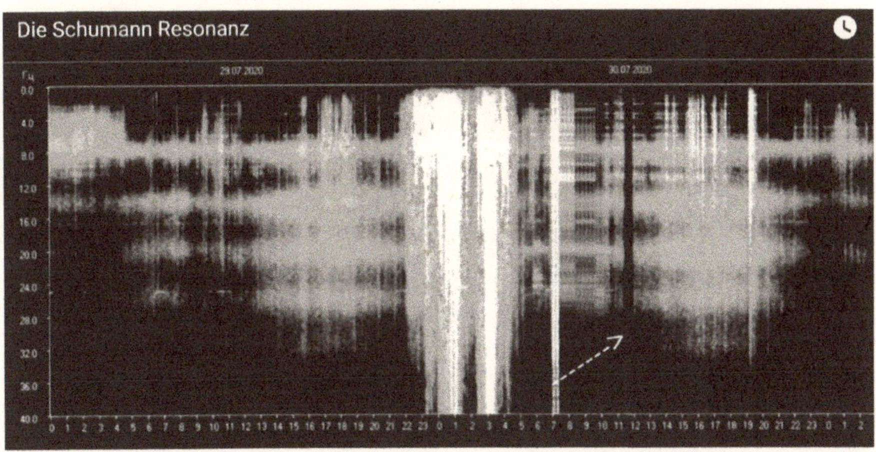

Abb. 10: Die Schumann-Resonanz. Die weißen Linien zeigen eine Phase großer Disharmonie, die schwarze, von oben nach unten durchgehende Linie zeigt einen „Blackout“ an.

Abbildung 10 zeigt eine Momentaufnahme dieser Schumann-Resonanz, wobei die weißen Linien eine Phase großer Disharmonie zeigen, was zu großer innerer Unruhe führen kann. Die schwarze, von oben nach unten durchgehende Linie zeigt eine Phase von zirka einer halben Stunde, in der keine Schumann-Resonanz messbar war, was auch als „Blackout“ in dem Bereich bezeichnet wird. Solche Phasen können sich sehr chaotisch auswirken.

„Neurologische Untersuchungen zeigten, dass die Schumann-Resonanz genau mit der Eigenfrequenz des menschlichen Gehirns übereinstimmt. Damit beeinflusst sie unser Leben und unser Bewusstsein.

Diese Frequenz wird von der Zirbeldrüse empfangen, die alle unsere Körperabläufe steuert. Zudem hat sie großen Einfluss auf die Hormonregulation und ist Taktgeber für das Gehirn, da sie das Limbische System anspricht. Dieses Hirnareal ist für die Gefühle zuständig."[12]

Therapeuten-Netzwerk Symbio Harmonizer M.E.D.

Aufgrund der signifikanten Zunahme der Sonnenaktivität, der Erdbeben und Vulkanausbrüche in den letzten Jahren, ist die Schumann-Resonanz immer instabiler geworden und weist teilweise extreme Schwankungen auf, was sich nicht nur auf jeden Einzelnen von uns ganz individuell auswirkt, sondern auch auf das kollektive Feld, also das Massenbewusstsein – das tatsächlich messbar ist.

Wer sich eingehender mit dieser Thematik befassen möchte, dem lege ich den Telegramkanal „Sun Eco News" ans Herz, dessen Betreiber *Hendrik R. Hannes* täglich Updates liefert und auch genau erklärt, welche Auswirkungen die aktuelle Situation auf unseren Biorhythmus und unsere Gefühlslage hat.

Meeresspiegel-Anstieg

Der Meeresspiegel, also das Niveau der Meeresoberfläche, verglichen zu Messpunkten an den Landmassen, steigt und fällt seit Bestehen der Erde. Derzeit haben wir einen der niedrigsten Wasserstände in der Erdgeschichte, bei einem sehr schwachen Anstieg innerhalb der letzten 30 Jahre.

Immer wieder hören wir das Märchen vom rasant steigenden Meeresspiegel und davon, dass es unsere eigene Schuld sei, dass wir demnächst alle ertrinken müssten, weil Dank unseres CO_2-Ausstoßes wieder ein weiterer **„Kipppunkt"** überschritten wurde, an dem es kein Zurück mehr geben soll und ab dem alles dann ganz, ganz schnell geht. Es soll so etwas suggerieren wie der berühmte Tropfen, der das Fass zum Überlaufen brachte. Das berühmte „1,5-Grad-Ziel" ist so ein Beispiel, das wiederum nur in Modellen und in der Theorie existiert. Aber ein vorhergesagter Kipppunkt nach dem nächsten wurde in den vergangenen zehn Jahren erreicht, ohne dass danach die vorhergesagte Katastrophe eintrat. Und alle Prognosen und Modelle der angeblich ganz großen „Experten" der letzten Jahrzehnte zum Meeresspiegel-Anstieg waren immer wieder als Scharlatanerie entlarvt worden:

- Im Oktober 2003 erschien ein Planungs-Szenario, das Rockefeller-Berater *Peter Schwartz* für das US-Verteidigungsministerium erstellte und demzufolge wir einer neuen Eiszeit entgegen gingen, die in Europa für sibirische Zustände sorgen würde. Die **Niederlande** würden **bis zum Jahr 2007** dank des stark steigenden Meeresspiegels **unbewohnbar** sein und **England** würde bis zum Jahr **2020 unter den Wassermassen verschwinden.**

- Im Jahr 2007 sagte der angebliche Grönland- und Arktis-Experte *Prof. Wieslaw Maslowski* voraus, dass die **Arktis spätestens 2013 völlig eisfrei** sein werde, was weltweit zu weiteren Panik-Meldungen führte, weil die Meeresspiegel dadurch um 20 bis 30 Zentimeter steigen und viele Städte untergehen würden. Später korrigierte er seine dystopische Prophezeiung auf das Jahr 2016, doch auch diese Modelle lagen wie immer komplett daneben, weil der arktische Eisschild in den 2010er-Jahren tatsächlich angewachsen war.

- Im Jahr 2009 verkündeten die „Qualitätsmedien" weltweit, dass zahlreiche kleinere Pazifikinseln wie Tuvalu in wenigen Jahren dank eines dramatisch ansteigenden Meeresspiegels versunken sein würden, was Klimaaktivisten weltweit in Panik versetzte. Im Jahr 2018 bewies *Paul Kench* von der *University of Auckland* in Neuseeland jedoch, dass das Gegenteil der Fall war und **Inseln wie Tuvalu** in den letzten Jahren sogar **gewachsen** sind. **Dreiviertel der über 100 Inseln in dem Bereich des Pazifiks sind gewachsen!** (13) (14) (15)

Und dennoch erkannte Neuseeland im Jahr 2014 als erster Staat weltweit eine Familie aus Tuvalu als **„Klimaflüchtlinge"** an, was einen medial groß ausgeschlachteten neuen Meilenstein der Klima-Agenda markierte. So berichtete etwa die linke Berliner Tageszeitung TAZ am 4.8.2014:

„Eine Familie aus Tuvalu darf in Neuseeland bleiben. Zum ersten Mal wurde damit der Klimawandel als Bedrohung in einem Asylbescheid berücksichtigt... Die Kinder seien wegen ihres Alters besonders stark durch Naturdesaster und Folgen des Klimawandels gefährdet, urteilte das Einwanderungstribunal... Laut der Internationalen Organisation für Migration (IOM) waren im Jahr 2010 weltweit 42 Millionen Menschen wegen Naturkatastrophen auf der Flucht, davon 38 Millionen aus klimabezogenen Gründen. Schätzungen der Organisation zufolge wird es im Jahr 2050 weltweit etwa 200 Millionen Klimaflüchtlinge geben."[(16)]

Und bereits wenige Monate später wurde Europa von Millionen von „Klimaflüchtlingen" aus Afghanistan, Irak oder Tschetschenien überrollt. Da ging es dann auch unter, dass *Sigeo Alesana,* besagter erster offizieller „Klimaflüchtling" aus Tuvalu, in einem Interview erklärte, dass er nicht wegen des schlechten Wetters oder des nicht steigenden Meeresspiegels seine Heimat verlassen hatte, sondern wegen der sozialen Missstände und *„zwei Babys, die wegen der schlechten medizinischen Versorgung auf Tuvalu starben"*.[(17)]

Also kehren wir wieder von der Märchenstunde zurück zu den Fakten. Während der letzten 500 Millionen Jahre lag der Meeresspiegel meist wesentlich höher als heute. Vor 50 Millionen Jahren war die Erde eisfrei und der globale Meeresspiegel lag ca. 50 Meter höher als heute. Mit Beginn des Eiszeitalters vor 2,5 Millionen Jahren fiel der Meeresspiegel dann deutlich ab. Es entstanden Landbrücken, die die Verbreitung des Menschen begünstigten. Die Weinberge von Frankreich bis

Österreich beispielsweise bestehen aus Sand- und Schotterablagerungen, Überreste des einstigen Meeresbodens und später Strände eines sich zurückziehenden Meeres. Die letzten zweitausend Jahre verliefen dann ungewöhnlich stabil, mit einem nur sehr langsamen Anstieg des Meeresspiegels. Die Wahrheit ist, dass der Meeresspiegel derzeit immer noch so tief ist wie selten zuvor in der Geschichte, wie wir in der Abbildung 11 sehr schön erkennen können.

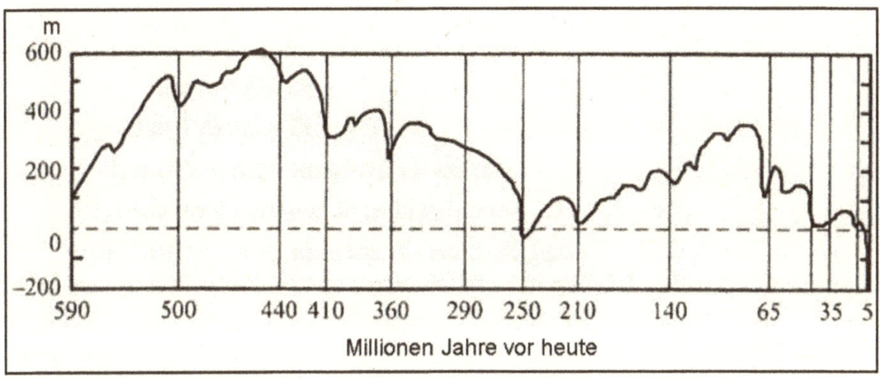

Abb. 11 zeigt, dass wir heute einen der tiefsten Meeresspiegel aller Zeiten haben.

In den letzten 21.000 Jahren ist der Meeresspiegel um ganze 120 Meter gestiegen, ohne dass der Mensch dazu einen nennenswerten Beitrag hätte liefern können. Das ist ein durchschnittlicher Anstieg um einen Meter alle 175 Jahre, OHNE menschliches Zutun. Dabei gab es immer wieder Phasen eines raschen Anstiegs, gefolgt von Zeiten eines moderateren Zuwachses des Wasserpegels. In den letzten 6.000 Jahren ist dieser Anstieg übrigens recht langsam verlaufen, mit rund einem Millimeter pro Jahr. Natürlich kann ich verstehen, dass jeder Anstieg des Meeresspiegels, selbst ein natürlicher, für die Menschen, die ihre Häuser sehr nahe an der Küste und auf Meeresniveau gebaut haben, bedrohlich ist. Ihnen aber vorzulügen, dass eine Verminderung unseres CO_2-Ausstoßes daran etwas ändern würde, ist irreführend.

Nun könnte man diese gesamten Messungen hinterfragen, beispielsweise warum der Referenzwert, also der „Nullpunkt“ für die Messung, in der Nordsee der Wasserstand eines Meeresarms in Amsterdam zwischen 1683 und 1684 ist, aber dieses Fass möchte ich lieber nicht öffnen.

Man könnte diesen Anstieg von einem Millimeter auch in Bezug setzen zum **„Gezeitenhub“** oder **„Tidenhub“**, also der Schwankung des Wasserspiegels zwischen Ebbe und Flut, der an vielen Küsten mehr als einen Meter ausmacht, auf Tuvalu übrigens bis zu 2,5 Meter, also das 2.500-fache des jährlichen Meeresspiegel-Anstiegs. Doch noch interessanter finde ich die Tatsache, dass es in manchen Meeren sogar immer wieder zu einem Sinken des Wasserpegels kommt. So war der Wasserstand im Mittelmeer in den 1970er-Jahren nachweislich um zwei Zentimeter gefallen, und er tat es jüngst erneut, und zwar noch deutlicher:

> *„In den letzten Tagen und Wochen ist der Meeresspiegel des Mittelmeers unter anderem in Frankreich deutlich gesunken... Der Wasserstand ist etwa 20 bis 30 Zentimeter niedriger, als dies im Frühjahr üblicherweise der Fall ist. Zwar geht der Meeresspiegel in den meisten Wintern zurück, in diesem Jahr war der Rückgang aber deutlich stärker ausgeprägt als sonst. Ursache hierfür war eine langanhaltende blockierende Wetterlage.“*[18]
>
> Wetter Online, 23. Februar 2023

Trotz all des Schmelzwassers von den angeblich dramatisch schrumpfenden Polen und Gletschern, sind die Strände von Frankreich bis zur Türkei im Jahr 2022 sichtbar angewachsen, weil das Wasser zeitweise sogar um mehr als 40 Zentimeter zurückging. Seit 2018 herrscht in Venedig immer wieder „Niedrigwasser“, immer häufiger kommt es zu völlig ausgetrockneten Kanälen.[19] [20]

Der Meeresspiegel war im Februar 2023 an einigen Küstenabschnitten Mallorcas um 23 Zentimeter gesunken, was dazu führte, dass manche Strände sogar um 20 Meter breiter waren als zuvor.[21] Warum also verkündete dann das berüchtigte *Potsdam Institut für Klimafolgenforschung* noch im März 2023 erneut, dass der Meeresspiegel wegen unseres CO_2-Ausstoßes demnächst um 1,8 Meter steigen würde?[(22)] Könnte es vielleicht daran liegen, dass dieses Institut mittlerweile mehr als 400 gut bezahlte Mitarbeiter hat und daher ständig für Aufmerksamkeit sorgen muss, damit es auch weiterhin beachtet wird und der Rubel – *Verzeihung, der Dollar* – rollt?

Doch warum steigen einige Meeresspiegel und andere nicht? Warum wachsen gleichzeitig manche Inseln, während küstennahe Bereiche angeblich sinken? Vielleicht liegt das an den Tektonischen Verschiebungen, die dafür sorgen, dass einige Landmassen sich heben und andere absinken.

Wie kann es sein, dass das Mittelmeer um 40 Zentimeter sinkt, der Wasserspiegel im damit verbundenen Atlantik aber nicht gleichzeitig steigt? Sind vielleicht im Meeresboden neue Risse entstanden, durch die Wasser versickert? Oder stimmen die Werte einfach alle nicht?

> *„Die (Meeres) Temperaturen steigen schneller, als bisher angenommen, wie an Stationen in vier verschiedenen Tiefen des Atlantiks vor der Küste Uruguays festgestellt wurde. Zwischen 2009 und 2019 erwärmte sich das Wasser dort an Stellen zwischen 1.360m und 4.757m Tiefe um 0,02-0,04°C. Die Veränderung mag winzig erscheinen, ist aber signifikant. Wenn man bedenkt, wie groß die Tiefsee ist, handelt es sich um eine enorme Wärmemenge.“*[(23)]
>
> Christopher Meinen, Ozeanograph bei NOAA (US National Oceanic and Atmospheric Administration) im Oktober 2020

Ja, die Meere erwärmen sich tatsächlich, aber all das hat wenig mit anthropogenen Emissionen zu tun. Warum ich das weiß? Weil die Meere sich nicht nur oberflächlich erwärmen, sondern vor allem in der Tiefe! Auch zwei-, drei-, viertausend Meter unter der Meeresoberfläche, an einem Ort völliger Finsternis, steigen die Temperaturen sogar stärker als in den oberen Schichten. Doch warmes Wasser sinkt nicht von oben ab, sondern steigt auf. **Die Meere erwärmen sich von unten**, da die Erde im Inneren immer aktiver wird und Lava nach außen drückt – deshalb auch die verstärkte Erdbeben- und Vulkanaktivität.

Fakt ist: Die Erdkruste erwärmt sich zunehmend an den dünnsten Stellen und wird instabiler. Ein weiteres Anzeichen dafür ist auch die deutliche Zunahme an „Sinkholes", auch Dolinen genannt. Wenn sie im urbanen Gebiet oder über ehemaligem Untertagebau stattfinden, kann man zwar im weitesten Sinne menschliches Verschulden anführen, aber solche Löcher in der Erde tun sich immer öfter mitten in der Natur auf, wie beispielsweise in der Abbildung 12 zu erkennen ist.

Abb. 12: Ein 32 Meter breites Sinkhole tut sich plötzlich in Russland mitten in einem Feld auf.

Globale Erderwärmung

„Globale Erderwärmung“ ist ein Begriff, der suggerieren soll, dass die Erdatmosphäre sich seit Jahrzehnten immerfort erwärmt und dies auch weiterhin tun wird, was als negativ dargestellt wird. Doch es gibt weder Belege für eine „Globale Erderwärmung“, noch wäre dies prinzipiell zwangsläufig nachteilig.

Im Frühjahr 2023 verlautbarten die Massenmedien quer durch die gesamte westliche Welt routinemäßig, dass das Jahr zuvor wieder das wärmste aller Zeiten war, so wie die Jahre davor es auch bereits gewesen sein sollen. Da es zu diesem Zeitpunkt aber in weiten Teilen Europas und den USA recht kühl war und der Winter sich lange hingezogen hatte, war die Aufregung darüber von eher kurzer Dauer. Das könnte daran liegen, dass der Großteil der Menschen aufgehört hat, den ewigen Sensationsnachrichten der Klimasekte Beachtung zu schenken, weil sie intuitiv spürten, dass es da mit der Berichterstattung nicht ganz mit rechten Dingen zugehen konnte.

Auch wenn das Thema mittlerweile die meisten von uns nervt, möchte ich dennoch der Vollständigkeit halber darauf zu sprechen kommen, weil eine Sache nach wie vor im Raum steht, nämlich das ***1,5-Grad-Ziel***, also die Behauptung *„den menschengemachten globalen Temperaturanstieg durch den Treibhauseffekt bis zum Jahr 2100, verglichen mit dem Mittelwert vor der Industrialisierung (1850 bis 1900), auf 1,5°C begrenzen“* zu wollen und zu können.

Ich lasse jetzt auch an dieser Stelle wieder bewusst außer Acht, dass sich die Messmethoden seit dem Jahre 1850 gravierend verändert haben und daher ein Vergleich unzulässig wäre. Ignorieren wir auch einfach, dass die meisten Messstationen, die uns die angeblich aktuellen Temperaturwerte liefern, im Westen vorwiegend in Städten aufgestellt sind, wo es immer um 2°C bis 3°C wärmer ist als auf dem Land. Eigentlich müsste man Messstellen gerecht zwischen solchen „urbanen Wärmeinseln" und den ruralen Gebieten verteilen, was jedoch nicht geschieht.

Sehen wir zudem auch nach, dass die Standorte vieler Messstellen im urbanen Raum in den letzten Jahren so geändert wurden, dass man sie nachweislich öfter auf betonierten Flächen aufstellte, die sich in der Sonne stark aufheizen, oder in der Nähe der Ausgänge von Klimaanlagen[(24)], was beides per Definition nicht zulässig wäre.

Wir können all das deswegen vernachlässigen, weil selbst trotz all dieser betrügerischen Vorgehensweisen der Klima-Mafia und trotz regionaler Hitzerekorde keine weltweit steigenden Temperaturen nachweisbar sind. Und um auch das aus dem Weg zu haben, möchte ich an dieser Stelle erwähnen, dass eine angebliche globale Erderwärmung nicht, wie oft behauptet, zu mehr Wüstenbildung und Dürren führt – eher im Gegenteil. Großflächige Dürren gab es auch bereits in den 1910er- und 1950er-Jahren, die, wie wir wissen, vergleichsweise kalt waren. Laut NASA-Satellitenbildern wird **die Landfläche auf unserem Planeten immer grüner**, und das, obwohl wir ständig zu hören bekommen, dass angeblich bereits nahezu der gesamte Amazonas-Regenwald abgeholzt wurde.[(25)] Selbst Wüsten wie die Sahel-Zone weisen immer mehr Bewuchs auf, denn der Regen hat in den letzten Jahrzehnten nachweislich zugenommen. Und sollten die Meere – wie vielfach vorhergesagt – noch wärmer werden, dann würde es noch mehr regnen, weil dann mehr Wasser verdunsten würde, was wiederum zu mehr Wolkenbildung und mehr Niederschlag führen müsste. Also kurz gesagt vorweg: je wärmer, desto feuchter und fruchtbarer.

Ja, in den letzten Jahrzehnten wurden auf Erden tatsächlich zahlreiche Hitzerekorde gebrochen – zumindest laut den Angaben einiger zweifelhafter Messstellen. Gleichzeitig wurden aber an vielen Orten auf Erden genauso **viele Kälterekorde gebrochen**. Das bedeutet für mich, dass sich – aufgrund von Ereignissen, auf die wir gleich noch näher eingehen werden – **die Klimazonen und die Jahreszeiten verschoben** haben.

Lassen Sie mich einige anschauliche Beispiele geben: Ich beginne mit Nordamerika, wo laut den Medien und den Wetter-Clowns sowohl der Winter 2021/22 als auch der Winter 2022/23 erneut einer der wärmsten aller Zeit gewesen sein soll, was die Fakten jedoch widerlegen:

- **Oktober 2020: Rekord-Kälte** in den Rocky Mountains und den Great Plains. -18°C in Montana, Wyoming und Nebraska. *Bozeman*, Montana, erreichte erstmals in der Geschichte -29°C.[26]
- Während der **nordamerikanischen Kältewelle im Februar 2021** fielen in der ersten Februarhälfte in Teilen Kanadas, der USA und Teilen Nordmexikos mehrere Kälterekorde.
- Eine **Kältewelle zu Weihnachten 2022** betraf alle US-Bundesstaaten von Colorado bis zur Ostküste und bis hinunter nach Miami, Florida. Am 24. Dezember wurde für 110 Millionen Menschen in 36 Bundesstaaten eine Windkälte-Warnung (windchill-warning) ausgerufen. Winter-Sturm *„Elliott"* und die damit verbundene Kältewelle forderten mindestens 100 Todesopfer, die meisten in der Region *Buffalo*, wo innerhalb von fünf Tagen mehr als 140 Zentimeter Schnee fielen. Etwa 6,3 Millionen Haushalte in den USA und 1,1 Millionen in Kanada waren während des Winter-Sturms zeitweise ohne Strom.[27]
- Die Kältewelle setzte sich mit zeitweiligen Unterbrechungen fort. Der **Februar 2023** war der extremste in den USA seit den 1950er-Jahren, mit Rekordwerten von -43°C in *Portland*, Maine, und **-78°C auf dem Mount Washington** in New Hampshire.[28]
- Im selben Zeitraum brach Kalifornien mit 1,8 Meter Neuschnee um den Lake Tahoe einen 40-jährigen Schneefallrekord und überschritt in weiten Teilen des Staates die 1,5-Meter-Marke.[29]
- Am 3. April meldete das kalifornische Ministerium für Wasserressourcen (DWR), dass die landesweite Schneedecke 237% des Durchschnittswertes für dieses Datum beträgt und damit zu den größten jemals aufgezeichneten Werten gehört.[30]

Während Nordamerika, Japan und China in Wahrheit einen der kältesten und schneereichsten Winter aller Zeiten erlebten, war auf der Südhalbkugel Sommer. Dort erlebte Australien, vor allem die Region **Sidney**, gleichzeitig den **kältesten Sommer seit 140 Jahren** inklusive Rekordniederschlägen.[31]

In den letzten Jahren hat Australien sogar zahlreiche Kälterekorde gebrochen, über die aber kaum berichtet wird: So erlebte beispielsweise Melbourne im Jahr 2021 die kältesten vier Tage für Mitte November seit 167 Jahren. Und auf der Südinsel des benachbarten **Neuseelands** wurde in Manapouri mit 0°C ein **neuer Kälterekord für den Sommer** aufgestellt.

> „*Eine extreme Kältewelle hat in Australien einige Rekorde gebrochen, und ja, es ist Winter auf der Südhalbkugel, doch so kalt war es im beginnenden Winter dort noch nie! Bei Oakey in Queensland sank die Temperatur auf historische -5,7°C. Dies ist die niedrigste Mai-Temperatur seit Beginn der Aufzeichnungen, und auch bei uns* (Österreich; A.d.V.) *kommt ein Kälteeinbruch aus der Arktis über den Rest vom Mai herein, während andernorts Hitzerekorde aufgestellt werden, was einmal mehr zeigt, wie wenig aus dem alten, bekannten Wettergeschehen noch in Wirkung ist!*“[32]
>
> Sun Evo News am 12. Mai 2023

Der Winter 2022/23 war in China einer der kältesten seit Menschengedenken. Am 22. Januar 2023 beispielsweise stellten *Beijicun* mit -50,3°C und *Xinlin* mit -48,3°C neue Kälterekorde auf[33], und in der Stadt *Mohe* wurde mit -53°C die neue Allzeit-Tiefsttemperatur in China gemessen.[34] Im März herrschten dann in weiten Teilen des Landes ungewöhnlich warme Temperaturen, ehe es Ende April wieder kalt und schneereich wurde.[35]

Aber auch in Europa wurden zuletzt viele extreme Tiefsttemperaturen verzeichnet:

- Kaltfront Medea bescherte Griechenland im Februar 2021 eine ungewöhnliche Kältewelle, die dem Norden Griechenlands die stärksten Schneefälle seit 2008 bescherte und mehrere Todesopfer forderte.[36]
- Im April 2022 wurde mit -14,6°C die kälteste April-Temperatur aller Zeiten in Baden-Württemberg gemessen.[37]
- Laut der Nationalen Britischen Wetterbehörde war der April 2022 der kälteste April im Königreich seit 1922.[38]
- Am 11. und 12. Dezember 2022 wurden in den schottischen Tälern -15°C gemessen, was für diese Tage die tiefste, je in Großbritannien gemessene Temperatur seit dem Jahr 1800 war.[39]
- Auf der Nordhalbkugel war der Dezember 2022 laut der US-Wetterbehörde NOAA der schneereichste Winterbeginn seit dem Jahr 1967![40]
- Nach dem ersten Schnee seit vielen Jahren auf Mallorca, mit bis zu einem Meter im Januar 2023, fiel Ende Februar nochmals bis zu einem halben Meter Neuschnee.[41] [42]
- In den französischen Alpen wurde am 20. Januar 2023 mit -36,4°C der kälteste Wert seit Jahrzehnten gemessen.

Ich könnte jetzt noch weiter über die nordafrikanischen Wüsten erzählen, in denen es seit einigen Jahren regelmäßig schneit, aber ich denke, dass der wesentliche Punkt bereits klar wurde: Es wird nicht stets überall heißer, sondern es wird vielerorts einfach zunehmend extremer, und zwar offenbar in beide Richtungen. Und ich möchte an dieser Stelle auch darauf hinweisen, dass es einige ernst zu nehmende Experten gibt, die befürchten, dass wir, nach zehn bis fünfzehn Jahren nachweislicher Stagnation bei den globalen Temperaturausschlägen nach oben, vermutlich wieder auf eine längere Phase der Abkühlung zusteuern. Doch wie bereits erwähnt, ist jede Wettervorhersage, die über mehr als drei Tage hinausgeht, unseriös, weil sie nur auf mathematischer Wahrscheinlichkeit beruht.

Eine Abkühlung wäre in Wahrheit jedoch alles andere als wünschenswert, denn bereits jetzt dauert die Heizperiode in vielen Gegenden Nordamerikas und Mittel- und Nordeuropas von Oktober bis Mai. Eine weitere Abkühlung der Atmosphäre würde also den Energieverbrauch deutlich erhöhen, und das zu einer Zeit extremer Energieunsicherheit. Fakt ist, dass sich das Erdinnere erwärmt, und daraus resultierend an manchen Stellen auch die Erdkruste und die Ozeane. Doch beides gilt nicht global, sondern nur für bestimmte Regionen, und es gilt zumindest bislang nicht für die Erdatmosphäre.

Ein weiteres Indiz für die Aufheizung von innen ist der Umstand, dass es beispielsweise in Sibirien trotz Rekordkälte in der Luft dauerhaft brennt – und zwar unter dem Eis. Seit drei Jahren kommt es dort immer wieder zu großen Waldbränden, die, selbst nachdem sie gelöscht sind, immer wieder aufflammen, weil der Torfboden unter der Schneedecke weiterbrennt. Doch wieso friert der Boden bei Außentemperaturen zwischen -40°C und -50°C nicht? Dazu in Kürze mehr.

Als Abschluss dieses Kapitels möchte ich noch einen Punkt erwähnen, der dem Märchen von der konstanten Aufheizung der Erdatmosphäre widerspricht: Die höchste, je gemessene Temperatur auf Erden lag bei 56,7°C im kalifornischen Death Valley – und zwar im Juli 2013. Wie kann es bei konstant steigenden Temperaturen sein, dass das Allzeithoch also schon 10 Jahre zurückliegt?[(43)]

Und dann las ich während der Korrekturphase dieses Buches noch folgende interessante Meldung, die den Eindruck erweckt, als würde sich der Klimawandel in den russisch dominierten Regionen anders entwickeln als in den von den USA dominierten. Jedenfalls passt diese Meldung sehr gut zu meiner Einschätzung, dass es keine globale Erwärmung gibt, sondern sich stattdessen die Klimazonen und die Jahreszeiten verschoben haben:

„Außergewöhnlich früh hat in der Antarktis extreme Kälte Einzug gehalten... So wurden an der russischen Forschungsstation Wostok bereits am 4. Mai knapp minus 75 Grad gemessen. Aktuell, am 12. Mai, sind es sogar minus 76,4 Grad, ein neuer Kälterekord für den noch jungen Winter."[(44)]

Wetteronline, 12. Mai 2023

Die Galaktische Superwelle

„Die Galaktische Superwelle" ist ein Ausdruck für einen energiereichen Teil des Universums, der derzeit das Geschehen auf Erden maßgeblich beeinflusst.

Ich habe über die Jahre hinweg in mehreren meiner Bücher eine ganz bestimmte wissenschaftliche Arbeit hervorgehoben, weil sie aus meiner Sicht eine der weltweit bedeutendsten der vergangenen Jahrzehnte ist. Sie ist die Grundlage, um zu verstehen, was derzeit auf diesem Planeten und darüber hinaus stattfindet. Der Plasma-Physiker *Prof. Dr. Alexey N. Dimitriev*, Mitglied der Sibirischen Akademie der Wissenschaften, hatte bereits im Jahr 1997 darauf hingewiesen, dass sich unser Sonnensystem seit dem Jahr 1995 in einen Bereich des Universums hineinbewegt, der energetisch hoch aufgeladen ist und alles auf Erden nachhaltig beeinflusst und verändert:

„Dieser Energie-Anstieg führt zu Hybrid-Prozessen und nervösen Energie-Zuständen auf allen Planeten, einschließlich der Sonne. Die Effekte hier auf Erden verdeutlichen sich vor allem in der Beschleunigung magnetischer Polsprünge, in der vertikalen und horizontalen Ausdehnung der Ozonschicht und in einer deutlichen Zunahme von Wetterextremen. Es scheint sehr wahrscheinlich, dass wir uns in eine Phase rascher Temperatur-Instabilitäten hineinbewegen, ähnlich derjenigen, die vor 10.000 Jahren bereits stattfand. Die Anpassungsbemühungen der Biosphäre und der Menschheit auf diese neuen Verhältnisse

führen zu einer Anpassung der Artenvielfalt und des Lebens auf Erden. Nur durch ein umfassendes Verständnis für diese fundamentalen Veränderungen, die in der uns umgebenden Natur stattfinden, werden Politiker wie Bürger in der Lage sein, den Prozessen und Zuständen des physikalischen Wandels auf Erden standzuhalten."

Dr. Alexey N. Dimitriev, Professor für Geologie und Mineralogie, Experte für globale Ökologie, Geophysik („PLANETOPHYSICAL STATE OF THE EARTH AND LIFE", 8. Januar 1998)

Dimitrievs Aussagen decken sich interessanterweise sowohl mit der Astrologie als auch mit denen vieler spiritueller Lehren, die mit Beginn des neuen Jahrtausends von einem neuen Zeitalter ausgehen, maßgeblich geprägt durch einen deutlichen „Frequenzanstieg". Dass dies auch mit einem deutlichen Bewusstseinssprung bei der Menschheit einhergehen soll, kann ich zwar bislang nicht erkennen, aber die Hoffnung stirbt angeblich zuletzt.

Die NASA brauchte 12 Jahre, um Dimitrievs Aussagen zu bestätigen, und teilte uns schließlich im Dezember 2009 mit, dass sie dank ihrer Voyager-Mission nun wüsste, dass wir uns in ein ungewöhnlich starkes Magnetfeld hineinbewegt hätten, *„das eine interstellare Wolke zusammenhält, die so eigentlich nicht existieren sollte"*.(45) Vielleicht erklärt dies, warum Dimitrievs bahnbrechende Arbeit in der westlichen Welt so wenig Beachtung fand, weil sie nämlich die meisten sogenannten „Wissenschaftler" im Westen ziemlich rückschrittlich aussehen lässt. Aber Schwamm drüber. Denn wenn wir das, was auf uns zukommt, überleben wollen, dann sollten wir dringend lernen, unser Ego im Zaum zu halten, und uns auf das wirklich Wesentliche konzentrieren.

Warum das wichtig ist? Weil es nach Schätzungen rund 1.000 Jahre dauern wird, bis unser Sonnensystem diesen energetisch hochaufgeladenen Teil des Universums, den der Physiker und Astronom *Dr. Paul*

LaViolette von der *Starburst Foundation* die **„Galaktische Superwelle"** nennt, komplett durchkreuzt haben.

Was uns all das sagt, ist sehr einfach zusammenzufassen: Der „Klimawandel", den wir gegenwärtig erleben, ist kein von Menschen verursachtes Phänomen. Die deutliche Zunahme an Extremwetter-Ereignissen, Erdbeben, Hitze- und Kälterekorden gleichzeitig entzieht sich größtenteils unserer Kontrolle. Wenn wir das nicht bald begreifen und akzeptieren, wird es schwierig werden, adäquat damit umzugehen und als Menschheit (aber auch individuell) zu überleben.

> *„Immer mehr Menschen sind von größeren, immer komplexeren und irreversiblen Katastrophen betroffen, weil die Entscheidungsträger es unterlassen, den Menschen in den Mittelpunkt zu stellen, um zu verhindern, dass Risiken zu Katastrophen werden. Zu den beunruhigenden Rückschritten gehört, dass die Zahl der von Katastrophen betroffenen Menschen seit 2015 um 80% gestiegen ist. Gibt es keine Änderung, die nur darin bestehen kann, dass die Menschen sich selbstbestimmt vereinen, dann sieht die Zukunft sehr, sehr düster für die Menschheit aus!"*
>
> Hendrik R. Hannes (Sun Evo News) am 6. April 2023

Polwanderung und Polsprung

> Anders als die geografischen Pole, bewegen sich die magnetischen Pole über lange Zeiträume langsam zum Äquator hin, was alle zehntausende von Jahren dazu führt, dass sie die Position tauschen, was man einen Polsprung nennt.

Im Inneren der Erde befindet sich der Erdkern, der aus einem festen Teil in der Mitte besteht und umgeben ist von einem flüssigen Teil, der wie eine Art Kugellager wirkt. Die Rotation des äußeren flüssigen

Kerns erzeugt das Magnetfeld der Erde ebenso wie die Gravitation, also die Erdanziehung.

Der Erdkern verhält sich magnetisch, da er zu großen Teilen aus Eisen besteht. Jeder Magnet hat zwei Pole, einen Nord- und einen Südpol. Durch die magnetischen Nord- und Südpole der Erde fließen die zuvor beschriebenen Magnetlinien, die das Magnetfeld der Erde bilden (siehe Abb. 6). Die Kompassnadel richtet sich ebenso an den magnetischen Polen der Erde aus wie die Zugvögel und Meeressäuger an den Magnetfeldlinien. Während die geografischen Pole Fixpunkte auf dem Globus und der Landkarte sind, bewegen sich jedoch die magnetischen Pole der Erde lange Jahre nur um wenige Kilometer pro Jahr. Doch hat sich diese **Polwanderung** (Polmigration) seit dem Jahr 1995 deutlich beschleunigt und liegt mittlerweile bei rund 40 bis 60 km pro Jahr, Tendenz steigend. Das wird zunehmend zu einem Problem, da sich nicht nur die Kompassnadel, sondern auch das GPS im Smartphone und die militärische Navigation an den magnetischen Polen orientieren.

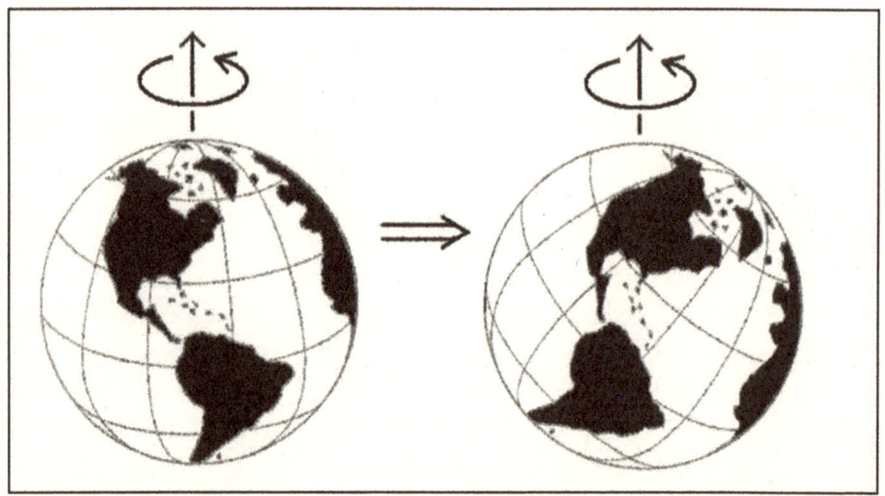

Abb. 13: Veränderung der Position des geografischen Nordpols gegenüber dem magnetischen von 1995 bis 2022.

So weit dürfte in der Welt der Wissenschaft und Technik Einigkeit herrschen. Es gibt jedoch gravierend voneinander abweichende Vorstellungen davon, wie sich all das weiterentwickeln wird und was dies für uns bedeuten könnte. Warum?

Die magnetischen Pole der Erde waren nie stabil, sie bewegten sich immer. Fest steht, dass es aber alle „heiligen Zeiten" zu deutlichen Beschleunigungen kommt, die dann das Erdmagnetfeld für längere Zeit stark schwächen. Aber nur gelegentlich kommt es auch zu einer so starken Polmigration, dass die beiden Pole die Position wechseln, was man einen **„Polsprung"** nennt. Da das letzte derartige Ereignis aber viele tausende von Jahren zurückliegt, haben wir darüber kein zuverlässiges Wissen. Die älteste bekannte Schrift auf Erden soll offiziell etwa vor 5.000 Jahren entstanden sein. Auch wenn das vermutlich falsch ist, da beispielsweise Schrifttafeln der Donau-Zivilisation existieren, die mindestens 7.000 Jahre alt sein müssen, so ist doch klar, dass wir über das meiste, was sich in der Erdgeschichte zutrug, nur sehr wenig wissen und bestenfalls Vermutungen anstellen können.

Es scheint jedoch weitgehend Einigkeit darüber zu herrschen, dass es bislang mindestens 30 solcher Polsprünge gab und sie für das Leben auf Erden jedes Mal gravierende Auswirkungen hatten, weil bei einem Polsprung das Magnetfeld der Erde für bestimmte Zeit komplett zusammenbrechen dürfte. Das bedeutet, dass wir an der Erdoberfläche die gesamte Ladung der kosmischen Strahlung und der Energie der Sonne abbekommen. Das würde nicht nur alle Navigation für Mensch und Tier unmöglich machen, die elektrische Ladung wäre auch so hoch, dass sie das gesamte Stromnetz völlig überlasten würde, was zum Durchschmoren der Transformatoren und der angeschlossenen Endgeräte führen dürfte. Technisch gesehen würde ein solches Ereignis also alles zerstören.

Die ungefilterte hohe elektrische Spannung wäre aber auch für uns Menschen und die meisten Tiere tödlich. Wer sich also nicht in Kellern,

Bunkern oder anderen unter- oder innerirdischen Schutzräumen aufhält, würde vermutlich „gegrillt" werden, wie uns auch die Europäische Kommission ganz offiziell, wenn auch ein wenig verniedlichend mitteilt:

> *„Wenn der magnetische Schutzschild der Erde versagt, versagen auch ihre Satelliten. Zuerst fallen unsere Kommunikationssatelliten auf den höchsten Umlaufbahnen aus. Dann können Astronauten in der niedrigen Erdumlaufbahn nicht mehr nach Hause telefonieren. Und schließlich beginnt die kosmische Strahlung, jeden Menschen auf der Erde zu bombardieren..."*[46]
>
> 7. Dezember 2018, Jonathan O'Callaghan
> für die Europäische Kommission

Interessant, dass in der Aufzählung der EU-Führung drei Astronauten, die à la ET nicht nach Hause telefonieren können, noch vor dem Bombardement aller Menschen kommen, aber sehen wir von solchen Spitzfindigkeiten einmal ab.

Was nun wirklich niemand sagen kann, ist, wie lange das Magnetfeld bei einer Umpolung genau komplett ausfallen würde. Tage? Wochen? Monate? Vermutlich würde es sich danach auch recht langsam wieder aufbauen, sodass Menschen erst nach einigen Monaten oder Jahren wieder mehr Zeit an der Erdoberfläche verbringen könnten – so sie denn überhaupt überlebt hätten.

Da die Subventionsfresser in der vermeintlichen Wissenschaft bei jedem Thema erst einmal brav eine Verbindung zu CO_2 und den bösen Menschen suchen müssen, können wir die Aussagen dieser angeblich seriösen Damen und Herren komplett vergessen, egal wie hoch ihr „Citation Index" und ihr „Impact Factor" auch sein mögen. Daher halte ich mich hier an die Angaben und Einschätzungen jener Wissenschaftler, Forscher und Experten im Bereich der Geophysik, Astronomie und Meteorologie, die in die andere Richtung forschen, also in jene, für die

Dr. Alexey N. Dimitriev bereits vor mehr als 25 Jahren den Grundstein legte. Das ist meiner persönlichen Meinung nach heute die einzig seriöse Form der Naturwissenschaft.

> *„Das Magnetfeld der Erde wird immer schwächer, und die Geophysiker wissen nicht, warum. Die Abnahme der Stärke – erschreckende 10% in den letzten 160 Jahren – könnte darauf hindeuten, dass das Magnetfeld einen seiner sporadischen ‚Flip-Flops' macht. Aber selbst wenn es sich nur um eine vorübergehende Schwankung handelt, könnte die Erdatmosphäre Schaden nehmen, wie... auf einer Tagung der American Geophysical Union (AGU) berichtet wurde.“*[(47)]
>
> 12. Dezember 2003, Robert Irion im Magazin „Science“

Wie wir sehen, wissen die Geophysiker über die Polwanderung, die Schwächung des Erdmagnetfeldes und über einen möglichen Polsprung bereits seit über 20 Jahren Bescheid. Darüber sprechen sie jedoch nach wie vor nur hinter geschlossenen Türen, wissend, dass ein Polsprung katastrophale Konsequenzen für uns alle haben würde. Stattdessen halten viele von ihnen weiterhin lieber die Hand auf und forschen an den nicht beweisbaren Auswirkungen von CO_2, auch wenn sie damit mittlerweile eine ganze Generation traumatisiert und in die Irre geführt haben.

Doch selbst innerhalb des kleineren Expertenkreises, der es wagt, die Fakten offen aus- und anzusprechen, gibt es Uneinigkeit darüber, ob die aktuelle Polwanderung zwangsläufig zu einem Polsprung führen wird oder nicht. Diejenigen, die dies mit „Ja“ beantworten, gehen davon aus, dass er sich voraussichtlich in den kommenden 1 bis 12 Jahren, also zwischen 2024 und 2036 ereignen dürfte. Meinen Sie nicht, es wäre sinnvoll, sich eine Überlebensstrategie für den Fall zu überlegen, dass wir uns vielleicht für Monate oder Jahre nicht mehr an der Erdoberfläche aufhalten können? Die reichsten Menschen auf Erden haben für diesen Fall bereits vor Jahrzehnten Vorkehrungen getroffen und sich in unterirdische Städte eingekauft, in denen sie für Jahre weiterhin im gewohnten Luxus leben können, ohne an die Oberfläche kommen zu müssen. Mit der Zunahme der Millionäre und Milliardäre auf Erden hat auch die Zahl dieser unterirdischen Anlagen zuletzt deutlich zugenommen, dennoch bleiben sie nur wenigen Auserwählten vorbehalten. Ob dies aber tatsächlich der Weisheit letzter Schluss ist, wird vielleicht das nächste Kapitel beantworten.[(48)]

Fest steht, dass viele reiche Menschen sich seit Jahren auf einen Kataklysmus vorbereiten und stets gepackte Notfalltaschen haben, um sich und ihre Familie jederzeit möglichst rasch in eine der unterirdischen Bunker-Städte in Sicherheit bringen zu können. Vielleicht hat ja auch das weltweite Rennen um Stationen auf dem Mars damit zu tun, dass die „Elite“ davon ausgeht, dass unser Planet in naher Zukunft, zumindest vorübergehend, unbewohnbar oder unwirtlich werden könnte.

Die *Bill & Melinda Gates Foundation* hat auch nicht umsonst, zusammen mit dem norwegischen Staat, im Jahr 2008 auf Svalbard eine Samenbank angelegt, in der mehr als 450.000 unterschiedliche Pflanzensamen aus aller Welt gelagert werden. Dort sollten sie im „ewigen Eis“ für lange Zeit für die Nachwelt gesichert sein, doch ein Wassereinbruch im Jahr 2017 zwang die Beteiligten zu einem Umbau der Anlage.

Daraus lässt sich schließen, dass die „Eliten“ auch keinen allzu großen Informationsvorsprung haben können, sonst würden sie sich kaum so dilettantisch anstellen. Offensichtlich ist jedoch, dass sie ihren zumindest kleinen Informationsvorsprung nicht mit uns teilen möchten. Also müssen wir das Wissen selbst zusammentragen.

Der Kataklysmus

Der Begriff „Kataklysmus“ bezeichnet ein katastrophales Ereignis, das mit großer Zerstörung und im Extremfall auch mit dem Aussterben ganzer Arten oder Gattungen einhergeht.

Solche Ereignisse hat es in der Erdgeschichte immer wieder gegeben, in mehr oder weniger regelmäßigen Abständen – wobei ich nochmals daran erinnere, dass wir kaum Kenntnis über das haben, was mehr als vier- oder fünftausend Jahre zurückliegt. Ja, es gibt einzelne Forscher, die mit interessanten Theorien aufwarten, aber solange die Mehrheit ihrer Kollegen sie mobbt, werden wir da zu keinem eindeutigen Ergebnis kommen. Ja, es gibt die Gerüchte vom Geheimwissen der Templer oder von den Geheimarchiven im Vatikan, aber solange dieses angebliche Wissen geheim bleibt, hilft uns das als Menschheit wenig. Und die Zeit drängt.

Was wir wissen, ist, dass es beispielsweise einst wohl zahlreiche Arten von Dinosauriern gab, zu Land, zu Wasser und in der Luft. Sie sollen dann alle innerhalb kurzer Zeit vor mehr als 60 Millionen Jahren ausgestorben sein. Ob dies tatsächlich, wie oft behauptet, mit Meteoriteneinschlägen zu tun hat, halte ich für fraglich, denn die Wissenschaft ist sich zumindest darin einig, dass es immer wieder zu **„Massen-Sterben“** auf Erden kam, also zu einem relativ plötzlichen Aussterben von Tier- und Pflanzenarten und später auch zum Verlust ganzer menschlicher Stämme, Gemeinschaften oder Kulturen. In selteneren Fällen kam es gar zu **„Massen-Aus-Sterben“**, manchmal auch als „Faunenschnitt“ oder „Faunenwechsel“ bezeichnet. Das sind Großereignisse, bei denen ganze Pflanzen- und Tiergattungen (wie die Dinosaurier) verschwanden, sich die Natur also innerhalb kurzer Zeit drastisch veränderte. Überlebt haben dann nur diejenigen Arten, die sich rasch genug den veränderten Bedingungen anpassen konnten.

Relative Einigkeit besteht auch darin, dass neben solchen großen Jahrmillionen-Zyklen auch kleinere einschneidende Zyklen mit kataklysmischem Potenzial bestehen. Grob gesagt kommt es etwa alle 12.000 Jahre zu einem Kataklysmus, wobei jedes zweite dieser Ereignisse, also alle 24.000 Jahre, wegen extremer Vulkanausbrüche besonders einschneidend und verheerend gewesen sein soll. So dürften beim sogenannten **„Toba-Ereignis“** vor rund 72.000 Jahren nur weniger als 5.000 Menschen auf unserem Planeten überlebt haben. Das **„Laschamp-Ereignis“** vor rund 48.000 Jahren stimmt zeitlich mit dem **Aussterben des Neandertalers** überein, während der **Cro-Magnon-Mensch** in Europa **vor 12.000 Jahren in Europa ausgestorben** sein soll.

Es wird auch kaum bestritten, dass diese regelmäßigen Ereignisse immer mit Polwanderungen oder Polsprüngen, starken Erdbeben und Vulkanausbrüchen einhergehen. Das letzte große derartige Spektakel war das sogenannte „Gothenburg“-Ereignis vor 12.000 Jahren. Es wäre also jetzt wieder so weit – siehe Abbildung 14.

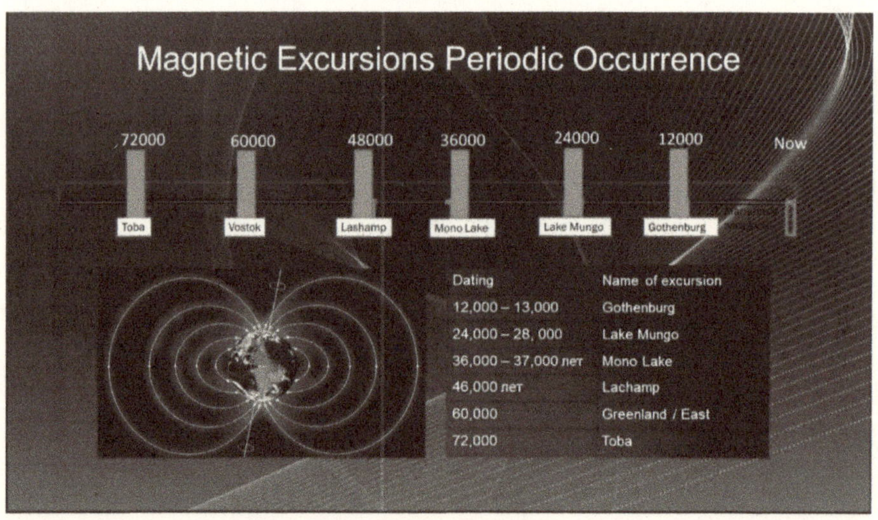

Abb. 14: Das Schaubild zeigt die letzten bekannten Ereignisse deutlicher Polwanderungen bzw. Polsprünge, die ganz grob gesagt alle 12.000 Jahre stattfinden.

Bemerkenswert ist aus meiner Sicht auch, dass sich diese 12.000-jährigen Kataklysmus-Zyklen mit vielen religiösen Lehren decken, etwa mit der buddhistischen und der hinduistischen, in der ein „Yuga-Zyklus" 24.000 Jahren entspricht. So folgen demnach 12.000 Jahren des Abstiegs immer wieder 12.000 Jahre des Aufstieges. Demnach befänden wir uns derzeit am Ende des „Kali Yuga", dem „Zeitalter des Niedergangs", das vor allem von Hass, Gier und Verwirrung gekennzeichnet war. Wie genau der darauffolgende Aufstieg aussehen wird, scheint unter den hinduistischen Gelehrten jedoch noch unklar zu sein.[(49) (50)]

Doch von der westlichen Astrologie bis hin zum Maya-Kalender waren sich seit Langem alle darin einig, dass die gegenwärtige Phase von massiven Umbrüchen gekennzeichnet sein wird. Doch wie genau, war immer unklar. Da reichen die Spekulationen von Meteoriteneinschlägen, über Naturkatastrophen, bis hin zum knappen Vorbeiflug von *Nibiru*, dem zehnten Planeten.

Doch da die meisten Menschen nur auf ihren eigenen Vorteil bedacht sind und die Anzahl der Betten in den Luxus-Bunkern begrenzt ist, wollen sie keine öffentliche Aufarbeitung dieses Themas. Nicht umsonst beschlagnahmte die CIA bereits im Jahr 1965 *Chen Thomas'* Buch »The Adam and Eve Story – The History of Cataclysms« über die Geschichte der Kataklysmen und das nächste bevorstehende Event. Das Buch wurde aufgrund einer *Freedom of Information Act*-Anfrage im Jahr 2013 wieder veröffentlicht, hatte dabei jedoch 75% seines ursprünglichen Umfangs eingebüßt und damit auch seine Brisanz.

Es gibt aber auch noch eine weitere Ausgabe des Autors aus dem Jahr 1993, die ziemlich komplett zu sein scheint, und darin schreibt er:

> „*Im Moment wissen wir nicht, warum alle paar tausend Jahre die magnetischen und elektrischen Ordnungslinien in der flachen Schmelzschicht durcheinandergeraten. Es ist auch nicht bekannt, auf welche Weise sie gestört werden. Es muss ein Weg sein, der diese Energien so weit absenkt, dass die oberflächennahe, geschmolzene Schicht*

als freie Flüssigkeit wirken kann, die dann als Schmiermittel für die Eiskappen dient, um die Schale um das Erdinnere zu ziehen, sodass sich die Eiskappen um 90 Grad in die Torrid-Zone verschieben. In einem Viertel bis einem halben Tag verschieben sich die geografischen Pole in die Torrid-Zone, und die Hölle auf Erden bricht los."[51]

Die „Torrid-Zone" ist übrigens der feucht-warme Bereich um den Äquator herum. Es ist interessant, dass *Chen Thomas* der Wahrheit bereits vor knapp 60 Jahren sehr nahegekommen war, auch wenn er zugab, dass man die Ursachen für solche Großereignisse damals noch nicht kannte. Glücklicherweise sind wir heute aber einige entscheidende Schritte weiter.

So erklärte *Ben Davidson* von *Suspicious Observers*, einer der wenigen Experten, der seit Jahren über den Stand der bevorstehenden Polumkehr berichtet, im Mai 2023, dass immer mehr Wissenschaftler ratlos sind in Bezug auf den Umstand, dass sich nun langsam die feste Lithosphäre, also die Schicht unter der Erdkruste, von der darunterliegenden weicheren Asthenosphäre ablöst und an Halt verliert. Das bedeutet, dass die Erdplatten an Halt verlieren, so wie es *Chen Thomas* im Grunde bereits vor mehr als 50 Jahren beschrieben hatte.[52]

Wer die vorliegenden Daten vorurteilsfrei analysiert, wird zwangsläufig zu der Schlussfolgerung kommen, dass wir gerade wieder einen 24.000-jährigen Zyklus abschließen, wobei es vermutlich rund 1.000 Jahre dauern dürfte, die Galaktische Superwelle, also den hochaufgeladenen Teil des Universums, vollständig zu durchkreuzen. Es sind die Energien aus dem Kosmos, die derzeit unsere Realität formen. Wir Menschen haben auf all das bestenfalls einen sehr, sehr kleinen Einfluss. Und die Beweise dafür sind überwältigend:

- Der magnetische Nordpol der Erde wandert seit 1995 immer schneller, der magnetische Südpol hat ebenfalls im Jahr 2022 deutlich an Fahrt aufgenommen.

- Im Jahr 1995 kam es zu plötzlichen Veränderungen im Verhalten des flüssigen äußeren Erdkerns.
- Daraufhin kam es im Jahr 1998 zu einer plötzlichen Verschiebung des inneren festen Erdkerns nach Norden, in Richtung Sibirien.
- Die Verschiebung des Masseschwerpunkts der Erde führte zu Anpassungsprozessen und einer Verschiebung der Erdachse.
- Die Erde dreht sich unregelmäßig schneller, wobei es immer wieder zu sprunghafter Beschleunigung und dann wieder zu unerwartetem Abbremsen kommt. Dabei handelt es sich bislang zwar nur um Differenzen im Millisekunden-Bereich, aber sie sind messbar und haben Auswirkungen. Am 22. Juni 2022 war der bislang kürzeste Tag seit Beginn der Messungen.
- Das **Erdmagnetfeld schwächt sich konstant ab**, wobei die Rate von unter 0,1% pro Jahr seit Mitte der 1990er-Jahre sprunghaft auf rund 1% pro Jahr angestiegen ist, sich also zuletzt verzehnfachte.
- Die Erde dehnt sich seit 1998 um den Äquator herum immer weiter aus, wird also immer flacher. Daraus resultieren stärkere Zentrifugalkräfte, die Magma aus dem Erdinneren in Richtung Oberfläche nachziehen.[(53)]
- Dadurch entstehen Risse im Erdmantel, durch die Magma aufsteigt.
- Sowohl die Zahl als auch die Intensität der **Erdbeben** ist seit dem Jahr 1995 deutlich angestiegen, wobei der Anstieg seit 2021 nochmals deutlich steiler wurde, wie die Abbildung 15 zeigt. Erdbeben finden mittlerweile auch in Gebieten statt, die bislang seismologisch unauffällig waren.
- Vor allem die Zahl der **Tiefenbeben** hat deutlich zugenommen, das sind Erdbeben, deren Ausgangspunkt mehr als 100 Kilometer unter der Erdoberfläche liegt. Waren solche Tiefenbeben vor

einigen Jahrzehnten noch selten, so erleben wir sie mittlerweile oft mehrmals täglich.

- Ein Erdbeben in Japan im Jahr 2015 kam aus einer Tiefe von 751 km, was Experten bis dahin eigentlich für unmöglich gehalten hatten.(54)
- Seit 2021 hat auch die **Vulkanaktivität** deutlich zugelegt, wobei Vulkane, die teilweise seit Jahrtausenden inaktiv waren, wieder zu Leben erwachten. Anhand der chemischen Zusammensetzung der ausgestoßenen Lava kann man erkennen, dass das Material zum Teil (wie beim Vulkanausbruch in Island im März 2021) aus größeren Tiefen kommt, als man dies bislang kannte.
- Dieses Tiefen-Magma ist chemisch anders zusammengesetzt und aggressiver, als das bislang bekannte, und es führt zu einer noch schnelleren Schwächung der betroffenen Erdkruste.
- Die Meere erwärmen sich am deutlichsten in den tiefen Bereichen, nämlich sieben Mal so schnell wie an der Oberfläche, was nur auf eine Erwärmung durch aufsteigendes Magma aus dem Erdinneren möglich ist.
- Das Eis in der Antarktis schmilzt am schnellsten im Westteil des Kontinents, der die dünnste Erdkruste aufweist, in anderen Teilen wird es hingegen immer kälter und das Landeis hat zugenommen.
- Der 1,5 km dicke Eisschild Grönlands schmilzt von unten auf, vor allem im Ostteil, wo die Erdkruste dünner ist. Unter der Eisschicht bilden sich zunehmend Seen aus – bei einer Umgebungstemperatur von -28°C.
- In Sibirien schmilzt das Eis bei Außentemperaturen von teilweise unter -50°C. Der bis in die späten 1990er-Jahre bestehende Permafrostboden ist mittlerweile aufgeweicht und brennt oder schwelt seit drei Jahren unter dem Eis.

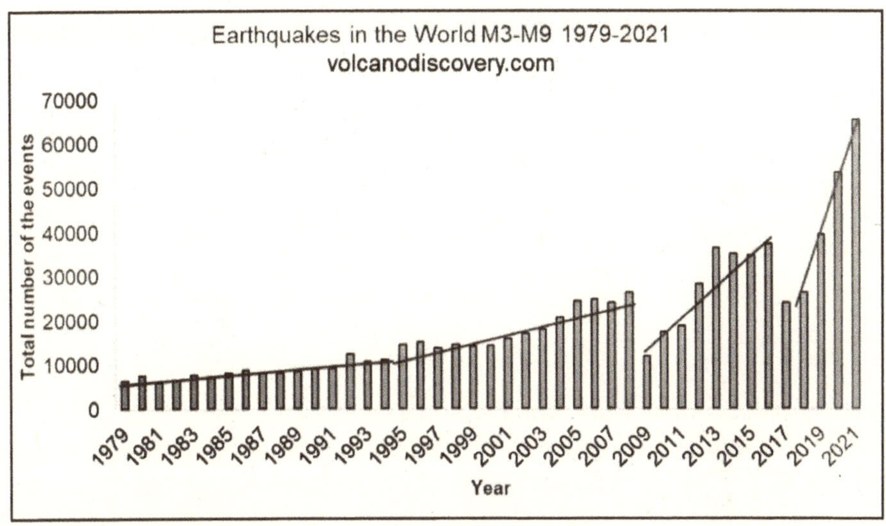

Abb. 15: Erdbeben-Zunahme seit 1995. Seit 2021 wird die Zunahme noch extremer. Die etwas helleren Balken ganz rechts zeigen den prognostizierten Anstieg bis 2025.

- Der Golfstrom schwächte sich in den letzten Jahren zunehmend ab und kam zeitweise gänzlich zum Stillstand, was zuletzt vor 12.000 Jahren passiert war.
- Ähnliche Prozesse finden auch auf der Sonne, der Venus, dem Mars und anderen Planeten unseres Sonnensystems statt, wo sich ebenfalls die Kerne verschoben haben und Eis schmilzt.(55)
- Seit 2014 erwärmen sich Mars und Uranus deutlich. Auf der Venus kommt es zu immer mehr vulkanischer Aktivität.

All das ist dem halbwegs ernst zu nehmenden Teil der „Wissenschaftler“ bekannt, aber die meisten weigern sich hartnäckig, die wahren Ursachen zu benennen, weil sie Angst vor dem Verlust ihres Jobs und ihres Gesichtes haben.

„Es ist bekannt, dass die Erde an ihren Polen leicht abgeflacht ist, aber eine US-Studie zeigt, dass sie seit 1998 noch weniger kugelförmig geworden ist. Bei der Analyse aktueller Satellitenlaserdaten stellten …

(Forscher) … *mit Erstaunen fest, dass sich die Masse der Erde deutlich von den Polen weg und zum Äquator hin verschoben hat. Die Forscher vermuten, dass eine Verschiebung des Erdmagnetfeldes oder der starke El-Niño-Effekt von 1998 diesen Sprung in der ‚Abplattung' verursacht haben könnten.*"[56]

Physics World, 1. August 2022

Ja, da kommen wir der Sache doch schon näher! Aber was die „Verschiebung des Erdmagnetfeldes" ausgelöst hat, das trauen sie sich dann doch noch nicht auszusprechen. Und da ein *El-Niño-Ereignis* nicht nur 1998 auftrat, sondern alle zwei bis acht Jahre, halte ich auch diese Erklärung für wenig überzeugend.

„El Niño" ist ein Wetterphänomen, das alle zwei bis acht Jahre im Dezember auftritt, wenn der Passatwind das Wasser im Ostpazifik nicht, wie sonst üblich, in Richtung Asien drückt, sondern eine Strömung in die Gegenrichtung entsteht. Dabei fallen an der Westküste Südamerikas extrem hohe Niederschläge, während es in Australien und auf den Philippinen sehr trocken wird. Alle „heiligen Zeiten" gibt es *El-Niño-Ereignisse*, die besonders heftig ausfallen, wie jenes zu Beginn des Holozäns vor etwa 11.700 bis 12.000 Jahren.

Am 12. November 2022 fand ein 11-stündiger Online-Kongress statt, bei dem Wissenschaftler aus Russland, der Ukraine, den USA, Deutschland und anderen Nationen ihre dramatischen Forschungsergebnisse von mehr als zwanzig Jahren interdisziplinärer Recherche präsentierten. Sie erklärten, dass auch mehr als hundert sehr namhafte Kollegen, die jedoch nicht genannt werden dürfen, an diesen Forschungen beteiligt waren. Ich erwähne dies, weil diese Gruppe, die sich „Kreative Gesellschaft" nennt, auf diesem Kongress auf bemerkenswerte Weise veranschaulichte, was uns in den kommenden Jahren ihrer Ansicht nach bevorstehen dürfte.

Leser meiner früheren Bücher wissen, dass ich sehr kritisch bin und genau recherchiere, so auch hier. Aber alles Belastbare, was ich über diesen losen Zusammenschluss von Menschen, die sich eine bessere Welt ohne Unterdrückung, Ausbeutung und Konsumzwang wünschen, finden konnte, war, dass sie im großen Stil von *Rotary Club Int.* unterstützt werden. Im Namen von Rotary Int. und zwei seiner Tochterorganisationen fand auch dieser Kongress statt. Die „Rotarier" sind nach dem „Lions Club" der weltweit zweitgrößte „Service-Club", in dem Vertreter verschiedener Berufe sowie politischer und religiöser Orientierungen zusammengeschlossen sind, um sich für *„humanitäre Dienste, den Frieden, Nachbarschaftshilfe und Völkerverständigung einzusetzen"*.

Das einzig Fragwürdige, das ich über diesen Club finden konnte, ist die Tatsache, dass er als Berater für Rockefellers UNO tätig ist und vor Jahren zusammen mit der WHO und Bill Gates ein Polio-Impfprogramm betrieben hat. Da sträuben sich bei mir natürlich die Nackenhaare, doch dann erinnere ich mich wieder daran, dass diese Welt nicht nur schwarz oder weiß ist, sondern aus einer Unzahl aus Grautönen dazwischen besteht. Und da die Rotarier der Mär vom anthropogen verursachten Klimawandel sehr kritisch gegenüberstehen und die „Kreative Gesellschaft" und deren wertvolle Aufklärungsarbeit fördern, habe ich entschieden, darüber hinwegzusehen. Der Onlinekongress bestach nämlich nicht nur inhaltlich, sondern auch dadurch, dass er live in 150 Sprachen übersetzt wurde, was eine wahre logistische und technische Meisterleistung ist und nur durch sehr viele ehrenamtliche Unterstützer zu bewältigen war.

Also, was den Unterschied zwischen dieser besagten Gruppe angeblich idealistischer Wissenschaftler und den meisten anderen ihrer Kollegen da draußen ausmacht, ist, dass sie über Länder- und Institutsgrenzen hinweg zusammenarbeiten und Experten aus allen wichtigen Disziplinen in ihrem Team haben, wie Klimatologen, Geophysiker, Geologen, Geografen, Astrophysiker, Seismologen, Vulkanologen, Ökonomen, Mathematiker und viele mehr. Eine solche interdisziplinäre, internationale Zusammenarbeit über mehr als zwanzig Jahre hinweg ist meines Wissens nach absolut einzigartig und hat daher auch ein neues, einzigartiges Bild unserer möglichen nahen Zukunft aufgezeigt, wie ich es in der Klarheit bislang noch nicht gesehen hatte. Daher möchte ich nach den Hintergründen und den Fakten dazu auch die Modelle und Prognosen der Forscher für die kommenden Jahre kurz umreißen – denn die haben es in sich!

Im Jahr 1995 traten wir in einen energetisch hoch aufgeladenen Teil des Universums ein, was 1998 zu einer sprunghaften Verschiebung des inneren Erdkerns nach Norden führte, die Erdumdrehung veränderte und dazu führte, dass die Erde sich immer weiter abflacht und um den Äquator herum wächst. Dadurch entstehen Risse in der Erdkruste, Magma kann aus tieferen Schichten aufsteigen und hat zunächst an den dünnsten Bereichen der Erdoberfläche die meiste Wirkung. Das sind vor allem die Westantarktis, der Osten Grönlands und Sibirien, das sich vier Mal schneller erwärmt als der Rest der Erde. Die Ozeane erwärmen sich von unten und nehmen derzeit so viel Wärme auf, wie sie können.

Durch die Unwucht des Erdkerns hat sich die Erdachse verschoben, was auch zur Verschiebung von Landmassen und zu mehr Druck auf die tektonischen Platten führt. Immer mehr Magma wird nach außen bzw. oben gedrückt, es kommt zu immer mehr, immer stärkeren Erdbeben, auch aus immer größeren Tiefen. Immer mehr zuletzt schlafende Vulkane werden wieder aktiv, und wenn all das so weiter ansteigt, wie die Computermodelle der Forscher es prognostizieren, dann wird es in den kommenden Jahren, vor allem aber ab 2030, zu so verheerenden Naturkatastrophen kommen, dass diesmal die Existenz der Menschheit als Ganzes auf dem Spiel stehe und die Erde wie der Mars als „toter Planet“ enden könnte. Denn anders als bei früheren Kataklysmen hat der Mensch zuletzt so gravierend in das Ökosystem einge-

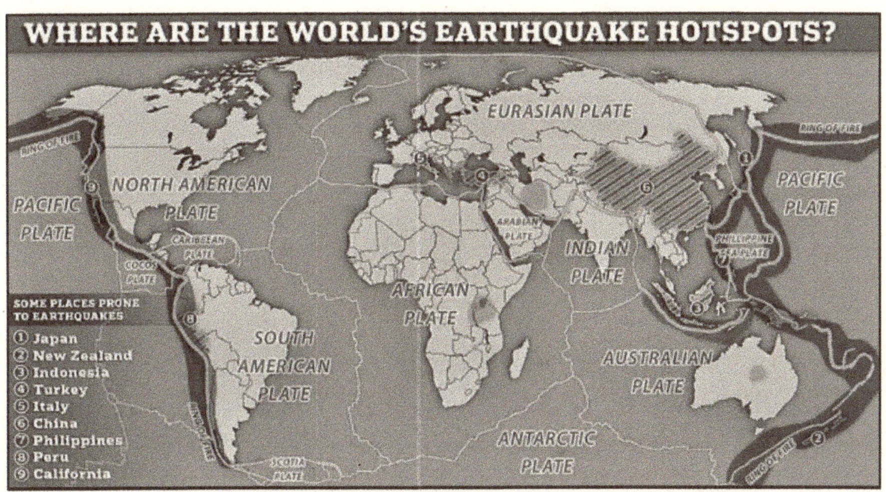

Abb. 16: Zu den erdbebengefährdeten Gebieten gehören die Pazifik-Anrainerstaaten Neuseeland, Indonesien, die Türkei, der Iran, China, die Philippinen, Peru und die Westküste der USA.

griffen, dass diese „natürlichen" Anomalien durch Dummheit und Inkompetenz noch zusätzlich verstärkt werden – wie wir im nächsten Kapitel sehen werden.

Wir erleben bereits jetzt immer mehr und immer länger anhaltende Erdbeben, und sie bewegen sich zudem immer weiter von den bekannten Hotspots entlang der Plattengrenzen weg. Die Daten der drei größten und wichtigsten seismologischen Institute ISC, EMSC, USGS sind nachweislich seit 2015 manipuliert, um die deutliche globale Zunahme von Erdbeben (vor allem im unteren Stärkebereich von bis zu 4) zu verschleiern – vielleicht weil die Zunahme an Beben nicht zur CO_2-Mär passt.

Die Bewohner in den seismisch aktivsten Zonen, also die Pazifik-Anrainer Neuseeland, Indonesien, China, Philippinen und die gesamte nord- und südamerikanische Westküste sind nach wie vor am stärksten gefährdet, aber auch um das Mittelmeer herum befindet sich ein Hotspot, insbesondere im Bereich Griechenlands und der Türkei, aber auch im Iran, wie Abbildung 16 zeigt.

Das Erdbeben in der Türkei und Syrien am 6. Februar 2023 mit einer Stärke von 7,8 und tausenden Nachbeben in den darauffolgenden Wochen forderte offiziell mehr als 56.800 Todesopfer. Da die Menschheit bislang jedoch die Fakten ausblendet, ist leider zu erwarten, dass wir uns an solche Ereignisse gewöhnen müssen.

> *„Vom 10-15.4.2023 gab es bereits 6 Tornados in Italien. An der Küste entstanden 4 Tornados bei Sardinien, Genua und Sizilien. Vier der Tornados bildeten sich auf Festland bei Bologna, was eine sehr hohe Zahl in diesem noch kalten und grauen Frühlingserwachen ist. Die Anzahl der Tornados erhöht sich nicht nur in den USA, sondern auch in Europa, und Italien scheint ein wahrer Hotspot für Tornados zu sein!“*[(57)]
>
> Sun Evo News am 20. April 2023

Mittel-, Nord- und Westeuropa sind verglichen mit vielen anderen Regionen der Erde begünstigt. Wetterextreme waren hier bis vor kurzem selten, aber selbst hier stellen wir einen Anstieg an Tornados und Extrem-Ereignissen fest, während die Niederschläge in manchen Regionen generell weniger werden und manche Gebiete Europas zunehmend Wasserprobleme bekommen. Natürlich ist vieles davon tatsächlich vom Menschen mitverschuldet, weil beispielsweise Bach- und Flussläufe folgenreich verändert werden oder für die Bewässerung in der Landwirtschaft zu viel Wasser aus dem Boden entzogen wird, was zu sinkenden Grundwasserspiegeln und somit oft zu sinkenden Pegelständen bei Seen und Teichen führt.

Doch manche Entwicklungen entziehen sich auch unserem Einfluss. Dennoch wird das Austrocknen, etwa des *Zicksees* im Jahr 2022 und auch der zunehmende Wasserverlust des *Neusiedlersees* im Osten Österreichs, gerne unserem angeblich steigenden menschlichen CO_2-Ausstoß angelastet, was völlig unbewiesen und auch äußerst unlogisch ist. Gerade der Neusiedlersee war nämlich im Lauf der letzten 200 Jahre bereits zwei Mal völlig ausgetrocknet und sollte bereits parzelliert und verkauft werden, ehe er sich völlig überraschend wieder füllte – und niemand verstand, warum. Im Hochwasserjahr 1853 lag sein Pegel 2,5 Meter über dem heutigen, und nur 12 Jahre später, im Jahr 1865, war der See völlig ausgetrocknet. Die Schwankungen waren also deutlich größer als heute.[(58)]

Oder nehmen Sie den kalifornischen *Tulare Lake* her – er war einst der zweitgrößte See in den USA und war aufgrund eines Dammbau-Projektes im Jahr 1920 Mitte des 20. Jahrhunderts komplett verschwunden, und der fruchtbare Boden wurde an Landwirte verkauft, die dort nun jahrzehntelang Feldfrüchte anbauten. Doch nach dem extrem niederschlagsreichen Winter füllte sich das Becken im März 2023 plötzlich wieder, und der See entstand 80 Jahre nach seinem Verschwinden wieder von Neuem.[(59)] [(60)] Die Klimazonen verschieben sich anscheinend immer schneller, und es ist fraglich, wie viele Tier- und Pflanzenarten mit diesem Tempo werden mithalten können.

> *„Nie war eine Aschewolke höher als beim diesjährigen Vulkanausbruch in Tonga. Erstmals durchbrach ausgestoßenes Material die Stratosphäre... Der Untersee-Vulkan Hunga-Tonga-Hunga-Ha'apai war Mitte Januar 2022 ausgebrochen und hatte eine gigantische Wolke aus Asche und Gas kilometerweit in die Höhe geschleudert... Die Ergebnisse zeigten, dass die Wolke eine Höhe von 57 Kilometern erreicht habe."*
>
> Der Spiegel, 4.11.2022

Seit dem Jahr 2021 steigt die Zahl der Vulkanausbrüche deutlich an, und selbst die bislang „schlafenden" Supervulkane werden zunehmend aktiver, was äußerst beunruhigend ist.

Supervulkane sind besonders große Vulkane. Ihre darunter liegenden Magmakammern sind so groß, dass sie bei einem Ausbruch keine Kegel ausbilden, sondern riesige Einbruchskessel, also riesige Löcher erzeugen, sogenannte „Calderen". Der Ausbruch eines Supervulkans würde rund 800°C heißes Magma in die Luft schleudern, was im Umkreis von mehreren hundert Kilometern sofort alles Leben vernichten würde. Die enorme Menge an Asche würde viele hundert Kilometer weit alles bedecken, Gebäude zum Einsturz bringen, Wasser verschmutzen und die Infrastruktur zerstören. Letztlich würde einen solchen Ausbruch aber jeder von uns zu spüren bekommen, weil die Aschewolke innerhalb weniger Tage die gesamte Erdatmosphäre durchdringen und das Sonnenlicht daran hindern würde, hindurch zu scheinen. Die Folge wäre ein **„vulkanischer Winter"**, die Temperaturen würden global rasch um bis zu 15°C absinken, was zum bereits zuvor erwähnten „Massen-Aussterben" führen würde. Das wäre der absolute Supergau! In Südengland würde die Jahresdurchschnittstemperatur von 12°C auf -3°C (durchschnittlich!) sinken, was bei der Bauweise der Häuser kaum jemand überleben würde. In Teilen Österreichs und Deutschlands waren die Temperaturen im Dezember 2022 bis auf -15°C gesunken, was verkraftbar war, aber auf Spitzen von -30°C ist auch in Mitteleuropa nichts und niemand ausgelegt.

Die bekanntesten **Supervulkane** liegen im *Yellowstone Nationalpark* (USA), auf Neuseeland und in Italien. Die *„Phlegräischen Felder"* sind ein 150 km² großer Bereich im Mittelmeer, der sich von der Stadt Neapel bis hin zu den Inseln *Ischia* und *Procida* im Südwesten und *Nisida* im Nordosten erstreckt. Dieser für das freie Auge nicht zu erkennende Supervulkan soll zuletzt vor 39.000 Jahren richtig ausgebrochen sein und gilt damit als mehr als überfällig.

> *„Eine unglaublich lange Phase der Aktivität hat sich beim italienischen Supervulkan eingestellt, die sich steigert! – Heute waren es 8 Beben, mit bisher 4 Beben, die signifikante Magnituden von größer M1 aufweisen, und einmal bebte es sogar mit M2, was den Rahmen der üblichen Mikrobeben deutlich übersteigt, und auch der Vesuv, der sich mit den Campi Flegrei die Magmakammer teilt, gibt seismische Zeichen von sich."*[(61)]

Sun Evo News, 18. April 2023

Der gefährlichste der Supervulkane soll derzeit der *Yellowstone* sein, der unterirdisch sowohl mit Italien als auch mit China verbunden ist. Jedes stärkere Erdbeben dort könnte einen Ausbruch des Yellowstone verursachen, was im Bereich der gesamten Westküste der USA und Kanadas auf einen Schlag alles Leben auslöschen würde. Die Zahl der Erdbeben in der Yellowstone-Kaldera ist in den letzten fünf Jahren ebenso sprunghaft angestiegen wie die Aktivität der zahlreichen Geysire im Nationalpark. Selbst auf das schwere Erdbeben in der Türkei und Syrien im Februar 2023 reagierte der Yellowstone nachweislich heftig, was belegt, dass er zunehmend aktiver und gefährlicher wird.

Die größte Sorge bereitet dem Forscherkollektiv der „Kreativen Gesellschaft" aber der ***Marianengraben***, der südlich von Japan und östlich der Philippinen im Pazifik liegt. Er ist Teil des Pazifischen Feuerrings, also jenes Gebietes, in dem nicht nur die meisten Vulkanausbrüche und Erdbeben auftreten, sondern auch die stärksten. Die tiefste Stelle dieser Unterwasser-Schlucht liegt rund 11 km unter der Wasseroberfläche und ist zugleich die dünnste Stelle der Erdkruste, die aufgrund der Plattenverschiebungen an dieser Stelle Jahr für Jahr dünner wird. Die Erdkruste, die äußerste feste Schicht der Erde, ist durchschnittlich 35 km dick, im Marianengraben jedoch nur weniger als 5 km. Daher ist es sehr wahrscheinlich, dass das immer flüssiger werdende Magma, das derzeit vermehrt aus dem tiefen Erdinneren nach außen drängt, sich hier Bahn brechen wird. Wenn flüssiges Metall auf Wasser trifft, dann kommt es zu einer „Physikalischen Explosion". Die würde den betroffenen Bereich noch weiter aufreißen, was zu einer noch größeren Explosion führen würde, die das Potenzial von mehr als 1.000 Atombomben haben könnte.

Die Folge wäre eine riesige Aschewolke, die abrupt in die Atmosphäre geschleudert würde und sie regelrecht zerfetzen könnte. Da die 11.000 Meter hohe Wassersäule aber einen Druck von rund 1.000 bar hat, dürfte ein großer Teil der Explosionsenergie gar nicht nach oben gelangen, sondern zur Seite und auch zurück ins Erdinnere gehen. Das hätte unter anderem sowohl ein Wegrutschen der Meereshänge in dem Bereich als auch einen oder mehrere Tsunamis zur Folge. Gleichzeitig würde der Druck aber auch den ohnehin bereits instabilen Erdkern noch weiter destabilisieren, was noch mehr Magma nach außen drücken und das Ganze noch weiter verschlimmern würde.

Was wie ein Szenario aus einem Hollywood-Katastrophen-Blockbuster klingt, dürfte nach Ansicht des Forscherkollektivs in den kommenden Jahren mit hoher Wahrscheinlichkeit stattfinden. Dann würde die Erde für uns Menschen bald unbewohnbar sein. Ihre mathematischen Modelle nennen den Oktober 2036 als Datum für das Ende der Menschheit, falls wir nicht unverzüglich unser Denken und Verhalten ändern und gegensteuern. Die einzige Chance für das Überleben der Menschheit sehen sie darin, eine neue „Kreative Gesellschaft“ zu schaffen, in der sich nicht nur alle Völker vereinen, sondern auch die besten Wissenschaftler aller Länder zusammen daran arbeiten, eine Energiequelle zu entwickeln, die dazu in der Lage ist, die Galaktische Superwelle zu neutralisieren und das Erdinnere wieder zu stabilisieren.

Nun bin ich kein Freund von Modellen, wie die Leser meines Buches »Lockdown – Band 2« wissen, aber es ist unbestreitbar, dass es in regelmäßigen Abständen auf allen Planeten in unserem Sonnensystem zu Kataklysmen kommt. Die Daten, auf die sich das Forscherkollektiv der „Kreativen Gesellschaft“ bezieht, sind alle öffentlich zugänglich, und es ist offenkundig, dass derzeit bereits alle Warnleuchten rot blinken, weil es kein erkennbares Szenario gibt, das den derzeitigen deutlichen Anstieg im Bereich der Erdbeben und Vulkanausbrüche plötzlich von sich aus beenden würde.

Ob das, was in den kommenden Jahren kommt, tatsächlich das Ende der Menschheit oder zumindest großer Teile davon sein wird, kann niemand mit 100%iger Sicherheit sagen, aber ich halte es für durchaus realistisch. Daher ist es wichtig, wenn man weiterleben möchte, sich mit dem Szenario des Ausbruchs eines Supervulkans und der daraus folgenden neuen Eiszeit auseinanderzusetzen – nicht nur, wenn man in der unmittelbaren Nähe eines solchen Supervulkans lebt. Menschen haben – wenngleich auch in sehr kleiner Zahl – frühere abrupte Abkühlungen überlebt, also sollten wir auch dazu bereit sein. Doch darauf müssten wir uns vorbereiten, da den meisten von uns heute praktische Überlebenstechniken fremd sind. Deshalb hatte ich auch zuletzt mein Buch »Blackout: Der last-minute-Vorsorge-Guide« geschrieben, in dem ich zahlreiche praktische Hinweise zum Überleben in Krisensituationen gebe.

Sicherlich wäre der viel zitierte und herbeigesehnte Quantensprung im Bewusstsein der Menschheit wünschenswert, da wir gemeinsam und im Einklang als Kollektiv wesentlich bessere Überlebenschancen hätten und alle davon profitieren würden. Doch dieser „kollektive Aufstieg" wird so kaum eintreten, wenn alle weiterhin nur warten und selbst nichts verändern. Die Manipulation der Massen, wie ich sie auf den folgenden Seiten beschreibe, steht unserer gemeinsamen Weiterentwicklung ebenso im Weg wie deren Passivität und die naive und ängstliche Schönfärberei mancher pseudo-spiritueller Kreise.

Wenn der befürchtete Kataklysmus eintreten sollte, werden also nur wenige kleine bewusste und aktive Gruppen von Menschen, kleine echte Gemeinschaften überleben. Vielleicht konnte der „Aufstieg" auch immer nur so im kleinen Kreis funktionieren. Vielleicht war die Vorstellung, dass eine kleine kritische Masse den ganzen trägen Rest mitreißen könnte, von vornherein ein Trugschluss, basierend auf Selbstüberschätzung oder Realitätsverweigerung.

Selbst wenn dank neuer, noch höherer Frequenzen tatsächlich ein positiver Ruck durch alle Völker auf Erden ginge und man in den nächsten Monaten das gesamte bisherige politische Personal, alle Finanzmagnaten und anderen Egoisten entmachten könnte, so würde der Abbau aller alten Systeme, unserer Gewohnheiten und unseres unselbstständigen Denkens vermutlich nicht innerhalb weniger Jahre zu bewerkstelligen sein.

Das alles mag für jene, die diese Informationen unvorbereitet treffen, verstörend sein, aber ist es nicht sinnvoller, einer harten Wahrheit ins Auge zu blicken und das Schicksal in die eigenen Hände zu nehmen, als weiterhin Opfer und Spielball einer kleinen völlig gewissen- und skrupellosen Gruppe von Unmenschen zu sein?

TEIL 2 – DER EINFLUSS DES MENSCHEN AUF DAS WETTER

Der menschliche Ausstoß von CO_2 hat keinen erkennbaren oder wissenschaftlich beweisbaren Einfluss auf das Wetter, daher auch nicht auf das Klima. Auf andere Emissionen, etwa aus dem Straßenverkehr, vom Heizen oder von der Industrie, möchte ich hier nicht näher eingehen, denn da bewegen wir uns wieder im Bereich des CO_2-Fußabdruckes, der auf Schätzung und Spekulation beruht – und ohnehin in den Massenmedien ausführlich breitgetreten wird. Wer gerne mehr über den eigenen ökologischen Fußabdruck wissen möchte, kann das ganz leicht innerhalb weniger Sekunden im Internet abrufen.

Wer mehr über die geophysikalischen Hintergründe zu Wetter und Klima wissen möchte, dem kann ich dazu *Bernd Fleischmanns* Buch »Warum sich das Klima ändert – und welche Katastrophe wirklich droht« oder *Werner Kirsteins* Buch »Klimawandel – Realität, Irrtum oder Lüge?« empfehlen. Mein Anliegen hier ist es weiterhin, das große, ganze Bild aufzuzeigen.

Und damit kommen wir zu dem, was ansonsten kaum irgendwo komprimiert und übersichtlich zu finden ist, denn eine kleine Gruppe von Menschen und Organisationen manipuliert das Wetter nachweislich mindestens seit den 1950er-Jahren, und ich halte deren Treiben für weitaus gefährlicher als alles, was wir, also Sie und ich, beizutragen vermögen.

Geo-Engineering & Wettermodifikation

Der Begriff „**Wettermodifikation**" beschreibt die kurzzeitige und regionale Beeinflussung des Wetters, während „**Geo-Engineering**" auf eine großräumige und langfristige Manipulation der Erdatmosphäre und somit des Klimas abzielt.

„North American Weather Consultants, Inc. (NAWC) führt seit 1974 in den Gebirgsregionen von Zentral-/Süd-Utah operative Winterwolkenimpfprogramme durch. Seit 1988 wird das Seeding auch in drei weiteren Gebirgsregionen des Bundesstaates durchgeführt. Das Cloud Seeding wird mit Hilfe eines Netzes von bodengestützten, manuell betriebenen Silberjodid-Kerngeneratoren durchgeführt, die sich in Tälern oder Vorgebirgen im Windschatten der angestrebten Bergbarrieren befinden... (Bereits) *...in den Jahren 1951 bis 1955 wurde im Süden Utahs ein Frühwinter-Wolkensaatprogramm durchgeführt."*

The Journal of Weather Modification, Vol. 43, 2022

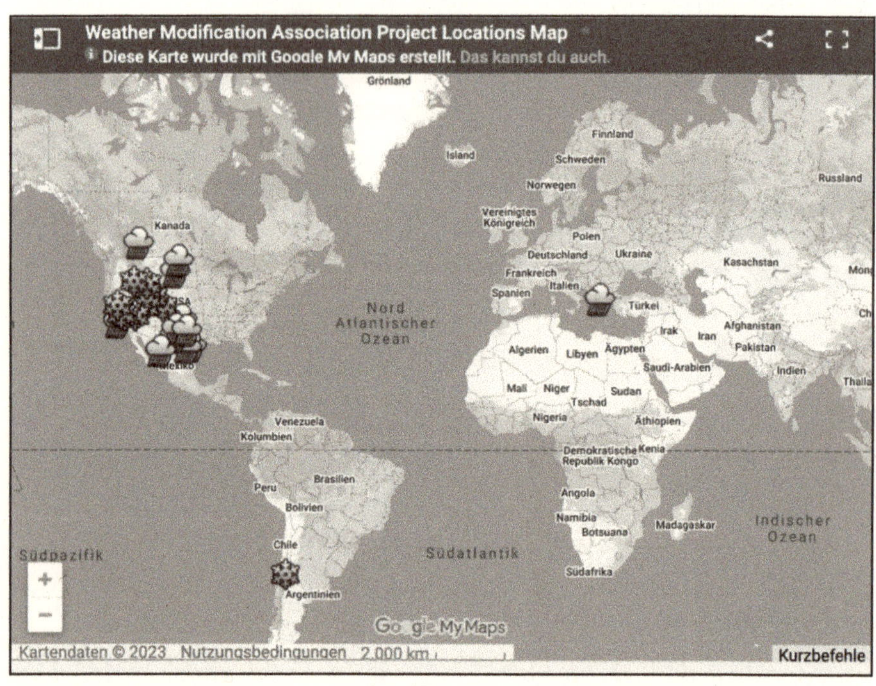

Abb. 17: Auf der Internetseite der *Weather Modification Association* kann man jederzeit live einsehen, wo gerade von ihren Mitgliedern das Wetter manipuliert wird.

Diese Lobeshymne auf den seit 1950 tätigen „Wetterdienstleister" *NAWC* erschien im »Magazin für Wettermodifikation« – also „Wetter-Veränderung". Ja, die Wetter-Manipulations-Branche boomt! Sie hat in den USA nicht nur ihre eigene Vereinigung, die *Weather Modification Association*, die Kongresse ausrichtet und auf ihrer Internetseite (siehe Abbildung 17) einen kleinen Überblick darüber gibt, wo genau ihre Mitglieder gerade aktiv sind, also wo US-Firmen es gerade regnen oder schneien lassen – sie haben auch ihr eigenes Online-Branchenmagazin. Und das ist nur ein Beispiel aus einem von über 200 Ländern auf diesem Planeten. Die Wettermanipulation findet unentwegt und überall statt.

Während ich hier recherchiere, lese ich die Nachricht, dass die *Vereinigten Arabischen Emirate* (VAE) – ein Land kleiner als Österreich – gerade ein weiteres Flugzeug zur Wettermanipulation erworben haben:

> *„Das Wetteramt der Vereinigten Arabischen Emirate wird seine Flotte um ein modernes Flugzeug zur Wolken-Beimpfung erweitern. Wie das Nationale Zentrum für Meteorologie am Mittwoch mitteilte, hat es mit Calidus Aerospace in Abu Dhabi einen Vertrag über den Erwerb des modernen Flugzeugs unterzeichnet.*"[(62)]
>
> The National, 5. April 2023

Nach eigenen Angaben setzen die VAE seit einigen Jahren „Cloud Seeding" ein, um den Grundwasserspiegel zu verbessern. Wörtlich übersetzt bedeutet das „Wolken-Aussaat", weil man bei dem Vorgang Chemikalien am Himmel „aussät", die das Verhalten der freien Wassermoleküle oder der Wolken verändern sollen. Ich persönlich verwende dafür aber lieber den Begriff „Beimpfung" als „Aussaat", weil mir das sonst zu harmlos und natürlich klingt, als würde ein Bauer sein Saatgut auf dem Feld ausbringen, um für uns Lebensmittel anzubauen. „Beimpfung" passt besser, denn es handelt sich um einen Eingriff in ein komplexes System, der schwere Nebenwirkungen haben kann.

Allein im Januar 2023 führten die Vereinigten Arabischen Emirate innerhalb einer Woche 13 Cloud-Seeding-Einsätze durch, die letztlich zu mehrtägigen heftigen Niederschlägen führten.[(63)]

Das klingt vielleicht im ersten Moment durchaus sinnvoll und effizient, aber jeder Eingriff in das Wetter hat nicht nur lokale, sondern weitreichende Auswirkungen. Wenn ich mittels Chemikalien und/oder Strahlenwaffen (elektrischer Ladung) die vorhandenen Wassermoleküle in der Luft zusammensammle, um sie an einem bestimmten Punkt abregnen zu lassen, dann fehlen sie anderswo. Solch ein Eingriff kann also noch hunderte oder tausende Kilometer entfernt deutliche Auswirkungen auf andere haben. Das nennt man auch den **„Schmetterlingseffekt"**, also die Tatsache, dass in einem komplexen, nichtlinearen dynamischen System schon kleinste Veränderungen zu Effekten führen können, die niemand mehr genau abschätzen kann.

Wenn also eines der kleinsten Länder der Welt so massiv ins Wetter eingreift, dann stellen Sie sich einmal kurz vor, was die USA, Russland, China, Indien, Deutschland, Großbritannien, Südafrika oder Japan machen – um nur einige zu nennen. Und da solche Manipulationen nicht nur über eigenem Territorium stattfinden, sondern auch als Kriegswaffe gegen andere eingesetzt werden können, auch über große Entfernungen hinweg, braucht man nicht viel Fantasie, um sich auszumalen, dass da oben in der Atmosphäre totales Chaos herrscht. **Da ist Krieg über unseren Köpfen, und das bereits seit Jahrzehnten!** Schon in den Jahren 1967 bis 1972 beimpfte die US-Luftwaffe während des Vietnamkriegs Wolken während der Monsunzeit, um beispielsweise den für den Gegner wichtigen *Ho-Chi-Minh-Pfad* mittels Starkregen unpassierbar zu machen. Der Name dieses geheimen Wettermanipulations-Projektes lautete *„Operation Popeye"*.

Natürlich sind auch die Russen mindestens seit den 1960er-Jahren auf diesem Gebiet sehr aktiv. Mangels Russisch-Kenntnissen kann ich darüber jedoch nur sehr wenig in Erfahrung bringen.[(64)] Sicher sind auch die Chinesen mittlerweile auf den Zug aufgesprungen, aber auch da muss ich aufgrund sprachlicher Hürden passen. Vielleicht kann Ihnen aber ein kurzer grober Überblick über die bekanntesten, auf Englisch verfügbaren Wettermanipulations-Projekte dabei helfen, das gigantische Ausmaß dieses Krieges über unseren Köpfen ein wenig besser einzuordnen:

- **1891** meldet *Louis Gatiimann* aus Chicago eine Methode an, mittels verflüssigtem Kohlensäuregas Regen erzeugen zu können (US-Patent US462795A).
- **1947 *„Projekt Cirrus“*** (USA): Zwei Mitarbeiter des Energieriesen General Electric beimpften zusammen mit der US-Army Wolken mit Trockeneis, um einen Hurrikane abzuschwächen, und lösten stattdessen einen gewaltigen Schneesturm aus.
- **1952 *„Projekt Cumulus“*** (GB): Die *Royal Air Force* testete ihre Fähigkeiten auf dem Gebiet und erzeugte epische Regenfälle über der Kleinstadt *Lynmouth*, die praktisch weggespült wurde, was 34 Menschen das Leben kostete.
- **1958** (Japan): *Norihiko Fukuta* veröffentlichte im *Journal of Meteorology* eine der ersten Arbeiten über die Beeinflussung des Wetters mittels Chemikalien.
- **1962-1983 *„Projekt Stormfury“*** (USA): 21 Jahre lang versuchte die *US Air Force* mit erheblichem finanziellem und logistischem Aufwand, tropische Wirbelstürme zu beeinflussen, indem sie mit Flugzeugen direkt hineinflog und Silberjodid versprühte – angeblich ohne nennenswerten Erfolg.
- **1964:** Das US-Patent US3140207A von Mary M. Williams und Lohr A. Burkardt beschreibt, wie Aluminium zusammen mit Silberjodid verwendet werden kann, um Wolken zu impfen.

- **1964:** Das US-Patent US3274035A beschreibt erstmals, wie **Aluminium, Barium und Strontium zur Beeinflussung des Wetters** verwendet werden können.
- **1971:** Das US-Patent US3630950A stellt fest, dass pulverisiertes Aluminium aufgrund seiner Verfügbarkeit und seines geringen Preises ideal ist zur „*Wolkenveränderung und Wetterkontrolle*".
- **1974** fordert der *US-Unterausschuss für Ozeane und zwischenstaatliche Umweltbelange* ein internationales Abkommen, das Wettermanipulation als Kriegswaffe verbieten sollte.
- **18. Mai 1977:** In Genf wurde die UNO-Konvention *(ENMOD)* gegen Wettermanipulationen (Wetter als Kriegswaffe) unterzeichnet.
- **1991:** Das US-Patent US5003186A der *Hughes Aircraft Corp.* schlägt vor, **Aluminium gegen „*das Problem der globalen Erwärmung*"** einzusetzen: „*Eine vorgeschlagene Lösung für das Problem... bestand darin, **die winzigen Teilchen dem Treibstoff von Düsenflugzeugen beizumischen, sodass die Partikel aus den Abgasen der Düsentriebwerke ausgestoßen werden, während sich das Flugzeug auf seiner Reiseflughöhe befindet.***"
- Im Jahr 2004 wurde dieses Patent an die *Raytheon Company* übertragen, die seit 2020 ***Raytheon Technologies*** heißt und nach *Lockheed Martin* **der zweitgrößte Rüstungskonzern und Waffenhersteller der Welt** ist!
- **1996** erscheint das Planungsszenario der *US Air Force* **„*Owning the Weather in 2025*"**, in dem es darum geht, bis zum Jahr 2025 das Wetter auf Erden zu beherrschen, „*um feindliche Kräfte zu schwächen, indem sie sich neue Technologien zunutze macht und die Entwicklung dieser Technologien auf Anwendungen zur Kriegsführung konzentriert. Eine solche Fähigkeit bietet dem Kämpfenden Werkzeuge, um das Schlachtfeld in einer Weise zu gestalten, die nie zuvor möglich war.*"

WEATHER MODIFICATION

HEARINGS

BEFORE THE

SUBCOMMITTEE ON
OCEANS AND INTERNATIONAL ENVIRONMENT

OF THE

COMMITTEE ON FOREIGN RELATIONS
UNITED STATES SENATE

NINETY-THIRD CONGRESS

SECOND SESSION

ON

THE NEED FOR AN INTERNATIONAL AGREEMENT PROHIBITING THE USE OF ENVIRONMENTAL AND GEOPHYSICAL MODIFICATION AS WEAPONS OF WAR

AND

BRIEFING ON DEPARTMENT OF DEFENSE WEATHER MODIFICATION ACTIVITY

JANUARY 25 AND MARCH 20, 1974

[Top Secret hearing held on March 20, 1974; made public on May 19, 1974]

Printed for the use of the Committee on Foreign Relations

U.S. GOVERNMENT PRINTING OFFICE

Abb. 18: GeoengineeringWatch – Weather Modification Hearings 1974

- **November 2009:** Das *Wall Street Journal* berichtet, dass das chinesische *Amt für Wetteränderung* damit begonnen hat, Wolken mit Silberjodid zu impfen, um einer anhaltenden Dürre in Peking entgegenzuwirken, was jedoch stattdessen zum größten Schneesturm in China seit über fünf Jahrzehnten führte.
- **2009-2010:** Im Unterausschuss des US-Repräsentantenhauses fanden drei Anhörungen statt mit dem Titel *„Geo-Engineering – Abschätzung der Folgen großflächiger Eingriffe in das Klima"*.
- **2010** finden im Britischen Unterhaus Anhörungen zu Geo-Engineering statt, die *„Aktivitäten beschreiben, die speziell und absichtlich darauf abzielen, eine* ***Veränderung des globalen Klimas*** *zu bewirken, mit dem Ziel, den anthropogenen (d.h. vom Menschen verursachten) Klimawandel zu minimieren oder rückgängig zu machen"*, oder wie vom beteiligten kanadischen Professor *David Keith* formuliert: *„**die absichtliche, groß angelegte Manipulation der Umwelt.**"*

Ich könnte diese Liste nun endlos fortsetzen, denn es gibt allein hunderte, vielleicht sogar tausende US-Patente, die mit der Manipulation des Wetters zu tun haben. Aber ich lasse es, weil wir allein aus dieser Kurzzusammenfassung bereits alles Wissenswerte erfahren haben: **Das Wetter wird im ganz großen Stil und ganz offiziell von allen großen Akteuren auf Erden manipuliert.** Wetter wird – allen Beteuerungen zum Trotz – als Kriegswaffe eingesetzt. Und es gibt niemanden, der in der Lage wäre, dies zu kontrollieren oder zu ahnden, wie das *Nevada Law Journal* (Vol. 15, Frühjahr 2015) deutlich beschreibt:

> *„Die beiden Begriffe – Wetteränderung (weather modification) und Geo-Engineering – scheinen manchmal austauschbar zu sein, da beide Wissenschaften Techniken zur Veränderung der Umwelt beinhalten und verheerende Folgen haben können. Dennoch wird (hier) zwischen den beiden Wissenschaften unterschieden, um zu zeigen, dass Geo-Engineering das Potenzial für noch größere Katastrophen hat als die*

Wetteränderung... Das Übereinkommen über das Verbot der militärischen oder sonstigen feindseligen Nutzung umweltverändernder Techniken, auch bekannt als ENMOD, ist der einzige internationale Rechtsmechanismus, der sich mit Wetterveränderungen befasst. Leider ist ENMOD veraltet, da es nicht in der Lage ist, friedliche Umweltveränderungstechniken zu regeln und staatliche Akteure für manipuliertes Wetter zur Verantwortung zu ziehen. Ohne ein internationales Rechtsabkommen können staatliche Akteure diese unterentwickelte Wissenschaft anwenden und ***das Leben der Bürger gefährden, ohne eine Haftung befürchten zu müssen.***"

China eröffnete im Dezember 2021 ein **landesweites Zentrum für Wetteränderung.** Es ist für das weltweit größte Wettermanipulations-Programm zuständig, bei dem das Wetter von mehr als 60% der Landfläche Chinas, also 5,7 Millionen km², dauerhaft manipuliert wird – das entspricht in etwa der Fläche von halb Europa. Wenn also bereits kleine Eingriffe in die komplexen Vorgänge in der Atmosphäre große Auswirkungen über weite Strecken hinweg haben können, dann entzieht sich das, was hier passiert, unserer Vorstellungskraft.[(65)]

„Mehr als 50 Länder führen derzeit Aktivitäten zur künstlichen Wetterveränderung durch, deren Stand in den regelmäßigen Berichten des Expertenausschusses der Weltorganisation für Meteorologie (WMO) wiedergegeben wird."[(66)]

Agencia Estatal de Meteorología (AEMET)
staatliche meteorologischer Dienst Spaniens

Der Fernsehsender RTL berichtete bereits im Jahr 2009 davon, dass in Deutschland Kampfflieger der Bundeswehr das Wetter manipulieren, indem sie Plastik-Nanopartikel versprühten, um damit Radargeräte zu täuschen. Mit Tonnen von Aerosolen erzeugten sie eine bis zu 350 km lange Wolke, in der sich die Kampfjets „verstecken" konnten. Damals regte sich noch Widerstand auf Seiten der Grünen in NRW, deren Abgeordneter *Johannes Remmel* die lückenlose Aufklärung dieser skandalösen Vorgänge forderte. Und der Meteorologe *Dr. Karsten Brandt*, Gründer und Leiter des Wetterdienstes *Donnerwetter.de*, stellte sogar Strafanzeige gegen die Wettermanipulation. Doch was kam dabei heraus? Politik, Justiz und Medien scheinen jedenfalls kein großes Interesse an dem Thema zu haben.[67] Vor allem die „Grünen", die heute in Deutschland und Österreich mitregieren, haben offenbar eine 180°-Wende vollzogen, die deutsche Außenministerin *Annalena Baerbock* ist sogar für 360°-Wenden berühmt.

> *„Deutschland gehört übrigens auch zu den Ländern, die diese umstrittenen Techniken einsetzen (oder zumindest eingesetzt haben). Schon 2017 wurde in einem (mittlerweile gelöschten) Artikel des ARD-‚Faktenfinders' berichtet: ‚In Deutschland setzen wir diese Methode sehr vereinzelt dort ein, wo Unwetter häufiger vorkommen, um Schäden durch Hagel und schwere Regenfälle zu vermeiden', sagt Stephan Haufe vom Bundesumweltministerium."*[68]
>
> Report 24, 18. April 2023

Das Beimpfen von Wolken, um es regnen zu lassen oder um Hagel in Regen zu verwandeln, findet seit Jahrzehnten tagtäglich statt, wenngleich auch oft mit fatalem Ausgang. Und egal, ob dies vom Boden aus geschieht oder in der Luft, so ist nichts davon geheim. So wie ich eben, kann jeder, der möchte, ganz einfach zu Informationen darüber kommen.

Ganz anders sieht das hingegen mit einer sehr speziellen Form der Wettermanipulation aus, den sogenannten „Chemtrails". Das ist dann der nächsthöhere Level im Bereich des sogenannten „Geo-Engineerings", aber noch lange nicht das Ende der Fahnenstange.

Chemtrails

Dem Treibstoff vieler militärischer und ziviler Flugzeuge wird seit Jahren ein chemischer Cocktail beigemischt, der hauptsächlich aus Aluminium, Barium, Strontium, Titanium und Kunststoff-Nanopartikeln besteht. Wie wir eben gesehen haben, hält das entsprechende Patent US5003186A dazu seit dem Jahr 2004 der zweitgrößte Rüstungskonzern und Waffenhersteller der Welt, *Raytheon Technologies.* Und wie wir ebenfalls gelesen haben, werden die *„winzigen Teilchen dem Treibstoff von Düsenflugzeugen"* beigemischt.

Das häufigste Argument der Chemtrail-Leugner lautet: Das geheime Versprühen von Tonnen von Chemikalien ist unmöglich, weil an einem solchen Prozess tausende Personen am Bau, der Wartung und dem Lenken der Flugzeuge eingeweiht sein müssten und mit Sicherheit einer von ihnen darüber sprechen würde, was bislang jedoch nicht geschehen ist! Nun, wenn der Hersteller des Flugzeugkerosins die „winzigen Teilchen" bereits in der Raffinerie dem Treibstoff beimischt, dann muss außer einigen ganz wenigen Personen beim betreffenden Erdölkonzern niemand auch nur das Geringste darüber wissen – außer einigen Angestellten von Rüstungskonzernen und dem Militär, und die sind zur Verschwiegenheit verpflichtet.

Chemtrails sind Fakt. Das Patent dazu stammt aus dem Jahr 1991, und wer will, kann das Ergebnis dessen tagtäglich am Himmel beobachten. Die versprühten Aluminium-, Barium- und Strontium-Verbindungen hinterlassen in der Stratosphäre die sogenannten „Chemtrails" (zu Deutsch „chemische Pfade"). Anders als Kondensstreifen, die sich wenige Sekunden nach ihrem Auftauchen hinter den Turbinen der Flugzeuge wieder ohne Rückstände auflösen, bleiben Chemtrails am Himmel stehen. Die milchig-weißen Streifen sinken dann, abhängig von den aktuellen Luftströmungen, langsam zu Boden, wobei sie sich so verteilen, dass sie meist eine Art künstlichen Schleier bilden, der die Sonneneinstrahlung vermindert (siehe Abb. 19).

Abb. 19: Chemtrails und Fallout

Das Hauptelement von Chemtrails ist **Aluminium**, ein chemisches Element, das in der Natur als Spurenelement, also in sehr geringen Mengen vorkommt. In großen Mengen ist es für den Menschen äußerst gesundheitsschädlich, denn als Aluminiumoxyd legt es sich in den Arterien an und verursacht in größeren Mengen neurologische Schäden. Es verursacht nachweislich Krebs, Alzheimer, Parkinson, Senilität, Magen-Darm-Reizungen, führt zu Appetit- und Energieverlust, Gefühlsverlust und Sprachstörungen. Angesichts dessen, was in unserem Himmel los ist, überrascht es wenig, dass seit einigen Jahren nun sogar bei Jugendlichen immer öfter Alzheimer festgestellt wird.

Die Aluminiumpartikel gelangen auch über die Atemwege in den Körper, wo sie nachweislich enorme Entzündungen in der Lunge hervorrufen und Erkrankungen wie Asthma und Lungenkrankheiten weiter verschlimmern. In Nanopartikel-Form kann es sowohl über die Haut als auch über die Nahrung, mittels Impfung oder durch Kosmetika und Deodorants in den Körper gelangen. Aufgrund ihrer geringen Größe können die Aluminiumpartikel sogar in den Magen-Darm-Trakt gelangen und sich in vielen anderen Organen und Geweben des Körpers, einschließlich des Rückenmarks, verteilen.[(69)]

- **Barium** kommt in ganz geringen Spuren auch im menschlichen Körper vor, eine zu hohe Dosierung kann aber nachweislich zu Bluthochdruck, Muskelkrämpfen, Muskellähmung, Herzrhythmus- und Kreislaufstörungen, Tremor, also Zittern, oder zu Atem- und Herzstillstand führen.
- **Strontium** wird meist als harmlos dargestellt, kann aber wie Kalzium leicht in den Knochen eingelagert werden und steht im Verdacht, Krebs zu verursachen.
- Ein weiterer Bestandteil mancher Chemtrails sind **Kunststoff- und Metall-Nanopartikel**, die sich, wenn sie einmal in den menschlichen Körper gelangt sind, selbst reproduzieren und organisieren können. Sie bilden in manchen Fällen eigenständig Fäden, die unter der Haut und manchmal auch durch sie hindurch wachsen können, sogenannte „**Morgellons**".

Ich möchte hier nicht weiter darauf eingehen, weil ich bereits in meinem Buch »Fake News« im Jahr 2017 darüber geschrieben habe und wir dadurch vom Thema abkommen würden. Wer jedoch noch nie davon gehört hat und nicht schreckhaft ist, sollte vielleicht einmal selbst im Internet dazu recherchieren, weil es eine wirklich gruselige Sache ist, die scheinbar mehr und mehr Menschen im Westen betrifft.

Chemtrails werden seit Jahren über allen NATO-Mitgliedsstaaten und NATO-Vasallenstaaten versprüht – das schließt Österreich und die Schweiz mit ein. Zusammen mit den vorherigen Informationen sollte es also nicht allzu schwer sein, zu erraten, wer hinter dieser Aktion steht, die nicht nur Menschen, Tiere und Pflanzen schädigt, sondern insgesamt eine katastrophale Umweltbilanz hat.

Angeblich werden Chemtrails versprüht, um das Sonnenlicht zu reflektieren, um so die „Erderwärmung" zu minimieren, oder wie im Patent formuliert: dem *„Problem der globalen Erwärmung"* entgegenzuwirken. Wenn ich den folgenden Satz sage, laufe ich Gefahr, als „Klugscheißer" zu gelten, aber vermutlich ist das ohnehin eines der harmloseren Attribute, die mir nach dem Verfassen dieses Buches anhaften werden. Also, Physik für Anfänger: Wenn man eine ständige künstliche Quasi-Wolkenschicht erzeugt, dann führt das zwangsläufig zu einem Erwärmungseffekt, weil die eingedrungene Wärme in den unteren Luftschichten nachts nicht abstrahlen kann. Das kennt jeder: Eine sternenklare, wolkenlose Nacht ist immer kälter als eine mit bewölktem Himmel. Chemtrails müssen also, meinem physikalischen Verständnis nach, das Gegenteil dessen bewirken, was sie angeblich sollen: Sie hindern die Wärme im untersten Bereich der Atmosphäre daran, abzuziehen. Damit erzeugt man einen künstlichen „Treibhauseffekt"! Es gibt ihn also doch, nur hat er nichts mit CO_2 zu tun!

Doch die ausgebrachten Nanopartikel tragen auch noch auf andere Weise zu einer Erwärmung der Erdatmosphäre bei, nämlich als **Brandbeschleuniger bei Waldbränden** – die in den vergangenen Jahren stark zugenommen haben und immer öfter komplett außer Kontrolle geraten. Warum wohl? Die Hauptbestandteile der Chemtrails sind neben Kunststoff-Nanopartikeln Aluminium, Barium und Strontium. Und wo werden die drei noch eingesetzt? Ganz genau: in Feuerwerkskörpern![(70)] *Steve Crawford*, Einsatzleiter der *Kalifornischen Feuerwehr* (*Cal Fire*), erklärt, dass Waldbrände in den letzten Jahren überraschend immer schneller und aggressiver wüteten, weshalb die Feuerwehrleute den neuen Begriff ***„Firenados"*** (Feuer-Tornados) geprägt haben. Hindernisse, die Feuer in der Vergangenheit eindämmten, wie beispielsweise Flüsse, existieren für sie nicht mehr, weil mittlerweile die Aluminium-Werte in Böden wie in Gewässern oft bis zu 25.000-fach höher sind, als von der Weltgesundheitsorganisation (WHO) empfohlen.

Glaubt irgendjemand ernsthaft den Unsinn, dass eine Erwärmung der Atmosphäre zu mehr Waldbränden führe? Dabei entstehen Temperaturen von 800°C und mehr. Glauben Sie, es macht einen Unterschied, ob dabei die Außentemperatur um ein oder zwei Grad wärmer ist als vor hundert Jahren? Waldbrände können auch im Winter entstehen. Der Hauptgrund für ihr gehäuftes Auftreten im Sommer liegt darin, dass dann mehr Menschen unterwegs sind, unvorsichtig grillen, Zigaretten wegwerfen oder andere dumme Dinge tun. Und während man solche anthropogenen Waldbrände früher relativ leicht wieder unter Kontrolle brachte, sind sie heute dank der Chemtrails zu einer enormen Bedrohung geworden.

In den Gebieten Kaliforniens, in denen die Belastung durch die Chemtrails besonders stark ist, wie beispielsweise in *Shasta County*, ist aber auch die Zahl der Insekten seit 2007 um rund 80% zurückgegangen, was wiederum zu einem deutlichen Rückgang der Vogel-Populationen führte.[(71)] [(72)] Nein, all das hat nichts mit CO_2 oder Autoabgasen zu tun, sondern mit dem völlig verantwortungslosen und psychopathischen Verhalten einiger weniger Individuen und Organisationen.

Strahlenwaffen

Doch „Cloud-Seeding“ und das Ausbringen von „Chemtrails“ ist längst nicht mehr alles auf dem Gebiet der mehr oder weniger geheimen Wettermanipulation, denn in den letzten Jahren werden Strahlenwaffen und Radaranlagen dazu eingesetzt, künstliches Wetter, wo auch immer, zu erzeugen, und zwar viel präziser und großflächiger, als das früher möglich war.

Ich kann und möchte hier nicht im Detail auf die Thematik solcher Waffen eingehen, weil das Thema viel zu umfangreich und komplex ist. Aber ich möchte es zumindest am Rande erwähnen, um ein Bewusstsein dafür zu schaffen, dass unser Himmel, unsere Umwelt und letztlich auch wir selbst mittlerweile unentwegt bestrahlt werden und diese Strahlung negative Auswirkungen hat. Ich weiß, dass die Beschäftigung mit diesem Thema Mut erfordert. Ich weiß, dass die Einsicht, dass wir in solch gigantischem Umfang manipuliert werden, vielen Menschen Angst macht, weil sie sich dann hilflos ausgeliefert und ohnmächtig fühlen. Aber Veränderung beginnt immer mit Information und Einsicht. Macht kann nur dann entstehen, wenn man der Realität ins Auge sieht. Und nirgendwo ist das einfacher als bei diesem Thema.

Vermutlich haben die meisten schon von HAARP gehört, einem riesigen Antennenpark in Alaska, der Strahlen-Wellen über hunderte Kilometer senden kann. Je nach Welle kann man damit nicht nur die Gefühle und Gedanken von Menschen manipulieren, sondern auch das Wetter und die seismischen Aktivitäten, etwa indem man gezielt tektonische Schwachstellen in der Erdoberfläche ansteuert und Erdbeben auslöst. Solche Anlagen gibt es auch unter dem Namen MUOS in Süditalien oder LOIS in Südschweden. Aber auch in Deutschland, Norwegen und Russland gibt es ähnliche Anlagen, als Sammelbegriff EISCAT genannt, mit deren Hilfe man schon lange Menschen und das Wetter manipulierte.

So berichtete die *Deutsche Apothekerzeitung* bereits im Juni 2003:

„Doch verweigern die USA dem Europaparlament eine Einsicht in die Forschung, und die Besorgnis über eventuelle Manipulationen des Klimas ist groß... HAARP dient auch der militärischen Forschung: Durch die Kurzwellenstrahlung entstehen Schichten in der Ionosphäre, die niederfrequente elektromagnetische Wellen von 10 Hertz reflektieren; diese ELF-Wellen (Extremely Low Frequency) dringen tief in die Erde und ins Wasser ein und machen unterirdische Bunker, Atomanlagen und U-Boote sichtbar.“[73]

Abb. 20 zeigt Skalarwellen-Muster am Himmel über Berlin.

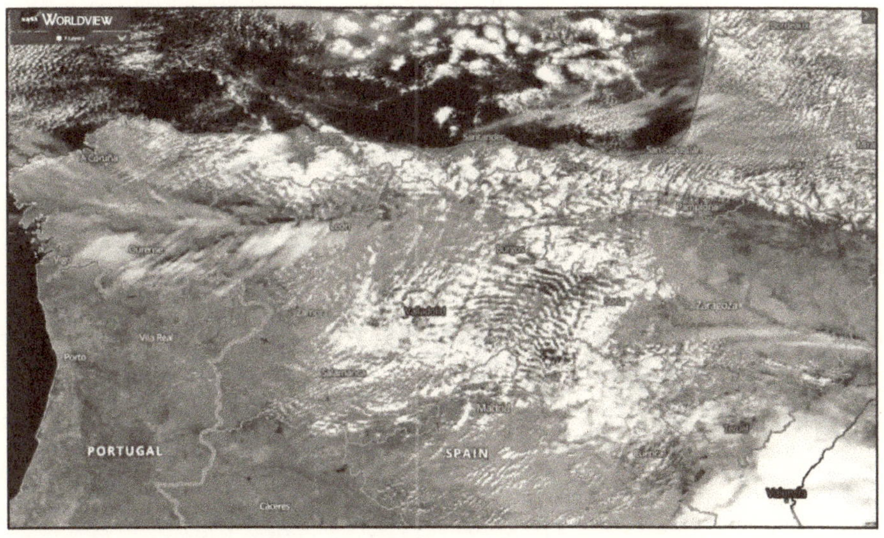

Abb. 21: Typische Skalarwellen-Muster (Interferometrie) in den Satellitenaufnahmen über Spanien und Frankreich am 19.3.2021

Doch all das ist Schnee von gestern. Falls diese Anlagen überhaupt noch eingesetzt werden, dann nur in Kombination mit Satelliten und Skalarwellen-Waffen, wie wir sie aus den Radarstationen der neuesten Generation (NexRad) kennen. Was da zum Einsatz kommt, ist im Grunde offenbar die Weiterentwicklung der alten „Tesla-Haubitzen", mit denen die Russen angeblich das Wetter in den USA seit 1976 manipulieren sollen, wie der im Februar 2022 verstorbene Forscher, Ingenieur, ehemalige Oberstleutnant der US-Armee und Pionier der Skalarwellentechnik *Thomas „Tom" Bearden* behauptete.[(74)]

Dabei bilden zwei Skalar-Antennen zusammen mit den Computern, die sie steuern, eine Skalar-Interferometrie, mit der man gigantische Energiestöße auf ein entferntes Ziel abgeben kann[(75)] – das kann auch einfach ein Bereich im Himmel sein, in dem man dann die vorhandenen freien Wassermoleküle schockartig energetisch aufladen kann.

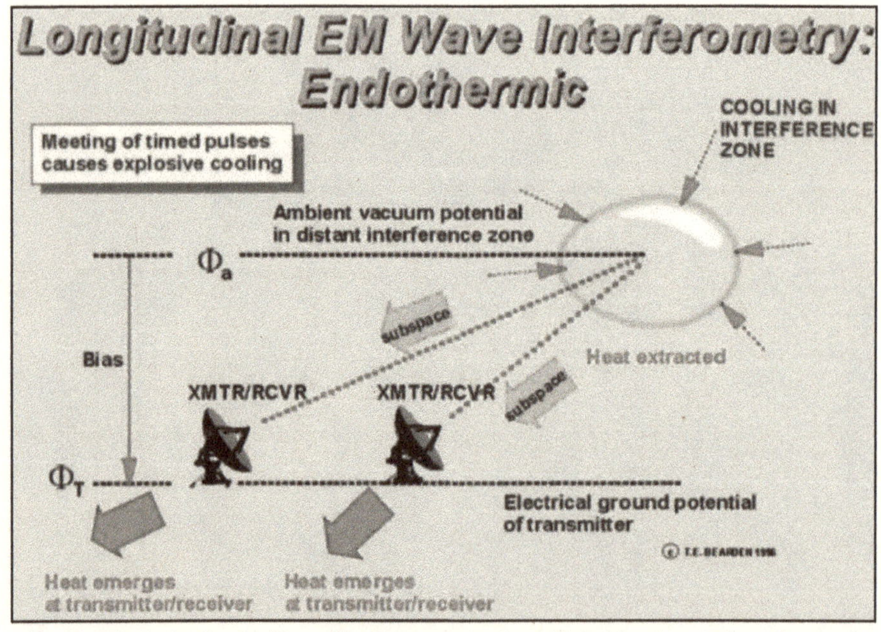

Abb. 22: Mittels simpler Strahlenwaffen kann man in einem Zielgebiet einen Kältestoß erzeugen. Die abgesaugte Energie muss an anderer Stelle auf der Erde wieder als Wärme freigesetzt werden.

Durch die Ausbringung von Aerosolen, das Ablassen von Wasserdampf aus Kraftwerken und die gezielte Energiezufuhr oder Energieabsaugung kann man Luftmassen in Bewegung setzen – wir sprechen hier von Anlagen mit dutzenden Millionen Watt. Damit kann man problemlos Hoch- oder Tiefdruckgebiete erzeugen, die man auch präzise steuern kann. Alle Teilchen (Nanopartikel), die als Aerosole am Himmel ausgebracht werden, haben eine bestimmte Frequenz, und wenn man diese kennt, dann kann man diese Teilchen anstoßen, also in Bewegung versetzen. Es ist wahrscheinlich, dass auch die neuen 5G-Antennen (Mikrowellen-Strahlung) hier mit involviert sind. In der Abbildung 22 sehen wir beispielsweise, wie an einem entfernten Ort ein Kältestoß erzeugt wird, indem man die Wärme aus der Luftregion absaugt. Und da Energie nie verloren geht, muss sie demnach an anderer Stelle wieder auftauchen. Kurz gesagt: Wenn man es an einer Stelle künstlich kälter macht, muss es an anderer Stelle wärmer werden.

Nun ist all das überhaupt nicht mein Spezialgebiet, aber ich habe in den vergangenen Jahren selbst mehrere Fotos von „Skalarwellen-Wolken“ an unterschiedlichen Orten in Europa gemacht – siehe Abbildung 20. Das sind künstliche Wolkenfelder, in denen wir sogar die Frequenz ablesen können, die für ihre Entstehung eingesetzt wurde. Wenn diese Wellen die Wassermoleküle in der Luft dazu bringen können, sich zu formieren und wie gewünscht auszurichten, dann tun sie das auch in unserem Körper, denn wir bestehen zu ca. 70% aus Wasser!

Nun tun sich viele Menschen schwer damit anzuerkennen, dass eine solch groß angelegte Verschwörung täglich über ihren Köpfen oder sogar in ihren Körpern stattfinden kann, vor allem auch, weil man sie nicht sehen oder beweisen kann. Aber ist das wirklich so? Wer genau hinsieht und den Blick gelegentlich nach oben richtet, kann nämlich genau erkennen, wann und wo gerade manipuliert wird. Die typischen Skalarwellen-Muster am Himmel (Abbildung 23) habe ich selbst bei einem Besuch in Berlin im Herbst 2022 aufgenommen, und das Tolle daran ist, dass sie uns sogar verraten, welche Wellenlänge hier zur Manipulation des Wetters und letztlich des Menschen verwendet wird.

Ich habe das Foto gedreht und neben ein Diagramm von Wellenlängen gestellt (Abbildung 24), die bestimmte Emotionen in uns repräsentieren oder auslösen. Und das Frequenzband dieser Skalarwellen liegt eindeutig im unteren, niedrigen Bereich, also irgendwo zwischen „Leid“ und „Schmerz“.

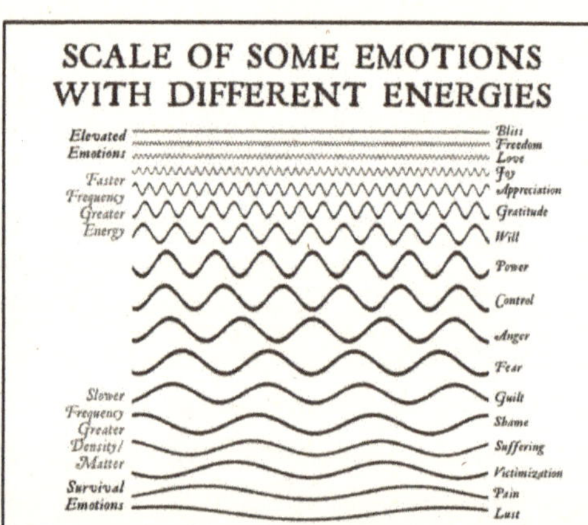

Abb. 23 zeigt Skalarwellen-Wolken über Berlin, während **Abb. 24** eine Tabelle von Wellenlängen und deren emotionale Auswirkungen im menschlichen Körper zeigt. Die Wellenmuster in den Wolken entsprechen dabei am ehesten den Gefühlen von Schmerz, Leid, Opfertum und Schande.

Dass dies seit Jahrzehnten genutzt wird, ist kein Geheimnis. Den Aussagen mehrerer Experten zufolge kann man Menschen mittels Skalarwellen nicht nur individuell gezielt krank machen, sondern sie sogar töten und es etwa wie einen Herzinfarkt aussehen lassen. Dafür muss man angeblich nur die individuelle Signatur eines bestimmten Menschen (also seine spezifische Schwingung) feststellen, und dann kann man ihn mit entsprechenden störenden Frequenzen bestrahlen.

Dass dies unter verfeindeten Staaten üblich zu sein scheint, ist kein Geheimnis mehr. Ich erinnere in dem Zusammenhang nur an das „Havanna-Syndrom“. Im Jahr 2016 klagten plötzlich alle Mitarbeiter der

US-Botschaft und deren Familienangehörige in der kubanischen Hauptstadt Havanna über Schwindel, Übelkeit oder Kopfschmerzen. Es wurde ein Ermittlungsverfahren eingeleitet, das ganze sieben Jahre später, im Februar 2023, in Form eines Zwischenberichts veröffentlicht wurde und zu dem vorläufigen Schluss kam, dass „*...die gemeldeten Beschwerden wahrscheinlich das Ergebnis von Vorerkrankungen, anderer Krankheiten oder Umweltfaktoren waren!*“[(75)] Und da wird oft behauptet, dass Armee-Angehörige und Geheimdienstler humorlose Menschen seien!

Nachdem der Fall des Strahlenangriffs international für Aufsehen gesorgt hatte, wird es nie einen endgültigen Abschlussbericht geben, schon gar keinen, in dem festgehalten wird, dass die technisch nicht gerade als fortschrittlich geltenden Kubaner die US-Diplomaten „verstrahlt“ haben. Denn wenn die USA das öffentlich zugeben würden, dann würde alle Welt sich fragen, welche Technologien dann erst die USA am Start haben müssen. Um das zu verhindern, opfert man lieber einige Dutzend Mitarbeiter des Auswärtigen Amtes und deren Angehörige. Und wenn man das selbst mit den eigenen Leuten in gehobenen Positionen macht, dann können wir uns überlegen, welchen Stellenwert wir alle in diesem schmutzigen Spiel haben.

Und weil die Dummheit mancher Menschen, wie bereits Albert Einstein sich sicher war, keine Grenzen kennt, bringen besondere Vertreter dieser Spezies immer neue Ideen ins Spiel, um „die globale Erwärmung“ zu reduzieren, wie sie es nennen. Im Rahmen des „Solar Radiation Management“ (SRM) soll die Sonneneinstrahlung reduziert werden, indem man:

1. Reflektoren, also einen gigantischen Sonnenschirm, im Weltraum zwischen der Sonne und der Erde installiert[(76)],
2. Schwefeldioxid oder Mondstaub in großen Mengen in die Stratosphäre ausbringt, um künstliche Aschewolken wie nach einem Vulkanausbruch zu erzeugen.

Wenn so viele schlaue Köpfe mit so brillanten Ideen am Werk sind, was soll da noch schiefgehen?

> *„Die Auswirkungen einer von Menschenhand geschaffenen ‚Sonnenfinsternis' oder auch nur einer dauerhaften Trübung, sind absolut unvorhersehbar. Prof. Frank Biermann von der Universität Utrecht gehört zu den größten Kritikern des ‚**Solar Geo-Engineering**' und verweist im ‚Focus' darauf, dass es dazu, wie in vielen anderen Bereichen der Klimaforschung, bisher nur Modellierungen gebe: ‚Aber ob es funktioniert, wird man erst nach einem Experiment auf Erdsystemniveau richtig herausfinden. Und hier wäre das ein Experiment mit acht Milliarden Menschen.'"*[77]
>
> Kai Rebmann, Reitschuster.de am 18. April 2023

Die Gefahren der Windenergie

Ich möchte an dieser Stelle nicht über das skurrile Vorhaben der Deutschen und der von ihnen dominierten EU-Spitze schreiben, bis 2035 Strom nur noch aus Sonnen- und Windenergie zu erzeugen, weil ich dies bereits in meinem Buch »Es ist Krieg« (2021) getan habe. Es soll hier weder darum gehen, wie viele Vögel, Fledermäuse und Insekten jedes Jahr durch Windräder getötet werden, noch darum, dass man allein in Deutschland für den geplanten „klimaneutralen" Ausbau ein Drittel der Fläche der Bundesrepublik zubetonieren müsste, um genügend Windräder aufstellen zu können. Nein, es soll hier vor allem darum gehen, dass große Windkraftanlagen letztlich kontraproduktiv sind, weil überall dort, wo viele große Windräder errichtet werden, in Kürze kein Wind mehr geht.[78]

Der Grund hierfür ist einfach: Der Zweck eines Windrades besteht darin, dem Wind Energie zu entziehen und sie in Strom umzuwandeln. Wenn ein Windrad beispielsweise 1% der lokalen Windenergie neutralisiert, dann reichen 100 Windräder aus, um den Wind komplett zu killen. Fragen Sie dazu in England nach, die können ein Lied davon singen.

Abb. 25: Windräder bremsen den Wind und führen zu Turbulenzen, wie hier im Windpark *Horns Rev 1* in Dänemark.

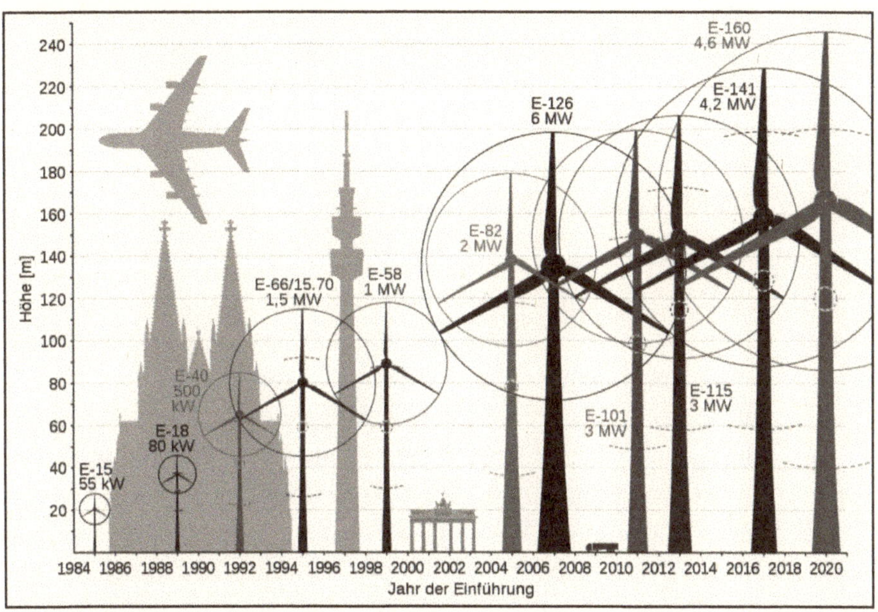

Abb. 26: Größenvergleich von Enercon Windkraftanlagen, Airbus A380, Kölner Dom, Florianturm (Dortmund), Brandenburger Tor und einem Sattelzug. Windkraftanlagen nach Einführungsjahre, unterschiedliche Turmhöhen gestrichelt dargestellt. Mittlerweile sind sogar viermal größere Anlagen in Planung.

Wenn der Wind gegen die Rotorblätter des riesigen Rades prallt, bringt er sie in Bewegung. Wind ist bewegte Luft, und Luft besteht aus Molekülen. Diese stoßen an das Windrad und werden gestoppt, ausgebremst, und dieser Effekt breitet sich dann aus. Diese Bremswirkung ist noch in 50 bis 100 km Entfernung messbar, je nach Wetterlage. Offshore-Windturbinen wirken wie eine Mauer. Sie können sogar Wirbelstürme ausbremsen und zwingen die Luftmassen vor der Windturbine zum Aufsteigen. Das verändert nicht nur den Wind, sondern beeinflusst auch die Luftfeuchtigkeit und in Folge die Niederschläge. Im Lee der Turbinen, also dahinter, strömt der Wind dann langsamer. Der Effekt gleicht einem *„Ausquetschen der Luftfeuchtigkeit aus dem stürmischen Wind"*, wie es die US-amerikanische Geo-Ingenieurin *Prof. Cristina Archer* beschreibt (siehe Abb. 25).[(79)] Wie stark dieser Effekt ist, hängt vor allem von der Anzahl und Höhe der Anlagen und dem Rotordurchmesser ab.

Es gibt aber einen messbaren Einfluss solcher Anlagen auf das Wetter, die Temperaturen und den Niederschlag. Vereinfacht würde ich es so zusammenfassen: Je mehr Windräder, desto weniger Wind und desto weniger Niederschlag in ihrem Schlagschatten. Und diese Anlagen werden immer größer, wie Abbildung 26 zeigt.

Große Windparks haben mit hoher Wahrscheinlichkeit Einfluss auf den ***Jetstream***. Das ist ein starkes Windband, das entlang des Äquators in einer Höhe von rund 6 km bis 12 km von West nach Ost bläst und das jedem bekannt sein sollte, der schon einmal von Europa nach Nordamerika geflogen ist, denn dieser an sich konstante Wind ist dafür verantwortlich, dass der Rückflug nach Europa aufgrund des „Rückenwindes" um ein bis zwei Stunden kürzer ist als der Hinflug.

Der Jetstream trennt die kalten polaren Luftmassen im Norden von den warmen subtropischen Luftmassen im Süden. Er ist maßgeblich für die Veränderung oder „Verteilung" des Wetters verantwortlich, also dafür, dass Hoch- und Tiefdruckgebiete entstehen und Wetterlagen weiterziehen.

Da er in den letzten zehn Jahren abgenommen hat, kommt es immer öfter zu ungewöhnlich langanhaltenden Großwetterlagen, wie wochenlangen stehenden Hitzefeldern (heat domes) oder tagelangem Dauerregen, der zu Überschwemmungen führt, oftmals auch als „Wetter-Anomalien" oder „Aberrationen" bezeichnet.

Natürlich kann man den Jetstream auch (zusätzlich) dadurch verlangsamen, indem man mit den zuvor beschriebenen Methoden künstliche Tiefdruckgebiete erzeugt, die auf der Nordhalbkugel linksdrehend sind und somit das in die andere Richtung laufende Windband ausbremsen. Auf diese Weise entstehen dann bis zu 1.000 km lange, stehende Wolkenbänder, die dann zu Dauerregen und Flutkatastrophen führen können, wie etwa in Italien im Mai 2023. Solche großen, durchgehenden und stehenden Wolkenfelder kommen in der Natur nicht vor.

Das komplexe Zusammenspiel zwischen Galaktischer Superwelle, Geo-Engineering, Wettermodifikationen, Antennenparks, Radaranlagen und Windparks ist weder in Modellen nachvollziehbar, noch ist es konkret quantifizierbar. Daher ist es für die Verantwortlichen dieser Eingriffe in die Natur immer einfacher und bequemer, alles auf „unseren CO_2-Ausstoß" zu schieben, und die Schlichten im Geiste haben damit etwas, was sie begreifen und sich merken können.

> *„Eigentlich müsste den Verantwortlichen klar sein, dass ein fortgesetzter exponentieller Ausbau der Windenergie, wie er aufgrund des europäischen ‚Green Deal' geplant ist, ein Abschalten des natürlichen Windhaushalts bedeutet, das sehr bald in eine Katastrophe münden wird – wenn uns nicht die Katastrophe bereits eingeholt hat. Die plötzlich virulent gewordene Dürre von 2018 bis 2020 sollte doch allen Verantwortlichen als allerletzte Warnung dienen."*[(80)]
>
> Journalistin und Buchautorin Dagmar Jestrzemski im April 2021

Basierend auf der Lüge des anthropogenen Klimawandels werden immer mehr hoch subventionierte Windparks gebaut, sowohl zu Land als auch zu Wasser. Die Anlagen sind mittlerweile riesig, mit Rotordurchmessern von 160 Metern – das ist das Eineinhalbfache der Länge eines Fußballplatzes. Mittlerweile sind vier Mal so große Anlagen in Planung. Da kann man sich vorstellen, dass ihr Wind-Kill-Potenzial groß ist – wenn sie denn funktionieren.

Man weiß also, dass Windkraftanlagen die Luft austrocknen. Man weiß, dass vor allem in Spanien, dem europäischen Land mit dem zweithöchsten Anteil an Windstrom in Europa, in den letzten Jahren die Dürre am stärksten zugenommen hat. Aber dennoch möchte man in Europa die Windkraft weiter ausbauen, um dem „anthropogenen Klimawandel" entgegenzuwirken.

Eine am 5. Dezember 2018 veröffentlichte chinesische Studie kam zu dem Ergebnis, dass die kontinuierliche Abnahme von atmosphärischem Wind auf der Nordhalbkugel ein weit verbreitetes und inzwischen potenziell globales Phänomen ist.[81] Das Phänomen wird auch als *„Global terrestrial stilling"* bezeichnet, also als ***„globale terrestrische Stillung"***. In China, dem Land mit der weltweit stärksten Windstrom-Kapazität, verzeichnen die Regionen mit den größten kommerziellen Windparks seit Jahren die größten Rückgänge an oberflächennaher Windenergie. Anders ausgedrückt: Je mehr große Windkraftanlagen gebaut werden, desto weniger Wind bläst – zur Überraschung aller.

Der niedliche Begriff *„globale terrestrische Stillung"*, der sicher nur rein zufällig an eine Mutter erinnert, die ihr Baby nährt, entstand in den späten 1980er-Jahren – wiederum sicher nur rein zufällig einige Jahre, nachdem in den USA die ersten riesigen Windparks entstanden. Auch in Europa haben bereits 50% der beobachteten Stationen seit 1979 mehr als 30% des Windkraftpotenzials verloren. Nicht der Klimawandel oder unser CO_2-Ausstoß sind schuld an Windarmut und Trockenheit, sondern zumindest teilweise die aggressive Zunahme von Windrädern, was mittlerweile mehrere Studien aus unterschiedlichen Ländern belegen.[82] Nicht nur in dem Zusammenhang ist daher die Bezeichnung „Erneuerbare Energie" eine Lüge.

Und weil das mit der Manipulation des Wetters durch die Windkraft so toll funktioniert, können die Grünen gar nicht genug davon bekommen. Daher hat der deutsche Kinderbuchautor und Klimaschutzminister *Robert Habeck* im Februar 2023 eine „Notverordnung" erlassen zur Durchsetzung eines schnelleren Ausbaus der Windenergie. Für vorerst 18 Monate wurden beschleunigte Genehmigungsverfahren für den Bau neuer Windkraftanlagen an Land und auf See ermöglicht, wodurch **Umweltverträglichkeits- und Artenschutz-rechtliche Prüfungen wegfallen. Auch gelten keine Mindestabstände mehr zu Wohnbauten!** Eine **Beteiligung der Öffentlichkeit an den Genehmigungsverfahren entfällt dadurch!** (Verordnung EU 2022/2577) Und zur Krönung wird all das von den Grünen(!) auch noch mit dem Krieg in der Ukraine und den bösen Russen begründet – womit wir wieder zurück sind beim zuvor erwähnten Zitat von Albert Einstein über die Grenzenlosigkeit der menschlichen Dummheit.

> *„Für Energiewende und Klimaschutz ist der weitere Ausbau der Windenergie an Land unabdingbar. Dafür braucht es vor allem Eines: ausreichend geeignete Flächen."*[(204)]
>
> Deutsches Umweltbundesamt am 24.05.2023

Dies ist die Überschrift eines aktuellen Online-Artikels der zentralen Deutschen Umweltbehörde, die ich sowohl als Ergänzung zur Windkraft als auch als Überleitung zum nächsten Kapitel nutzen möchte, denn darin wird die Windenergie als „unabdingbar" für den Klimaschutz bezeichnet, also als alternativlos. Die Bezeichnung „Umweltbundesamt" suggeriert, dass die Institution dem Schutz der Umwelt verschrieben wäre. Doch Windenergie und Umweltschutz kollidieren noch aus einem weiteren Grund ganz gewaltig, denn ein großer Teil der neuen, riesigen Rotorblätter der Windräder besteht zu großen Teilen aus Balsaholz, einer tropischen Baumart, deren Holz nicht nur extrem leicht, sondern auch ungewöhnlich zugfest ist.

„Die Nachfrage für die Verwendung von Balsaholz im Windkraftanlagenbau begann 2018 zu steigen und übersteigt inzwischen das Angebot. Balsaholz aus legalem Anbau konnte den Bedarf nicht mehr decken, sodass mehr und mehr illegal abgeholzt wurde. Im Amazonasgebiet wachsen die Balsabäume an den Ufern der Flüsse – hauptsächlich in indigenen Gebieten. Die Balsa-Abholzer, Balseros genannt, dringen in die indigenen Territorien ein und sorgen für die gleichen negativen Begleiterscheinungen wie Goldschürfer: Alkohol, Drogen, Prostitution und Müll. Mensch und Umwelt leiden unter den Folgen.“[205]

Blickpunkt Lateinamerika, 2.12.2021

In einem einzigen großen Rotorblatt stecken bis zu 50 Balsabäume, in einem ganzen Windrad oftmals also in etwa 150 dieser Bäume, und das, obwohl europäische vermeintliche Grünen-Politiker und Umwelt-Aktivisten die Abholzung des südamerikanischen Regenwaldes immer wieder als ganz große „Bedrohung für das Klima“ bezeichnen, weil dieser *„der Luft Treibhausgase entzieht und als riesiger Kohlenstoffspeicher“* dient, wie das Deutsche Umweltbundesamt selbst beschreibt.[206]

Die größten Bestände von Balsabäumen gab es bis vor kurzem noch im subtropisch-tropischen Andenland Ecuador, zu dem zahlreiche Inseln im Pazifik gehören, darunter die berühmten Galapagos-Inseln.

„Seit 2019 spielt sich in Ecuador ein Drama um tropisches Balsa-Holz ab... Holzfäller dringen in die Urwälder ein, um an die dort wachsenden Balsa-Bäume zu gelangen... Manche Indigene haben den Versprechen der Balsa-Mafia geglaubt und wollten an den Geschäften teilhaben... Entlang der Urwaldflüsse und auf den kleinen Inseln wuchsen besonders viele Balsa-Bäume, die abgeholzt wurden – ohne Bewirtschaftungspläne und Einschlagsgenehmigungen. Von den Holzfällern zurückgelassener Müll wie Ölkanister schädigt die sensiblen Ökosysteme, die Trinkwasserversorgung und den Fischfang. Auf Satellitenaufnahmen sind Tausende solcher Rodungen zu erkennen.“[207]

Kognitive Dissonanz

An der Stelle drängt sich vielleicht die Frage auf, wie es sein kann, dass all das den meisten Menschen offenbar völlig gleichgültig ist. Denn bis auf ein paar ganz wenige, offenkundig verwirrte junge Menschen scheint die komplexe Thematik des „Klimawandels" doch in Wahrheit niemanden so wirklich emotional zu berühren. Das mag daran liegen, dass die Informationen, die wir unentwegt zum Klima-Thema erhalten, einfach zu viel des Guten sind, sie also einen innerlichen Abwehrreflex auslösen. Es mag aber auch daran liegen, dass die meisten von uns sich schwer damit tun, die vielen Informationen zu dem Thema irgendwie einzuordnen und unter einen Hut zu bekommen.

Viele Menschen spüren intuitiv, dass man ihnen in dem Bereich nicht die Wahrheit sagt, aber es ist sehr schwierig für sie herauszufinden, was diese „Wahrheit" sein könnte. Denn wenn die eigenen Gefühle oder Wahrnehmungen den angeblich wissenschaftlich bewiesenen Tatsachen komplett zuwiderlaufen, dann erleben unsichere Menschen etwas, was man in der Psychologie als ***„Kognitive Dissonanz"*** bezeichnet. Das ist ein unangenehmer Zustand, der entsteht, wenn man mit zwei oder mehreren Zuständen oder Informationen, die sich gegenseitig ausschließen, konfrontiert ist. Einen solchen Zustand der Verwirrung versucht jeder Mensch unbewusst zu vermeiden. Daher schalten die meisten Menschen bei dem Thema auf Durchzug und lassen es geschehen.

Ohne Zweifel haben viele Menschen seit der Corona-Inszenierung und dem Gen-Spritzen-Experiment andere Sorgen. Die einen haben „überraschend" nahestehende Menschen verloren, andere sind seitdem dauerhaft krank und arbeitsunfähig. Unternehmen können kaum noch Mitarbeiter für sich gewinnen und bangen um ihre Betriebe. Die Inflation, also die gezielte Enteignung der wenigen Wohlhabenden, führte zudem auch noch bei zahlreichen Menschen zu einem Umschalten in den reinen Überlebens-Modus. Was kümmert sie das Klima, wenn sie nicht wissen, wie sie morgen ihr Essen oder kommende Woche ihre Miete bezahlen sollen?

Also lässt der weitaus größte Teil der Bevölkerung die Lügen vom bösen CO_2 ebenso über sich ergehen wie die Falschmeldung vom erneut wärmsten Jahr aller Zeiten. Und das führt dazu, dass einige wenige Menschen im Hintergrund weiter tun und lassen können, was sie wollen, obwohl sie damit nicht nur acht Milliarden Menschen schaden, sondern allem Leben auf Erden und letztlich der Erde selbst.

Und dann muss man natürlich die Frage stellen, wie es so weit kommen konnte. Wie war es einigen wenigen möglich, einen kollektiven, globalen Zustand kognitiver Dissonanz zu erzeugen? Wie war es möglich, dass Menschen, die in der Schule das Prinzip der Photosynthese gelernt hatten, es überhaupt nur im Ansatz für möglich hielten, dass CO_2 etwas Schädliches sein konnte? Wer sind die Personen, Institutionen oder Interessengruppen, die über solche manipulative Macht verfügen?

TEIL 3 – EINE BEQUEME UNWAHRHEIT

Wissenschaft beruht entweder auf Beobachtung oder auf Behauptung. Jedes Jahr denken sich hunderttausende von Wissenschaftlern irgendetwas Neues aus. Sie behaupten oder vermuten etwas, forschen daran, messen und berechnen, und kommen dann meist zu dem Schluss, dass sie falsch gelegen hatten. In manchen Fällen gestehen sie das ein, in anderen nicht. Stattdessen fälschen sie die Ergebnisse, wie ich gleich beweisen werde.

Bereits im 19. Jahrhundert fragten sich Wissenschaftler, wie beispielsweise der Schwede *Svante August Arrhenius*, ob CO_2 vielleicht Auswirkungen auf die Atmosphäre haben könnte, doch sie kamen zu keinem brauchbaren Ergebnis. Der englische Kraftwerksingenieur *Guy Stewart Callendar* knüpfte in den 1930er-Jahren an Arrhenius' Überlegungen an. Er schätzte, dass die menschlichen CO_2-Emissionen dank der wachsenden Bevölkerung künftig steigen würden, was eine minimale globale Erwärmung hervorrufen könnte. Dieser nach ihm benannte theoretische *„Callendar-Effekt"* wurde aber allgemein als positiv angesehen, weil man hoffte, er würde die **Ausbreitung der Gletscher stoppen**, die zunehmend zum Problem wurde. Auf dieser reinen Theorie(!) bauten in den 1940er- und 1950er-Jahren weitere Theorien auf, die von diversen Interessengruppen und Lobbys aufgegriffen wurden, weil sie zu deren Agenda passten und ihnen halfen, die Welt nach ihren Vorstellungen „nachhaltig" umzugestalten.

Militärische Interessen – Der Klima-Krieg

Vor Ende des Zweiten Weltkrieges hatten die US-Amerikaner zwei Atombomben auf die japanischen Städte *Hiroshima* und *Nagasaki* abgeworfen, und sie waren von dem Erfolg dieser Aktion so begeistert, dass sie unbedingt mehr davon wollten, denn mit dieser Waffe war die Weltherrschaft zum Greifen nahe. Im Rahmen der ***Operation „Paper-***

clip" holten die Amerikaner klammheimlich mehr als 1.000 deutsche Wissenschaftler in die USA, was dem Kriegsgewinner technologische Vorteile verschaffte. Die „Paperclip-Boys" erhielten Top-Jobs bei Rüstungskonzernen wie *Boeing* oder *Lockheed-Martin*.

Zu diesem Zeitpunkt wurde im Land der unbegrenzten Möglichkeiten viel mit unterschiedlichen Typen von Kernkraftwerken experimentiert, und es gab dabei sensationelle Erfolge mit Reaktoren, die klein, absolut sicher und sauber waren, wie der *Thorium-Flüssigsalzreaktor*. Der Grund, warum sich die Welt aber für den schlechtesten und gefährlichsten Reaktortyp entschied, der radioaktiven Abfall erzeugte, war einfach: Die großen Nationen USA, England und Frankreich wollten mehr Atombomben und uranangereicherte Munition, und dafür benötigten sie den nuklearen Abfall. Deshalb floss kein Entwicklungsgeld in die sauberen und sicheren Reaktoren. Die schmutzige Kernkraft voranzutreiben, war eine Entscheidung des militärisch-industriellen Komplexes, der somit auch im „Umwelt-Bereich" die Finger im Spiel hatte.

Getestet wurden die amerikanischen Atombomben dann ab Juni 1946 auf dem Bikini-Atoll mitten im Pazifik, ein wenig östlich des Marianengrabens. Bei den Tests, die unter der Bezeichnung ***Operation „Crossroads"*** (siehe Abb. 27) liefen, wurden nicht nur einfach Bomben abgeworfen und kleine Inseln zerstört, nein, das sollte alles haargenau bis ins letzte Detail gefilmt, vermessen und dokumentiert werden. Die Daten sollten den tausenden von Ingenieuren in den militärischen Entwicklungseinrichtungen dabei helfen, ihre theoretischen Berechnungen mit der Realität abzugleichen.

Mit der Leitung des Projektes betraute man den Reserve-Oberleutnant zur See, ***Roger Revelle*** (1909-1991). Er war zwar erst 30 Jahre alt, hatte aber im Krieg gedient und war nun Leiter des *Scripps Institution of Oceanography* in La Jolla (Kalifornien) und somit der perfekte Mann: Meeresforscher und Soldat gleichzeitig! Wer hätte diese Aufgabe besser erfüllen können?

Abb. 27: Der Atompilz beim ersten Atomwaffentest auf dem Bikini-Atoll am 1. Juli 1946 („Operation Crossroads")

Ich halte die Geschichte an dieser Stelle kurz, da ich sie schon öfter erzählt habe: Von 1946 bis 1958 fanden 67 Atombombentests im Rahmen von vier verschiedenen Operationen statt. Innerhalb kürzester Zeit arbeiteten tausende Techniker und Forscher an einem Programm, für das es mehr Geld gab als für jedes andere. Roger Revelle wusste genau, was sein Auftraggeber, die US-Marine, von ihm wollte – und er lieferte es. Dafür holte er zwei enge Mitarbeiter vom *Scripps Institut* mit ins Boot, die beide an CO_2 und seinen möglichen Auswirkungen auf die Umwelt forschten. Das waren der Österreicher ***Hans Eduard Suess*** (1909-1993) und der Amerikaner ***Charles Keeling*** (1928-2005).

Abb. 28 links: Roger Revelle
Abb. 29: Hans Eduard Suess

Abb. 30: Admiral Blandy und Gattin beim Anschneiden einer Torte in Form eines Atompilzes.

Die Atombombentests erhielten sehr viel mediale Aufmerksamkeit, und Teile des Militärs entpuppten sich als etwas ungeschickt im Umgang mit der Presse. Ein Foto des militärischen Leiters der Operation, Admiral Blandy, im November 1946, sorgte für große Empörung, weil er darin mit seiner Frau eine Torte in Form eines Atompilzes anschneidet. (siehe Abb. 30) Von solchen Symbolen militärischer Zerstörung und gestörter Selbstwahrnehmung wollte man fortan ablenken. Das Ganze sollte einen seriösen, wissenschaftlichen Eindruck erwecken. Statt Soldaten in Uniform präsentierte man der Öffentlichkeit nun Wissenschaftler in Anzügen oder in sauberen weißen Kitteln.

Kurz gesagt war das Fazit Revelles jahrelanger „wissenschaftlicher Arbeit“: Atombomben stellen keine große Gefahr für die Umwelt dar, aber unseren CO_2-Ausstoß sollte man dringend genauer unter die Lupe nehmen – der könnte vielleicht großen Schaden anrichten!

Revelle wurde zur Ikone der „Klima-Bewegung“, was wirklich erstaunlich ist, denn was er tat, war – etwas zugespitzt ausgedrückt –, die katastrophalen Folgen jahrzehntelanger Atombombenabwürfe für die Umwelt zu verharmlosen und stattdessen einen neuen Feind aufzubauen, auf den sich die Medien und die Umwelt-Aktivisten stürzen konnten – und das waren sie selbst, das waren wir alle! Ein genialer Schachzug! Unser immer noch unbewiesener Einfluss auf die Umwelt in Form unseres CO_2-Ausstoßes wurde mit Hilfe von Millionen von US-Dollar

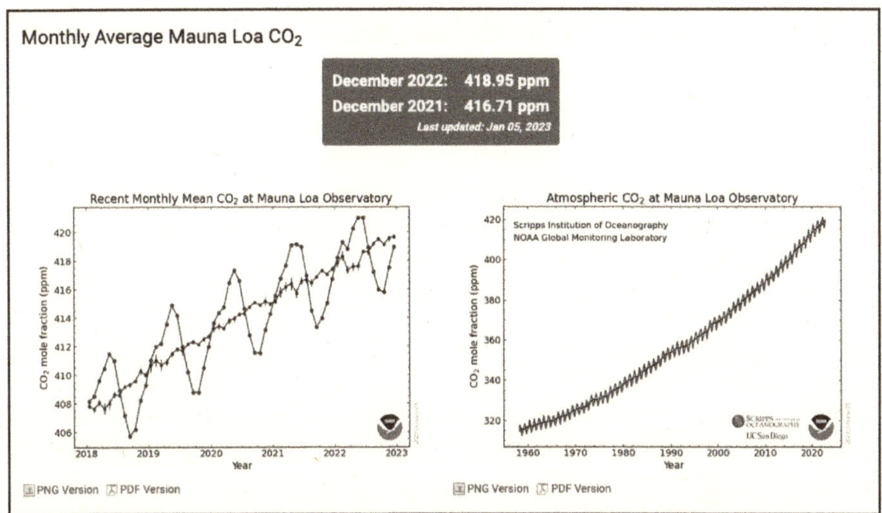

Abb. 31: Die berühmte Keeling-Kurve (rechts) hat sich seit Jahrzehnten nicht verändert.

aus militärischen Budgets und unter Mithilfe von Wissenschaftlern aus dem teils militärischen Bereich plötzlich zum Zentrum wissenschaftlicher und medialer Aufmerksamkeit. Das war nichts anderes als ein extrem erfolgreiches und folgenschweres militärisches Ablenkungsmanöver.

Und das Militär braucht Helden. Nach *Roger Revelle* wurden zwei Umwelt-Preise benannt, und er lehrte die Geschichte vom bösen CO_2 fortan an kalifornischen Universitäten und ab 1964 auch an der berühmten ***Harvard University***, wo er ***Professor für Bevölkerungspolitik*** und **Direktor des *Zentrums für Bevölkerungsstudien*** war.

Ich habe das deshalb fett hervorgehoben, weil es der Schlüssel zum Verständnis des Klima-Themas ist, wie Sie zweifelsfrei auf den kommenden Seiten sehen werden. Merken Sie sich: Der **„Roger Revelle Preis"** für herausragende Leistungen im Gebiet der Ozeanografie und Klimatologie erinnert an einen Mann, der „Bevölkerungspolitik" lehrte.

Einer seiner Studenten in Harvard war *Al Gore*, der spätere US-Vizepräsident, der die Welt noch später mit seiner herzzerreißenden Doku »Eine unbequeme Wahrheit« quälte – die eigentlich richtig »Eine bequeme Unwahrheit« heißen sollte. Natürlich ist Gore auch Empfänger des *Roger Revelle Preises*, ebenso wie Prinz Albert von Monaco, für seine *„herausragenden Bemühungen zur Förderung der wissenschaftlichen Forschung und des Umweltschutzes"*. Eigentlich müsste man sich krümmen vor Lachen!

Nach *Hans Suess* wurde eine eher absurde Methode zur Carbon-Altersbestimmung durch nicht vorhandenen Kohlenstoff benannt, der *„Suess-Effekt"*. *Charles Keeling* tat sich als großer Zeichner hervor und entwickelte die *„Keeling-Kurve"*, die beweisen soll, dass der CO_2-Gehalt in der Atmosphäre dank des menschlichen Ausstoßes stetig zunimmt. Zwar beweist seine Kurve nichts, aber sie wird dank ihrer primitiven Anschaulichkeit bis heute verwendet, etwa um die aktuellen CO_2-Messdaten des *Manua-Loa-Observatoriums* auf Hawaii abzubilden, der offiziellen Messstelle für den atmosphärischen CO_2-Gehalt, die eigens dafür von unseren drei Klima-Helden im Jahr 1958 gegründet wurde. Vielleicht sollte ich an der Stelle auch erwähnen, dass der *Manua Loa* ein aktiver Vulkan ist, der immer wieder Asche speit, und es ist bekannt, dass diese Vulkanasche sehr viel CO_2 enthält. Warum baut man die offizielle CO_2-Messstelle ausgerechnet an so eine Stelle?

Nachdem Roger Revelle mit dem CO_2-Betrug Millionen gescheffelt und das Militär aus der Schusslinie gebracht hatte, und nachdem er tausende von Studenten mit seinen haltlosen Spekulationen das Hirn verbogen hatte, soll er im Jahr 1988, nach seiner Pensionierung, an einen Kongressabgeordneten Folgendes geschrieben haben:

> *„Meine persönliche Überzeugung ist, dass wir noch zehn oder zwanzig Jahre warten sollten, bevor wir wissen können, ob der Treibhauseffekt auf den Menschen eine große Auswirkung hat, im positiven wie im ne-*

gativen Sinne! Wir sollten trachten, nicht zu laut Alarm zu schlagen, bis wir über das Tempo und das Ausmaß der Erwärmung mehr Klarheit haben!“[83]

Doch dafür war es natürlich längst zu spät, denn *Operation „Crossroads*“ – was so viel wie „Weggabelung“ oder „Scheideweg“ bedeutet – hatte eine Lawine losgetreten, die scheinbar niemand mehr stoppen konnte. Oder diejenigen, die es gekonnt hätten, wollten es nicht, weil sie alle zu gut davon profitierten. Der militärisch-industrielle Komplex hatte sich für einen Weg entschieden, und wenn ein solcher Koloss erst einmal in Fahrt gekommen ist, dann ist er nicht mehr so leicht zu stoppen.

Alles, was nach 67 Atombombenabwürfen in den Köpfen der meisten Menschen übrig blieb, war der Glaube daran, dass ihr CO_2-Ausstoß die Atmosphäre schädigen würde. Das ist eine Meisterleistung psychologischer Kriegsführung.

Private Interessen – Klima & Eugenik

Leider kann ich nicht in allen Bereichen alle Zusammenhänge, Hintergründe und Hintermänner aufführen, weil das Buch sonst mehrere tausend Seiten hätte, aber ich kann es exemplarisch tun in der Hoffnung, dass der Leser dadurch selbst die Mechanismen auch in anderen Bereichen leichter durchschauen wird.

Die drei größten Rüstungskonzerne der Welt bestehen alle bereits seit Anfang des 20. Jahrhunderts. Das sind *Lockheed Martin*, *Boeing* und *Raytheon* – jener Konzern, der das Patent auf die Chemtrails am Himmel hält. Sie alle sind börsennotierte Unternehmen, die zum größten Teil den reichsten US-Familien gehören, was ich in meinem ersten Buch „*Was Sie nicht wissen sollen!*“ ausführlich beschrieben habe. Alle drei Firmen haben direkte Verbindungen zur Familie *Rockefeller*, so wie *Vannevar Bush*, einer der zwei Gründer von *Raytheon* im Jahr 1922.[84]

Victoria Coleman, heute die oberste Wissenschaftlerin der *US Air Force*, ist auch gleichzeitig für *Lockheed* und die *Rockefeller Foundation* tätig[85], und *Maria Kozloski*, die zuvor für *Lockheed* und die *Weltbank* arbeitete, ist jetzt in führender Position bei der *Rockefeller Foundation* – um nur einige wenige Beispiele für den Einfluss der Familie Rockefeller auf die größten US-Rüstungskonzerne, und somit auf das US-Militär zu geben.[86] Viele der militärischen Interessen sind in Wahrheit auch oder vor allem die Interessen einiger Milliardärs-Familien.

> *„...das Konzept einer weißen, blondhaarigen, blauäugigen, nordischen Herrenrasse stammt nicht von Hitler. Die Idee wurde in den Vereinigten Staaten entwickelt und in Kalifornien kultiviert, Jahrzehnte bevor Hitler an die Macht kam. Kalifornische Eugeniker spielten eine wichtige, wenn auch wenig bekannte Rolle in der Kampagne der amerikanischen Eugenik-Bewegung zur ethnischen Säuberung. In ihrer extremen, rassistischen Form bedeutete dies die Ausrottung aller Menschen, die als ‚untauglich' angesehen wurden, wobei nur diejenigen übrig blieben, die einem nordischen Stereotyp entsprachen. Elemente dieser Philosophie wurden durch Gesetze zur Zwangssterilisation und Rassentrennung sowie durch Heiratsbeschränkungen, die in siebenundzwanzig Bundesstaaten erlassen wurden, als nationale Politik verankert.“*[87]

Die Familie Rockefeller war und ist bis heute von der Eugenik besessen, und daher war sie auch deren bedeutendster Fürsprecher und Geldgeber in den USA. Für alles, was den Rockefellers wichtig ist, gibt es eine eigene UNO-Unterabteilung. Das ist kein Wunder, denn die UNO „gehört“ im Grunde den Rockefellers, die nicht umsonst als die „Könige der USA“ bezeichnet wurden. 1946 schenkte *John D. Rockefeller II.* der UNO ein etwa sieben Hektar (70.000 Quadratmeter!) großes Gebiet am Ostufer Manhattans – das quasi unbezahlbar wäre. Damit holte er die UNO von London nach New York City, also in sein Einflussgebiet. Auf dem Gelände wurde mit seinen Baufirmen das UNO-

Hauptquartier errichtet. Schwer zu glauben, dass er dafür keine Gegenleistung wollte, oder?

Im März 1946 trat der Biologe und Eugeniker ***Julian Huxley*** (1887-1975), Direktor der *UK Eugenics Society*, sein Amt als 1. Generaldirektor der UNESCO an, der UN-Abteilung für Erziehung, Wissenschaft und Kultur. Dabei sagte er Folgendes:

> *„Auch wenn es sicher richtig ist, dass eine* ***radikale, eugenische Politik*** *für viele Jahre politisch und psychologisch unmöglich sein wird, wird es für die UNESCO wichtig sein, dafür zu sorgen, dass das eugenische Problem mit der größten Sorgfalt geprüft und die Öffentlichkeit über das fragliche Thema informiert wird, damit vieles,* ***was heute undenkbar erscheint, wenigstens wieder denkbar wird.*** *"*

Die UNESCO wurde also (auch) zur Umsetzung einer radikalen eugenischen Politik gegründet! Die bis in die 1930er-Jahre in manchen reichen Kreisen offen beliebte **„Eugenik“**, auch ***„Erbgesundheitslehre“*** genannt, war durch die *„Rassenhygiene“* der Nationalsozialisten in Verruf geraten – in bestimmten Kreisen ist sie aber in Wahrheit nie aus der Mode gekommen. Im Grunde geht es darum, das zu fördern und zu optimieren, was diese Kreise als „gut“ und „stark“ ansehen. Das hat wenig mit Aussehen, mit blonden Haaren und blauen Augen zu tun, auch nicht mit Muskeln und einem makellosen Körper. Die meisten der großen Eugeniker sind selbst wenig attraktiv und alles andere als athletisch. Vielmehr geht es diesen kalten und herzlosen Wesen darum, alles Herzliche, Sanfte und Mitfühlende, also alles wirklich Menschliche, auszurotten. Die „philosophische Denkrichtung“ von einst ist heute noch immer allgegenwärtig, sie wird nur anders verkauft und hat einen neuen Namen erhalten: **„Transhumanismus“**.

Die Transhumanisten sitzen in den größten Firmen der Welt, wie Google, Microsoft, Apple und Nokia, und dominieren die wichtigsten westlichen privaten Organisationen, wie beispielsweise den WEF und die Bilderberger. Sie leiten die Forschung an den größten Unis, sie machen Politik. Sie sind direkt mit der globalen Geldelite verflochten, die für ihre „Neue Weltordnung", auch als „Great Reset" bezeichnet, leicht steuerbare menschliche Sklaven erschaffen möchte. Die Eugenik, die menschliche Auslese, war die Vorstufe, der Transhumanismus ist ihre logische Weiterentwicklung.

Yuval Noah Harari, die rechte Hand von WEF-Gründer Klaus Schwab, ist einer der schillerndsten Vertreter der neuen Eugenik, und er verkündete es der Welt ganz klar und offen: *„Die Digitalisierung der Welt macht den* ***Menschen überflüssig!****"*[(88)] Ich werde hier nicht weiter auf *Künstliche Intelligenz* (*KI*) und die *Singularität* eingehen, weil ich das bereits ausführlich in meinem Buch »Lockdown« (2020) getan habe, aber der gesamte Themenkomplex ist im Jahr 2023 aktueller denn je, nachdem einige prominente Technologen wie *Elon Musk* gerade forderten, die Weiterentwicklung von KI auszusetzen, weil sonst die Existenz der Menschheit gefährdet sein könnte. Was das mit Wetter und Klima zu tun hat, liegt auf der Hand.

Die Reichen und Mächtigen sind sich seit Langem darin einig, dass die Zahl der Weltbevölkerung an die Zahl der für sie nötigen Arbeitskräfte angepasst sein sollte. Im Sinne der Eugenik, heute Transhumanismus, ist alles Leben, das keinen nennenswerten Beitrag zum Wohle der reichen Elite leistet, wertloses Leben. Das haben sie seit Jahrzehnten immer ganz klar und deutlich ausgesprochen. Sie brauchten bloß einen guten Aufhänger, um es zu verkaufen. Und den hatte ihnen *Roger Revelle* letztlich geliefert: Zu viele Menschen richten zu viel Schaden auf diesem Planeten an! Und sie nahmen den Ball dankend auf.

Der *Club of Rome* besteht aus den ältesten Familien des Schwarzen Adels, einigen europäischen Großindustriellen und den 13 einflussreichsten Familien Amerikas. Im April 1968 im Haus von *David Rocke-*

feller (Sohn von *John D. Rockefeller II*) im italienischen Bellagio gegründet, fördert er „regimetreue" Wissenschaftler und talentierten Nachwuchs für die diversen Gremien der weit verzweigten Organisationen dessen, was ich die „Geheime Weltregierung" nenne. Der *Club of Rome* finanziert eigene Ganztagsschulen und Universitäten und vergibt Stipendien.[(89)] Er gilt als die zentrale Propaganda-Abteilung der Geheimen Weltregierung, und als solche veröffentlichte er im März 1972 eine Studie mit dem Titel ***»The Limits to Growth«*"** (Die Grenzen des Wachstums). Der Inhalt war klar und unmissverständlich: Die USA müssten danach trachten, die Weltbevölkerung zu reduzieren, weil bei einer wachsenden Weltbevölkerungszahl bald nicht mehr genug Ressourcen für alle – genauer für die Amerikaner – da wären. Sollte dies nicht gelingen, würden die Grenzen des Wachstums im Jahr 2020 erreicht sein, und alles würde zusammenbrechen.

Darauf aufbauend unterbreitete US-Außenminister und *Club of Rome*-Mitglied *Dr. Henry Kissinger* dem Nationalen Sicherheitsrat der USA am 24. April 1974 *National Security Memo 200* mit dem Titel **„Folgen des weltweiten Bevölkerungswachstums für die US-Sicherheits- und Übersee-Interessen"**. Es besagte, dass die *„**Entvölkerung** die **höchste Priorität** der US-Außenpolitik gegenüber der Dritten Welt haben müsse"*. Ist das deutlich genug?

Julian Huxley war der ältere Bruder von ***Aldous Huxley***, dem Autor des dystopischen Romans »Brave New World« (*Schöne neue Welt*), in dem beschrieben wird, wie künftig mittels gentechnischer Manipulation eine Herrenrasse entstehen wird, die alle anderen mittels Konsum und gezielter Verblödung zu willenlosen Sklaven macht – das ist genau der Punkt, an dem wir uns gerade befinden! Julian Huxley war derjenige, der den Begriff **„Eugenik" durch den Begriff „Umweltschutz" ersetzte.** Im Jahr 1961 arbeitete *Sir Julian Huxley*, inzwischen von der britischen Königin geadelt, mit deren Gemahl, dem britischen ***Prinz Philip*** zusammen. Gemeinsam gründeten sie den ***World Wildlife Fund*** (WWF) – heute nur noch *World Wild Fund*. Ist es nicht bezeichnend, dass man später ganz unauffällig das kleine Wörtchen „Life", also „Leben", aus dem Namen und damit aus dem Programm gestrichen hat?

Der „***World Wild Fund***" dient dazu, die Menschenherde mittels des grünen Programms im Zaum zu halten und die Reduktion der Bevölkerung mit den Argumenten von Umweltschutz und Nachhaltigkeit zu rechtfertigen und „wissenschaftlich" zu begründen.

Und dann war da der Kanadier ***Maurice Strong***, ein Mann der sowohl mit *Henry Kissinger* als auch mit der Familie Rockefeller eng verbunden war. Strong war davon überzeugt, dass gerade die Mittelschicht im Westen von allem zu viel verbrauchte und daher dezimiert werden sollte. Strong, der seit 1971 im Vorstand der Rockefeller-Stiftung saß, war stark von den Texten von *Revelle*, *Suess* und *Keeling* beeinflusst worden. Es ist daher wenig überraschend, dass ihm Rockefellers UNO bei der allerersten UNO-Weltkonferenz zum Thema „Umwelt" in Stockholm den Vorsitz übertrug. Strong warnte die Weltöffentlichkeit eindringlich vor dem Waldsterben, dem Verlust der Artenvielfalt, der Meeresverschmutzung und vor der Zeitbombe Überbevölkerung. Aber ganz besondere Aufmerksamkeit schenkte er einer kommenden globalen Erderwärmung.

Als Mitglied des *Privy Council*, das für die englische Krone die kanadische Regierung berät, als Mitgründer und Stiftungsdirektor des Weltwirtschaftsforums in Davos (WEF), und als Vize-Direktor des WWF hatte er dazu auch jede Menge Gelegenheiten. Direktor des WWF war übrigens sein Freund *Prinz Philip*, der Gatte der englischen Königin, der für den Ausspruch bekannt ist: *„Sollte ich einmal wiedergeboren werden, dann bitte als tödliches Virus. So könnte ich meinen Teil beitragen, um das Problem der Überbevölkerung zu lösen."*[(90)] *Aldous Huxley*, *Maurice Strong* und *Prinz Philip* arbeiteten seit den 1960er-Jahren eng zusammen.

Die Wissenschaftler hatten zu jener Zeit zwar keine Ahnung, wie sich das Wetter künftig entwickeln würde, aber da es um viel Geld und Ruhm ging, überboten sie sich ständig mit neuen Theorien, die sie als die ultimative Wahrheit verkauften. Hatte die als seriös geltende US-Tageszeitung *New York Times* im Jahr 1969 noch getitelt, dass die Erde bereits in wenigen Jahren eisfrei sein würde, so verkündete sie sechs Jahre später, dass ein wissenschaftlicher Konsens darüber bestünde, dass eine deutliche weltweite Abkühlung unausweichlich sei.

Ein CIA-Bericht aus dem Jahr 1974 warnte die führenden Politiker der USA vor einer neuen Eiszeit und vor sehr viel Schnee und Wetteranomalien, was *James D. Hays* von der Columbia University kurz darauf bestätigte. Doch Rockefellers UNO und all ihre Adlaten behaupteten weiterhin das Gegenteil.

US-Präsident Jimmy Carter hatte im Jahr 1977 genug davon. Er beauftragte „Experten" damit, in sich zu gehen und sich endlich für eine Richtung zu entscheiden. Der daraus resultierende, mehr als 1.400 Seiten starke Bericht wurde drei Jahre später, im Jahr 1980, unter dem Titel »**Global 2000**« veröffentlicht. Der Grundtenor dieses Werkes, das in zahlreiche Sprachen übersetzt und millionenfach verkauft wurde, lässt sich so zusammenfassen: *Wir sind zu viele Menschen auf diesem Planeten, und es ist erwiesen, dass unsere CO_2-Emissionen schuld an einer Erderwärmung sind! Wenn wir also so weitermachen wie bisher, wird im Jahr 2000, also in zwanzig Jahren, alles zusammengebrochen und die Erde praktisch unbewohnbar sein.*

Gut, zumindest wussten jetzt endgültig alle, wohin die Reise ging! Es war entschieden: Es würde unseretwegen heiß werden! Und damit das auch alle wussten und nie wieder vergessen würden, wurden neue Organisationen gegründet und Klimakonferenzen abgehalten. Die UNO-Konferenz in Rio de Janeiro im Jahr 1992, auch als *Earth Summit* oder *Weltklimagipfel* bekannt, war der nächste Meilenstein in Richtung Öko-Diktatur:

„Es handelte sich um ein Ereignis, das sowohl hinsichtlich seiner Größe als auch des Umfangs seiner Anliegen beispiellos war. Zwanzig Jahre nach der ersten globalen Umweltkonferenz wollte die UNO die Regierungen dabei unterstützen, die wirtschaftliche Entwicklung zu überdenken und Wege zu finden, die Zerstörung unersetzlicher natürlicher Ressourcen und die Verschmutzung des Planeten zu stoppen. Hunderttausende von Menschen aus allen Gesellschaftsschichten wurden in den Rio-Prozess einbezogen. Sie überzeugten ihre Politiker, nach Rio zu gehen und sich anderen Nationen anzuschließen, um die schwierigen Entscheidungen zu treffen, die notwendig sind, um einen gesunden Planeten für die kommenden Generationen zu sichern. Der Generalsekretär der Konferenz war Maurice Strong. Die Botschaft des Gipfels – dass nur eine Änderung unserer Einstellungen und unseres Verhaltens die notwendigen Veränderungen herbeiführen kann – wurde von fast 10.000 Journalisten vor Ort übermittelt und von Millionen Menschen in der ganzen Welt gehört. Die Botschaft spiegelte die Komplexität der Probleme wider, mit denen wir konfrontiert sind: ***Sowohl die Armut als auch der übermäßige Konsum der Wohlstandsbevölkerung belasten die Umwelt.***“[91]

MauriceStrong.net

Können Sie sich daran erinnern, Ihre politischen Vertreter davon überzeugt zu haben, nach Rio zu gehen?

Weiterhin war es Maurice Strong, der im Namen der Familie Rockefeller den Ton angab und uns mit diesem Gipfel zwei wichtige Dinge brachte: den Begriff „Nachhaltigkeit“ und die „Agenda 21“. Die ***Agenda 21***, ein UNO-Entwurf für die Gestaltung unserer Zukunft, ist ein zutiefst faschistisches Papier, mit dem die Welt offiziell an die „Herausforderungen des 21. Jahrhunderts“ angepasst werden sollte. Die Kernaussage des 359 Seiten langen Werkes lautet schlicht: *Wir müssen die Welt komplett umgestalten, weil sie sonst kollabieren wird. Wir verbrauchen von allem zu viel! Wir sind zu viele! Wir müssen das Bevölkerungs-*

wachstum und die Verschwendung von Ressourcen stoppen. Besonders die wachsende westliche Mittelschicht verbrauchte in den Augen der Reichen zu viel von allem. Daher sah der Plan vor, dass **der private Grundbesitz deutlich eingeschränkt werden sollte**. Die Menschen sollten möglichst alle in Städten leben, um sie besser kontrollieren zu können. Die Städte sollten aber flächenmäßig nicht weiterwachsen dürfen. Jedem würde daher künftig weniger Platz zur Verfügung stehen.

Oder wie es an die Adresse der Politiker im Abschnitt 7, Sektion 19 heißt:

> ***„...Gegebenenfalls sollten sie sich auch auf Aktivitäten konzentrieren, die darauf abzielen, den Übergang von ländlichen zu städtischen Lebensstilen und Siedlungsmustern zu erleichtern...“***

In dem Zusammenhang hören wir seit Jahren auch immer von **„Smart Cities“** – ein schwammiger Begriff, der immer mit den leeren Worthülsen *Klimawandel*, *Umweltschutz*, *Nachhaltigkeit*, *sozial* und *Share-Economy* verknüpft ist. Doch überall, wo „smart“ draufsteht, ist „Überwachung“ drin, nehmen wir nur etwa die „Smartwatch“ oder den „Smartmeter“ her.

Ausdrücklich wurde in der Agenda 21 darauf hingewiesen, dass die Zukunft der Landwirtschaft in genetisch veränderten Organismen (GVOs) liegt, die Zukunft der Energieversorgung im Atomstrom. Die Agenda 21 lobpreiste die Globalisierung und forderte den weiteren Abbau von Ländergrenzen und Handelsschranken.

Das große Problem, das die Architekten dieser Neuen Weltordnung 1992 aber hatten, war, den doch recht radikalen Inhalt – die aufstrebende Mittelschicht zu dezimieren – so zu verpacken, dass man ihn jedermann verkaufen konnte, also auch der Mittelschicht selbst. Es galt, einen positiven Begriff für all das zu finden, und man fand sogar zwei:

„Nachhaltigkeit“ und **„soziale Gerechtigkeit“**. Klang das nicht besser als *„Wir werden euch töten.“*?

Und da die Menschen im Westen nach dem Fall der Berliner Mauer in den 1990er-Jahren im Friedens-Freudentaumel waren, fanden sie die Abschaffung aller Grenzen toll. Besonders die vermeintlich gebildete Mittelschicht fuhr voll auf die Pläne ab. Sie liebten die neu entstandene „Share-Economy“, weil sie damit zeigen konnten, wie verantwortungsvoll und modern sie waren. Privatbesitz sollte zuerst einmal nicht durch Verbote fallen, sondern durch freiwilligen Verzicht. Das ging einige Jahre später nahtlos über in den WEF-Slogan: *„Du wirst nichts besitzen und Du wirst glücklich sein!“*

Dass dies keine krude Verschwörungstheorie ist, belegt das derzeit viel zitierte Konzept der **15-Minuten-Städte**, einer Weiterentwicklung des Agenda-21-Smartcity-Konzeptes. Es beruht darauf, dass die Städter künftig alles, was sie zum Leben brauchen, innerhalb von 15 Minuten zu Fuß oder per Fahrrad erreichen können, was Autos, aber auch andere Verkehrsmittel wie Busse und Bahnen überflüssig machen soll. Im Rahmen des Ziels, bis zum Jahr 2050 keine „Treibhausgase“ mehr ausstoßen zu wollen, stellten britische Forscher im Mai 2023 ein Konzept vor, dass künftig die Verwendung von Ziegeln, Wänden und Fundamenten aus verdichteter Erde, Zement aus Lehm und Glas aus Abbruchcontainern verbieten soll, was Neubauten de facto nahezu unmöglich machen würde. Die großartige Folge wäre *„dichteres Wohnen und ein geringerer Transportbedarf“*.[92]

Ist Ihnen schon aufgefallen, dass die meisten Neubauten, die derzeit in europäischen Städten entstehen, zum größten Teil winzige Wohneinheiten, meist kaum größer als 25 Quadratmeter, enthalten? Der neueste Trend bei Raumplanern und Architekten ist der „Mikrowohnraum“.

„Obwohl Architekten bei der Gestaltung von erschwinglichem Wohnraum schon immer nach Effizienz gestrebt haben, geht der aktuelle Trend zum ‚Micro Living' über die Idee eines ‚Existenzminimums' aus dem 20. Jahrhundert hinaus. Heute betonen Architekten auf der ganzen Welt Nachhaltigkeit, passen ***Mikrowohnungen*** *an die Bedürfnisse der Nutzer an, integrieren diese in verschiedene Kontexte und machen ‚****Micro Living****' so zu einem attraktiven Lebensstil.*"[(93)]

Peter Smisek, Architonic, 19. Juni 2019

„Micro Living" bedeutet übersetzt **„Mikro-Leben"**. Das, was man jungen Menschen heute als „Life-Style-Konzept" in Verbindung mit der 15-Minuten-Stadt anpreist, ist ein Konzept der gezielten Verarmung, das bereits vor Jahrzehnten von Maurice Strong und seinen Gesinnungsgenossen für uns erdacht wurde und das nicht bei einem Wohnraum von nur 25 Quadratmetern haltmachen wird, denn in Japan beispielsweise sind „Mikroapartments" meist nur noch knapp fünf Quadratmeter groß. Der nächste Schritt wäre dann wohl die geschlossene Käfighaltung.

„Die Welt ist Maurice Strong für seine visionäre Führungsrolle bei der Lösung der Klimakrise zu Dank verpflichtet."[(94)]

US-Vizepräsident Al Gore am 29. November 2015

Strong galt als Freund und Mentor von US-Vizepräsident *Al Gore*, der dafür sorgte, dass die USA auf Staatsoberhaupt-Ebene an den von den Rockefellers iniziierten folgenden „Klimagipfeln" teilnahmen. Auch auf dem nachfolgenden Gipfel von Kyoto, wo Strong als Vertreter des UN-Generalsekretärs auftrat, war es wiederum Al Gore, der gemeinsam mit dem britischen Premierminister Tony Blair die Reduzierung der sogenannten „Treibhausgase" in den Industrienationen durchsetzte, was als „Kyoto-Protokoll" bekannt wurde.

„Vor Kurzem war Herr Strong Generalsekretär der Konferenz der Vereinten Nationen über Umwelt und Entwicklung 1992. Er war eine treibende Kraft beim Zustandekommen des Kyoto-Protokolls."[95]

Justin Trudeau, Premierminister von Kanada (28. November 2015)

Beim von den Rockefellers unterstützten *State of the World Forum* der *Gorbachev Foundation* im Jahr 1995 in *San Francisco* trafen sich die führenden Umweltschützer/Eugeniker, um zu besprechen, wie es mit der Welt weitergehen sollte. Nun begann man, immer offener über den eigentlichen Plan der Bevölkerungsreduktion zu sprechen.[96]

Neben vielen Kirchenvertretern, die ihre Schäfchen auffordern sollten, besser zu verhüten, waren natürlich *Michail Gorbatschow* und *Maurice Strong* vertreten – dazu berühmte Eugeniker, wie die Medien-Mogule *Ted Turner* und *Rupert Murdoch*, und natürlich *Bill Gates*, der überall seine schmutzigen Finger im Spiel hatte; dazu Polit-Prominenz wie George Bush und Zbigniew Brzezinski und schillernde Persönlichkeiten wie *Deepak Chopra*, *Shirley MacLaine*, *John Denver* und *Jane Fonda*. Im Abschlusspapier der Veranstaltung hieß es wortwörtlich:

„Wir müssen viel klarer über Sexualität, Verhütung und Abtreibung sprechen, über jene Werte, die die Bevölkerung kontrollieren, denn ***die ökologische Krise ist kurz gesagt die Bevölkerungskrise. REDUZIERE DIE BEVÖLKERUNG UM 90 PROZENT UND ES BLEIBEN NICHT GENÜGEND LEUTE ÜBRIG, UM GROẞEN ÖKOLOGISCHEN SCHADEN ANZURICHTEN!"***

So, jetzt war's raus! Die 90%, um die man die Weltbevölkerung reduzieren sollte, deckten sich fast mit den 95%, die US-Medienmogul und CNN-Besitzer *Ted Turner* mehrfach in Interviews bekräftigt hatte. Zu dem Zeitpunkt waren das also etwa 5,5 bis 6 Milliarden Menschen auf diesem Planeten, die er und seine Kumpels weg haben wollten! Heute wären das dann zwischen 7 und 7,5 Milliarden.

Strong war natürlich auch Leiter der 3. UN-Klimakonferenz (COP-3) im japanischen Kyoto im Dezember 1997. Dort entstand unter seiner Führung das ***Protokoll von Kyoto zum Rahmenübereinkommen der Vereinten Nationen über Klimaänderungen***, kurz **Kyoto-Protokoll** genannt. Darin ging es erstmals um ***„völkerrechtlich verbindliche Zielwerte für den Treibhausgas-Ausstoß"*** – der erstmals offiziell als *„Hauptursache der globalen Erwärmung"* gesetzlich anerkannt wurde. Darin heißt es in der Einleitung: *„Mit der Einrichtung eines ständigen Prozesses der Überprüfung, der Diskussion und des Informationsaustausches eröffnet das Übereinkommen die Möglichkeit, in Antwort auf* ***wissenschaftliche Fortschritte*** *und eine veränderte Bereitschaft zum politischen Handeln zusätzliche Verpflichtungen zu beschließen."*

Frei übersetzt heißt der geschwollen formulierte Text in etwa: *„Wenn wir wollen, lassen wir unsere gekauften Wissenschaftler die absurdesten Behauptungen aufstellen, und die Politiker werden sie dann bereitwillig ihrem Stimmvieh aufzwingen."*

Damit war nicht nur das Schicksal der Menschheit, sondern auch in besonderem Maße das der Wissenschaft besiegelt, weil damit jede anderslautende Meinung quasi völkerrechtlich untersagt wurde. In Folge wurden erstmals juristisch **verpflichtend Grenzen für den Ausstoß von nicht existenten Treibhausgasen festgelegt!**

In einem Interview im Jahr 2017 ging ***Dennis Meadows***, der Hauptautor der *Club of Rome*-Studie »The Limits to Growth«, erneut davon aus, dass es zum Kollaps des Systems kommen würde, auch wenn niemand genau wüsste, wodurch dieser Zusammenbruch im Detail entstehen würde. So könnte etwa ein großer Vulkan in Indonesien eruptieren und die landwirtschaftliche Produktion weltweit für die nächsten fünf Jahre halbieren. Oder er könnte in Form einer Epidemie kommen. Im Folgenden habe ich versucht, die wirren und eiskalten Worte dieses Mannes so präzise wie möglich zu übersetzen, weil er über das Töten von sechs bis sieben Milliarden Menschen spricht, als würde er sagen: *„Hau endlich das verdammte Steak auf den Grill!"* Dies ist der entscheidende Abschnitt des Interviews:

> *„Wir sind so weit über dem Konsum- und dem Bevölkerungsniveau, das dieser Planet vertragen kann, dass ich weiß, dass dies auf die eine oder andere Weise zusammenbrechen muss. Also hoffe ich gar nicht, dass das verhindert werden kann. Ich hoffe jedoch, dass es auf eine zivilisierte, friedliche Weise passieren kann. Friede bedeutet nicht, dass alle damit glücklich sind, es bedeutet, dass der Konflikt nicht gewaltsam gelöst wird, sondern besser auf andere Weisen – darauf hoffe ich. Der Planet kann etwa eine Milliarde Menschen ertragen, vielleicht zwei Milliarden, abhängig vom Grad der Freiheit und dem Maß des Konsums, das man haben möchte. Wollen Sie mehr Freiheit und Konsum, dann müssen es weniger Menschen sein. Auf der anderen Seite könnten wir vielleicht auch 8 oder 9 Milliarden Menschen haben, wenn wir sehr starke, kluge Diktaturen hätten – unglücklicherweise hat man nur selten kluge Diktatoren, die sind immer dumm.* ***Aber wenn man kluge Diktatoren hätte und einen niedrigen Lebensstandard...*** *aber wir wollen Freiheit und einen hohen Lebensstandard,* ***also werden wir 1 Milliarde Menschen haben. Gegenwärtig haben wir sieben, also müssen wir das reduzieren.*** *Ich hoffe, das kann langsam geschehen, relativ langsam, und dass es auf eine Weise geschehen kann, die einigermaßen gleichwertig ist, sodass die Menschen das Erlebnis gemeinsam wahrnehmen können und nicht ein paar Reiche sie dazu zwingen können, sich damit abzufinden. Das sind meine Hoffnungen..."*[(97)]

Politische Interessen

„Politik ist die Summe der Mittel, die nötig sind, um zur Macht zu kommen und sich an der Macht zu halten und um von der Macht den nützlichsten Gebrauch zu machen."[98]

Niccolò di Machiavelli, italienischer Philosoph, Diplomat und Schriftsteller, um 1515

In den meisten Definitionen von „Politik" geht es um „Macht", nur sehr selten oder eigentlich gar nicht um „Verantwortung". Eigentlich sollte Politik die Interessen all derer in den Vordergrund stellen, die sie vertritt, also die Interessen derer, die Politiker bezahlen, also die Bürger. Im Grunde sind Politiker Angestellte des Volkes, die dafür bezahlt werden, all jene Dinge im Innen wie im Außen für das Volk oder die Gemeinschaft zu regeln, die über die Möglichkeiten des Einzelnen hinausgehen. Wie weit Politik in den persönlichen Bereich des Einzelnen „hineinregieren" sollte, ist jedoch sehr umstritten. Da gibt es große Auffassungsunterschiede zwischen den Vorstellungen liberal und konservativ ausgerichteter Menschen. Anders formuliert könnte man auch sagen: Je schwächer Menschen sind, desto mehr begrüßen sie es, wenn Politik ihnen möglichst viele Entscheidungen abnimmt. Wenn man diesem Gedanken folgt, dann könnte man leicht zu dem Schluss kommen, dass wir heute in einer Welt leben, die von den Schwächsten in der Gesellschaft dominiert wird. Das macht es wiederum den Starken und Machthungrigen besonders leicht, alles durchzusetzen, was zu ihrem eigenen Vorteil ist.

„Politik ist das Streben nach Machtanteil oder nach Beeinflussung der Machtverteilung..."[99]

Max Weber, deutscher Soziologe und Jurist, 1919

In den frühen 1980er-Jahren nahm die grüne Bewegung, die ursprünglich aus der Ecke der Atomkraft-Gegner kam, an Fahrt auf. Die

Temperaturen waren seit den frühen Sechzigerjahren gefühlt deutlich angestiegen, was viele mittelmäßig gebildete Großstädter als Beweis für die von ihnen selbst verursachte Erderwärmung ansahen. Einige Politiker erkannten das enorme Potenzial des CO_2-Märchens, weil sich damit neue Gesetze und Steuern rechtfertigen ließen und weil das Geschäft mit der Schuld ein bewährt gutes war – das hatten mehr als tausend Jahre Katholische Kirche bewiesen. Schuld hält Menschen klein und macht sie leicht steuerbar.

Es waren tendenziell die links angehauchten Parteien, die mit Hingabe auf diesen Zug aufsprangen, weil das kommunistische Konzept für sie maßgeschneidert war. Es enthielt viel Maßregelung, viele Verbote und jede Menge mögliche Bestrafung. Selbstbestimmung und Freiheit waren den Kleingeistern schon immer ein Dorn im Auge gewesen, und nun bekamen sie nicht nur Rückendeckung vom Großkapital, sie wurden quasi dazu aufgefordert, die Menschen in ihre Schranken zu weisen – ganz besonders die mächtiger und fordernd werdende Mittelschicht.

Doch verpassten die Sozialisten europaweit ein wenig den Zug, weil ihre Vertreter den Zeitgeist der frühen 1980er-Jahre, der voll auf Konfrontationskurs mit dem Establishment ging, nicht beherzt genug mitgehen konnten. Also saßen bald völlig planlose und zugekiffte Aktivisten strickend als neue „grüne“ Partei in einigen europäischen Parlamenten.

Die jungen Menschen waren ansonsten kaum für Politik zu begeistern, aber man konnte sie mit den „Umwelt- und Friedensthemen“ emotional steuern und gegeneinander ausspielen. Ganz hoch im Kurs standen Anfang der 1980er-Jahre der „Saure Regen“ und das daraus abgeleitete „Waldsterben“. Im Jahre 1981 prophezeite der Forstwissenschaftler *Prof. Bernhard Ulrich* von der Universität Göttingen medienwirksam: „*Die ersten großen Wälder werden während der nächsten 5 Jahre sterben. Sie können sich nicht mehr erholen.*“ Das saß. Das inspirierte

Künstler zu Liedern über sterbende Bäume und brachte viele kleine Mädchen zum Weinen. Es lief also alles nach Plan für die Rockefellers und die UNO.

Doch erstens kommt es anders, und zweitens, als man denkt. Die Wälder starben nicht. Im Jahr 1986 kam es aber zu einer tragischen nuklearen Katastrophe im sowjetischen Tschernobyl. Das war für den militärisch-industriellen Komplex und die Atomkraftlobby etwas ungünstig. Plötzlich waren schmelzende Pole, sterbende Wälder und ertrinkende Eisbären vergessen, und die Atomindustrie stand in weiten Teilen der westlichen Welt wieder im Fokus der Aktivisten. Davon musste man die Massen ablenken. Nun lancierte man neben der Erderwärmung noch die Bedrohung durch sich rasch ausbreitende Ozonlöcher. Mann, wurde da für einige Jahre viel Sonnencreme verkauft. Hautärzte hatten plötzlich Hochbetrieb. Was folgte waren weitere internationale Konferenzen, die zumindest einen positiven Effekt hatten, nämlich dass nach und nach FCKW (Fluorchlorkohlenwasserstoff) aus Kühlschränken verschwand. Aber so wie der Ozonloch-Hype gekommen war, verging er auch wieder.

Was jedoch blieb, waren unzählige Arbeitsgruppen, die mittels der „Lokalen Agenda 21" die Anweisungen von ganz oben, von Rockefellers UNO in New York, bis in die kleinste Gemeinde in Europa blockwartmäßig umsetzten. Man drängte den Autoverkehr zurück, erhob immer neue „Öko- oder Umweltsteuern" und machte diejenigen, die den Staat mittels ihres Fleißes und ihrer Steuern erhielten, zum Feindbild: den Mittelstand.

Die Politik verschmolz indes immer mehr mit der neu entstandenen Grünen-Lobby und der Pseudowissenschaft. Dank der boomenden IT-Industrie wurden autistische Nerds über Nacht zu Multimilliardären, und sie nutzten ihr Geld und ihre mediale Präsenz, um die Welt in ihrem Sinne zu beeinflussen. Und keiner tat das unter den Neureichen besessener als Bill Gates, der die Herrschaft über die Medienlandschaft rund um den Globus an sich riss, indem er Journalisten die Aus- und Weiterbildungen bezahlte und ihre Verbände und Netzwerke und Verlage selbst großzügig unterstützte.

In der Wirtschaft und in der Politik kamen zunehmend glatte, skrupellose Gestalten an die Macht. US-Vizepräsident *Al Gore* war ein Paradebeispiel für diesen neuen schleimigen und völlig selbstsüchtigen Typus. In Europa wurden die Spitzenpolitiker nicht mehr wie früher durch die Bilderberger ausgesucht, sondern mittlerweile durch deren öffentlich auftretenden Arm, den WEF, geformt, ausgebildet und eingesetzt. Das „*Young Global Leaders*"-Programm des kuriosen Herrn Schwab brachte unter anderem die deutschen Ex-Gesundheitsminister *Philipp Rösler* und *Jens Spahn* hervor, den kanadischen Premier *Justin Trudeau*, die beiden ehemaligen EU-Kommissions-Präsidenten *Jean-Claude Juncker* und *José Manuel Barroso*, den französischen Präsidenten *Emmanuel Macron*, die ehemalige Bundeskanzlerin *Angela Merkel* und die derzeitige deutsche Außenministerin von den Grünen *Annalena Baerbock* – um nur einige wenige zu nennen. Was für ein Zufall, dass die Bürger in den meisten mittel-, west- und nordeuropäischen Ländern immer genau die Politiker an die Spitze wählen, die Klaus Schwab und seine Hintermänner zuvor ausgesucht haben.

Der von *Roger Revelle* und *Maurice Strong* geprägte *Al Gore* sorgte als Vize von US-Präsident Bill Clinton von 1992 bis zum Jahr 2000 sowohl dafür, dass die USA den Klimaschwindel in vollem Umfang mittrugen, als auch dafür, dass milliardenschwere Förderprogramme für Wind- und Solarparks aufgelegt wurden. Und als er dann im Präsidentschaftsrennen im Jahr 2000 gegen *George W. Bush* verlor, steckte der ohnehin aus wohlhabenden Verhältnissen stammende Gore viele Millionen in Wind- und Solarpark-Projekte und beteiligte sich mittels mehrerer Firmen und Fonds am aufstrebenden Emissionsrechtehandel in

Nordamerika und Europa. Dann tourte er landauf, landab mit seinem Solo-Vortrags-Programm, das den einprägsamen Titel »Eine unbequeme Wahrheit« trug und in dem er den durch unseren CO_2-Ausstoß verursachten Weltuntergang in beeindruckenden Bildern darstellte. Aber natürlich gab es ganz im Sinne jeder guten Religion einen Ausweg, den der Prophet der neuen Klimasekte uns aufzeigte: Die Erlösung kann nur durch „Erneuerbare Energieformen" erfolgen! Halleluja!

Und um es auch noch dem Letzten einzuprügeln, goss er das Ganze in einen Dokumentarfilm mit demselben Titel und erhielt dafür im Jahr 2007 sowohl den Friedensnobelpreis als auch einen Oscar. Und die linke Mittelschicht, die er abzuschaffen half, feierte ihn!

Im Zuge der Weltfinanzkrise der Jahre 2008/2009 verloren Millionen Menschen rund um den Globus ihre Ersparnisse, weil eine kleine Gruppe nimmersatter Zocker in New York, London, Frankfurt und an anderen Finanzplätzen Privathaushalte, Firmen und ganze Staaten dazu gebracht hatten, ihr Geld in Finanzprodukte zu stecken, die so gut wie niemand verstand. Vor allem junge Menschen waren stinksauer, weil sie das Gefühl hatten, in einer Welt zu leben, in der sie keine Chance hatten, wenn sie ehrlich waren und nicht das Spiel der Banker und der skrupellosen nimmersatten Manager in den Zentralen der Großkonzerne mitspielen wollten.

Der frisch gewählte US-Präsident Obama hatte lautstark und vollmundig den „Change", also den „Wandel" angekündigt. Deswegen war er gewählt worden, dafür hatte er sogar den Friedensnobelpreis erhalten, aber alles, was er und sein Vizepräsident Joe Biden in Wahrheit taten, war, mehr Unruhe rund um den Globus zu stiften. Aber selbst innerhalb der USA spitzten sich die Konflikte zwischen der schwarzen und der weißen Bevölkerung zunehmend zu. Ab 2010 lag etwas Explosives in der Luft.

Der von den USA organisierte und unterstützte Sturz mehrerer nordafrikanischer Machthaber Anfang des Jahres 2011, im Westen gerne als „Arabischer Frühling" bezeichnet, erinnerte erst an den Fall der Mauer. Da war ein Gefühl des Aufbruchs, das jedoch mit den Umwälzungen in Ägypten und Tunesien und mit dem Erstarken konservativer muslimischer Kräfte schnell sein positives Momentum verlor.

Ab dem Sommer 2011 braute sich in den USA etwas zusammen, das im Herbst zu einer riesigen Protestwelle wurde. Unter dem Motto *„Occupy Wall Street"* besetzten zehntausende vorwiegend junge Menschen aus Protest gegen die Diktatur der Banken und gegen eine völlig unmenschliche Form der Wirtschaft Straßen und Parks in New York City, und rasch weiteten sich Demonstrationen, Besetzungen und Blockaden auf Großstädte im ganzen Land aus. In Kürze waren Millionen Menschen auf der Straße, und letztlich richtete sich ihr Protest auch gegen die US-Regierung. Sie besetzten Parks, Straßen, Brücken, Universitäten und Bankzentralen. *„We are the 99 percent"* (*„Wir sind die 99 Prozent"*) schien der Slogan einer neuen aufgeklärten und selbstbewussten Generation zu sein, der rasch auch auf Europa überschwappte.

Für einige Wochen sah es tatsächlich so aus, als würde es nun den Bankern und den Besitzern der Banken im Hintergrund wirklich an den Kragen gehen. Menschen diskutierten immer offener über das Geldwesen und darüber, wer wirklich diese Welt lenkt – und auch darüber, wie man dies ändern könnte. Mit einem Mal hegten wir alle die Hoffnung, dass sich vielleicht doch etwas zum Positiven ändern könnte, dass wir den Anstoß zu etwas Großem und ganz Besonderem geben konnten.

Das ging den Mächtigen zu weit. Es erinnerte sie auf unangenehme Weise an die Hippie-Bewegung der späten 1960er- und frühen 1970er-Jahre. Die hatte man auch mittels der Geheimdienste und deren Operation *„MK Chaos"* unterwandert, diskreditiert und zerstört. Dasselbe machte man nun mit der *Occupy-Bewegung*.

Ich hatte im Herbst 2011 selbst das Protestcamp in San Francisco besucht. Ich weiß, dass es in den improvisierten Zeltstädten zutiefst friedlich ablief, die Stimmung ungemein positiv und hoffnungsvoll war. Daher war ich wie Millionen anderer Menschen auch völlig überrascht, als die Stimmung von einem Tag auf den nächsten kippte und in Gewalt umschlug. Die Geheimdienste hatten Randalierer eingeschleust, die auf Seiten der Protestierenden gewalttätig wurden, worauf die Polizei mit brutaler Härte, mit Pferden, Hunden und Schlagstöcken antwortete. Und innerhalb weniger Wochen war alles vorbei, alle Hoffnung begraben. Zwei Jahre später war davon nichts mehr übrig. Im Jahr 2013 engagierten sich dieselben jungen Menschen mit einem Mal gegen einen angeblich zu hohen CO_2-Ausstoß und eine angeblich daraus resultierende Erderwärmung. Wie praktisch, dass genau zu dem Zeitpunkt eine gefälschte Studie zu belegen behauptete, dass 97% aller Wissenschaftler sich darin einig waren, dass wir alle daran schuld waren.

Die Bankenelite hatte es im Handumdrehen geschafft, aus der Schusslinie zu gehen. Mit Hilfe der Medien und der Politik wurden junge, orientierungslose, entmutigte und traumatisierte Menschen einfach umprogrammiert. Die Banken und ihre Besitzer waren kein Thema mehr. Plötzlich lag den einstigen Wallstreet-Besetzern nur noch der Planet am Herzen. Das ist psychologische Kriegsführung vom Feinsten! Wieder zwei Jahre später waren es auf einmal die Flüchtlinge, die all ihre Aufmerksamkeit hatten. Und die flohen nicht wegen Armut oder weil die Amerikaner und Engländer ihnen ihre Häuser und ihre Zukunft weggebombt hatten – nein, das waren jetzt „Klima-Flüchtlinge“. Alles wurde ins Gegenteil verkehrt: Schüler, die zu dumm waren, um im Unterricht folgen zu können, hießen jetzt „hochbegabt“, und Großstädter, die in ihrem Leben noch nie auf einem Bauernhof oder im Wald gearbeitet hatten, waren auf einmal Landwirtschafts- und Umweltexperten. „Nachhaltig“ und „klimaneutral“ waren die neuen Schlagworte, die vor allem von jenen mit Begeisterung genutzt wurden, die sich ohnehin nicht mehr als zwei Worte merken konnten.

Im Juli 2019 wurden dann mehr als 400 Millionen EU-Bürger dazu aufgerufen, zahlreiche Vertreter in Brüssel neu zu wählen, und etwa die Hälfte versuchte, ihr vermeintliches Wahlrecht wahrzunehmen. Zur Auswahl als **EU-Kommissionspräsident** standen der Konservative *Manfred Weber* und der Sozialist *Frans Timmermans*. Und als alle Stimmen ausgezählt waren, hieß der neue EU-Chef: *Ursula von der Leyen*! Die deutsche WEF-Kanzlerin Angela Merkel beschloss im Alleingang, den Wahlausgang zu ignorieren, und setzte im Stile eines Diktators ihre enge Vertraute an die Spitze Brüssels. In einem afrikanischen Land hätte man so etwas einen „Putsch" genannt. In Europa nannte man so etwas „Demokratie". Und da es nun offiziell war, dass die Europäer alles mit sich machen ließen, zog die globale Elite einen Pfeil nach dem nächsten aus dem Köcher, und die Europäer kamen aus dem Staunen nicht mehr heraus. Nur zwei Monate später, im September **2019, veröffentlichten mehr als 500 europäische Klimawissenschaftler einen offenen Brief mit dem Titel „*Europäische Klimaerklärung*"** mit der Überschrift **„Es gibt keinen Klimanotstand".**

Weitere zwei Monate später, am 28. November 2019, antwortete die neue, nicht-gewählte EU-Präsidentin *von der Leyen* darauf, indem sie den **Klimanotstand** für Europa ausrief. Zwar ist bis heute nicht klar, was das genau bedeutet, aber Notstandsgesetze dienen in der Regel dazu, um das Militär auch im Inland einsetzen, die Bürger zu Zwangsarbeit heranziehen und ihr Privateigentum beschlagnahmen zu können. Mit „Notstandsgesetzen" oder „Notverordnungen" lässt sich bestehendes Recht aushebeln, wie etwa das Beispiel der Corona-Inszenierung zeigte, oder der beschleunigte Ausbau der Windkraft in Deutschland, der die Bürger aller Einspruchsrechte beraubt hat.

Solche Ausnahmesituationen sind üblicherweise zeitlich begrenzt, für die Dauer der „Ausnahme-Situation". Da Klima aber nicht befristet ist, wird wohl auch der Klimanotstand in Europa niemals enden, und die Regierenden haben damit eine rechtliche Grundlage geschaffen, jederzeit tun und lassen zu können, wonach ihnen beliebt.

Zwei Wochen später, am 11. Dezember 2019, wurde der **„European Green Deal"** ausgerufen mit dem Ziel, die CO_2-Emissionen in der EU (im Vergleich zu 1990) bis zum Jahr 2030 um 60% zu reduzieren. Erreicht werden soll das durch den kompletten Umbau der Wirtschaft und der Gesellschaft und dadurch, alles, was theoretisch CO_2 ausstoßen könnte, mittels weiterer Steuern teurer zu machen. Denn laut der nicht gewählten EU-Präsidentin Ursula von der Leyen will die EU eine Billion Euro in das Vorhaben stecken – das sind 1.000 Milliarden. Das ist Geld, das sie den Europäern extra wegnehmen müssen, um es ausgeben zu können. Und ein großer Teil davon wird vermutlich an Bill Gates gehen, wie wir im nächsten Kapitel sehen werden.

Der *European Green Deal* umfasst Maßnahmen in den Bereichen Finanzmarkt-Regulierung, Energieversorgung, Verkehr, Handel, Industrie sowie Land- und Forstwirtschaft. Bis 2050 soll Europa als erster Kontinent **„klimaneutral"** werden. Und die meisten haben keine Ahnung, was das alles noch für sie bedeuten wird!

Und dann ging es Schlag auf Schlag! Österreichs WEF-Kanzler *Sebastian Kurz* verkündete am Freitag, den 13. März 2020, den Mikroben-Lockdown für Österreich, und in den Tagen darauf folgten die anderen europäischen Länder mehr oder weniger begeistert der Corona-Inszenierung. Und während man die Menschen zwei Jahre lang immer wieder für Wochen und Monate einsperrte, schuf man draußen Fakten. In den Städten wurden flächendeckend 5G-Antennen angebracht und Parkplätze und Straßen in Radwege umgewandelt – selbst da, wo niemand Rad fährt.

Im Oktober 2020 unterzeichnete der Gouverneur Kaliforniens, *Gavin Newsom*, den von privaten Lobbyisten und Aktivistengruppen, wie Avaaz und der Leonardo-DiCaprio-Stiftung, ausgearbeiteten **„30 by 30"**-Plan – auf Deutsch auch **Plan 30/30** genannt. Ab dem Jahr 2030 stehen damit per Gesetz in Kalifornien 30% der Land- und Wasserfläche unter totalem Schutz und **dürfen von Menschen nicht mehr betreten werden** – natürlich zum Schutz der Umwelt und des Klimas.

Im Dezember 2022, auf dem Klima-Panik-Gipfel *COP15*, wurde der **Plan 30/30** dann auch von den G7-Staaten und der EU beschlossen – und keiner hat's mitbekommen! Auch in der EU wird den Menschen ab dem Jahr 2030 der Zugang zu 30% des Kontinents verboten sein – das alles im Rahmen der **„EU-Biodiversitätsstrategie für 2030"**. Wenn man die 30% dazurechnet, die diese Leute mit Windrädern zupflastern wollen, dann kann man sich vorstellen, wie schön eine grüne, nachhaltige Zukunft aussieht. Und all jene, die nicht weichen wollen, wird man versuchen, mittels höherer Grundsteuern, aufwendiger „Umweltmaßnahmen" und dem Zwang zum Einbau neuer Heizsysteme dazu zu zwingen, sich vom Acker zu machen und das weitere Dasein (im besten Fall) in einer Mikro-Wohneinheit in der Stadt zu fristen.

In jedem Land wird da den regierenden Politikern ein wenig Handlungsspielraum gelassen, damit sie das Gefühl haben, dass sie das Heft in der Hand hätten. In den Niederlanden begann man im Jahr 2022 gleich mit der großangelegten Enteignung von Bauern und der Zwangs-Stilllegung von Höfen. Dies ist die praktische Umsetzung der bereits in der Agenda 21 angelegten Entvölkerung der ländlichen Gebiete und der Konzentration aller Menschen in den Städten. Da Wohnraum dort aber dank der parallel künstlich geschaffenen Inflation und der forcierten Zuwanderung für immer mehr Menschen unbezahlbar wird, kann sich jeder selbst ausrechnen, was das finale Ziel des Ganzen ist.

Und weil das alles ohne großen Widerstand hingenommen wurde, schossen die üblichen Verdächtigen den nächsten Pfeil ins Herz der Menschheit ab und stellten ihren **Plan 50/50** vor. Ja, Sie haben es erraten: Ab 2050 sollen 50% der Land- und Seeflächen weltweit von einfachen Menschen nicht mehr betreten werden dürfen – so wollen es *Bill Gates*, *Ted Turner*, *Leonardo DiCaprio*, *Rockefellers UNO* und die rückgratlosen Pseudowissenschaftler, die ihnen attestieren, dass dies der einzige Weg wäre, *„das Leben auf Erden zu bewahren"*.

Dass die Umsetzung dieses Plans mit dem politischen Personal in Nordamerika und Europa durchaus realistisch ist, werden nur noch wenige bezweifeln. Falls Sie sich aber fragen, wie man ärmere Länder, die nun wirklich andere Sorgen als CO_2 haben, dazu bringt, bei alldem mitzuspielen, dann ist die Erklärung einfach: mit Geld, mit sehr viel Geld!

Ich möchte hier gar nicht darüber spekulieren, wo oder bei wem dieses Geld konkret landet, sondern mich lieber an die Fakten halten, denn die sind seltsam genug. In den 1980er-Jahren begründete der WWF von *Prinz Philip* und *Maurice Strong* ein Prinzip, mit dem armen Ländern deren Schulden abgekauft werden im Tausch gegen große Landflächen. Dies nennt man ***Debt-for-Nature-Swaps***, also *„Schulden-gegen-Natur-Tausch"*.

Der größte Investor oder Finanzabwickler in dem Bereich war interessanterweise die schweizerische Großbank ***Credit Suisse***, die im März 2023 von der UBS übernommen wurde, um eine Pleite zu verhindern. Ob sie sich wohl beim Umsetzen des Plan 30/30 verzockt hatten?

Ich möchte hier nicht zu sehr vom eigentlichen Thema abschweifen, aber parallel zur Übernahme der *Credit Suisse* wurde bekannt, dass sie zuvor im Jahr 2022 Ecuador Schulden in Höhe von 1,6 Milliarden Dollar abgenommen hatte im **Tausch gegen die Galapagos-Inseln.**[(100)]

Belize, einem winzigen Staat in Mittelamerika, hatte die *Credit Suisse* im selben Jahr Schulden in Höhe von 364 Millionen Dollar abgenommen, im Austausch für die Zusage des Landes, bis 2041 jährlich 4 Millionen Dollar für den **Schutz von 30% seiner Ozeane** auszugeben. Und dem kleinen Insel-Karibikstaat Barbados besorgten sie 150 Millionen Dollar, im Gegenzug für den **„Schutz" von 30% seiner Ozeane!**[(101)]

Fällt Ihnen etwas auf? Der „Great Reset", die Agenda 2030, der Plan 30/30 und in Folge der Plan 50/50 werden beinhart umgesetzt. Aber hatte irgendjemand in den Massenmedien im Zuge der Credit-Suisse-Pleite davon gesprochen? Nein, es wird nur das berichtet, was zur grünen Klima-Agenda passt und die vom WEF ausgesuchten Marionetten nicht in Bedrängnis bringt. Das ist auch verständlich, wenn man weiß, dass zahlreiche Regierungen, neben Bill Gates, die wichtigsten finanziellen Unterstützer der Traditionsmedien sind. Auf diese Weise können sie sich stets der positiven Berichterstattung sicher sein. So berichtete selbst die renommierte *Neue Zürcher Zeitung* am 23. April 2023, dass die Mainstream-Medien allein nur in Österreich im Jahr 2022 insgesamt 325 Millionen Euro mit meldepflichtiger Werbung und Förderungen gemacht hatten. Wer wundert sich da noch, dass es keine objektive Berichterstattung gibt:

> *„Österreichs Medien erhielten im letzten Jahr von den öffentlichen Stellen Inserate im Wert von gesamthaft über 200 Millionen Euro. Der Staat annoncierte dabei sehr oft Dinge, die schon bekannt waren. Der Zweck der Werbung war auch nicht Information, sondern vorwiegend Korruption."*[(102)]

Und weil wir gerade bei Schweizer Banken waren und es als Überleitung zum nächsten Kapitel passt, möchte ich an der Stelle darauf hinweisen, dass in der Schweiz am 18. Juni 2023 das Volk befragt wurde, ob es dem Vorbild Deutschlands folgen wolle. Nachdem es bei einer Volksabstimmung im Jahr 2019 über ein totales Verbot von Öl, Benzin,

Diesel und Erdgas ab dem Jahr 2050 noch „nein“ gesagt hatte, stimmten die Eidgenossen vier Jahre später eindeutig mit „ja“!

Was war geschehen? Nun, ich mutmaße, dass zwei Dinge den Ausschlag für diesen Stimmungswandel gaben: Zum einen die Corona-Inszenierung, die zu noch mehr Unterwerfung führte, und zum anderen das Versprechen, dass der Staat im Falle eines „ja“ sein Füllhorn über Unternehmen und Privathaushalte ausschütten würde:

> *„Die Schweiz will. Sie will mehr Klimaschutz, eine neue Mindeststeuer für Konzerne und das Covid-Gesetz noch etwas länger behalten... Das Volk stimmt dem Klimaschutzgesetz mit 59 Prozent zu. Mit dem neuen Gesetz gibt es unter anderem zusätzliche Fördermittel für den Heizungsaustausch... Die Nein-Kampagne sei überzeichnet gewesen und habe deshalb an Glaubwürdigkeit verloren. So seien unter anderem wissenschaftliche Studien falsch zitiert oder Zahlen aus dem Kontext gerissen worden. Der Abstimmungskampf der SVP war zu schrill... Nach der Abstimmungsniederlage wettert die SVP dennoch weiter. ‚Wir haben jetzt das strengste Reduktionsgesetz der Welt!‘, sagt Vizepräsidentin Magdalena Martullo-Blocher (53). Bis in acht Jahren müsse die Schweiz ihre CO_2-Emissionen halbieren.“*[208]
>
> Blick am 19. Juni 2023

Wissenschaft und Klima

Wir sprechen ganz allgemein sehr oft von „Wissenschaft“ oder „Wissenschaftlern“, aber was genau ist das eigentlich?

Die Antwort wird vielleicht überraschen, aber genau weiß das niemand, denn es gibt keine eindeutige Definition dafür. Und das ist sehr spannend, weil die meisten Menschen denken, Wissenschaft sei etwas Präzises, Zuverlässiges, Exaktes. Aber wie soll sie das sein, wenn es noch nicht einmal eine klare Definition davon gibt?

Grob gesagt gibt es drei Säulen in dem Bereich:

- das Schaffen oder Erlangen von Wissen mittels Beobachtung oder Forschung,
- das Festhalten, Niederschreiben, Veröffentlichen dieses gewonnenen Wissens,
- die Weitergabe des Wissens, also die Lehre (Schulen und Hochschulen).

Natürlich gibt es einige grobe Richtlinien, an die sich Menschen unbedingt halten sollten, wenn sie sich zum erlauchten Kreis der „Wissenschaftler“ zählen wollen. Damit das bedeutsam und sehr seriös klingt, muss man so etwas natürlich ganz besonders formulieren. Einige der Säulen wissenschaftlicher Arbeit habe ich hier hervorgehoben:

- **Falsifizierbarkeit:** „*Hypothesen müssen grundsätzlich so formuliert werden, dass sie überprüfbar sind und gegebenenfalls widerlegt werden können.*“ Man kann also nicht einfach irgendetwas behaupten.
- **Intersubjektivität:** Neutralität und Sachlichkeit beim wissenschaftlichen Arbeiten – die Erkenntnisse müssen unabhängig von persönlicher Meinung und eigenem Standpunkt auch für andere nachvollziehbar sein.

- **Reliabilität:** Die Zuverlässigkeit einer wissenschaftlichen Arbeit misst sich vor allem an ihrer formalen Genauigkeit.
- **Objektivität** bedeutet, dass weder die Forschenden noch andere Personen Einfluss auf die Durchführung der Erhebung oder der Auswertung der Daten nehmen. Anders ausgedrückt, darf ein Ergebnis nicht erkauft werden!

Nun, das sind schon recht hehre Ansprüche, die die Damen und Herren da offenbar an sich selbst stellen. Die Definition des deutschen Bundesverfassungsgerichts für „Wissenschaft" macht das Ganze noch interessanter:

> *„Wissenschaftliche Tätigkeit ist alles, was nach Inhalt und Form als ernsthafter planmäßiger **Versuch zur Ermittlung der Wahrheit** anzusehen ist."*(103)

„Wahrheit" ist ein großes Wort, aber wenn es nun schon mal in den Raum gestellt wird, dann fällt die Bilanz für das, was man uns als „Wissenschaft" verkaufen möchte, noch schlechter aus. Kann es sein, dass die moderne Wissenschaft komplett auf allen Ebenen scheitert, die Wissenschaftler sich alle selbst und uns betrügen?

> *„Geforscht wird, was bezahlt wird: Wie das mit der grundgesetzlich verbrieften Freiheit von Forschung und Lehre zu vereinbaren ist, mag dahinstehen."*(104)
>
> Professor Dr. Bernhard Wolf, Leiter des Steinbeis-Transferzentrums, bis 2016 Ordinarius am Heinz-Nixdorf-Lehrstuhl für Medizinische Elektronik an der TU München

Ernsthafte Wissenschaftler wissen um diese Problematik, und sie leugnen sie auch nicht. Die Namen der vermutlich besten Wissenschaftler auf diesem Planeten kennen wir wahrscheinlich alle nicht. Denn sie arbeiten in geheimen militärischen Forschungseinrichtungen, wo sie neben unvorstellbaren Geldmitteln auch geheime Informationen und die neusten und besten Geräte zur Verfügung haben. Doch da sie alle NDAs unterschreiben müssen, sich also vertraglich zu Stillschweigen verpflichteten, hören wir darüber nur sehr selten – meistens erst, wenn sie längst aus dem aktiven Dienst ausgeschieden sind.

Aber was ist mit dem Rest? Wie kann es sein, dass all die tausende von Wissenschaftlern im Klimabereich sich alle einig sind, dass wir an einer Erderwärmung schuld seien – und sind sie das überhaupt?

Weltweit sollen derzeit rund 7 Millionen Wissenschaftler tätig sein. Allein in Deutschland sind es demnach mehr als 210.000.[(105)] Wie man das genau quantifizieren kann, obwohl es keine exakte Definition des Begriffes gibt, sei an dieser Stelle dahingestellt. Wir können die Zahl als Richtwert dafür hernehmen, wie viele Menschen hier um die wenigen Gelder konkurrieren, die es in dem Bereich zu holen gibt.

Forschung findet entweder an öffentlichen Hochschulen, genauer an Universitäten statt oder aber in privaten wissenschaftlichen Einrichtungen. In der Theorie sollte die Wissenschaft frei sein, man nennt das die **„akademische Freiheit“**, die sogar in vielen Ländern im Grundgesetz oder in der Verfassung verankert ist. In der Praxis aber waren Forschende immer von denen abhängig, die ihre aufwendige Arbeit finanzierten – egal, ob das der Staat ist, der Steuermittel vergibt, oder ob es private Mäzene sind.

Diese privaten Gelder, sogenannte **„Drittmittel“**, werden fast ausschließlich zweckgebunden, für ganz bestimmte Projekte oder Forschungsbereiche befristet bereitgestellt. Wer zahlt, schafft an! Damit ist eines von vornherein klar: Wer auch in künftigen Jahren von seinem Gönner, oft selbsterkorene „Philanthropen“ wie Bill Gates oder die Rockefellers, finanziert werden will, muss ihm die entsprechenden Ergebnisse liefern, sonst wird der sich andere Protegés suchen. Wer erst einmal auf den Geschmack gekommen ist, wird in den meisten Fällen alles tun, damit die Fördergelder weitersprudeln, wie wir bereits zuvor am Beispiel Roger Revelles anschaulich gesehen haben.

Doch neben dem teilweise nachvollziehbaren wirtschaftlichen Druck, den viele Forschende verspüren mögen, gibt es noch etwas anderes, das im Bereich der Wissenschaft eine Rolle spielt, und das ist das große Ego mancher Beteiligter. Ich habe im Laufe meines Lebens einige Wissenschaftler aus unterschiedlichen Disziplinen kennengelernt, und die meisten von ihnen – wohlgemerkt nicht alle! – waren nicht gerade mitfühlende, empathische Zeitgenossen. Sie waren eher kühl, rational, ehrgeizig und ein wenig abgehoben.

Wie in vielen anderen Branchen auch, ist in der Wissenschaft der Konkurrenzdruck in den letzten Jahren deutlich härter geworden. Ähnlich wie bei „Influencern" die Zahl der „Follower" zählt, misst man Wissenschaftler heute an ihrem ***„Science Citation Index"*** (SCI).[(106)] Der gibt an, wie oft eine wissenschaftliche Arbeit von anderen Wissenschaftlern oder wissenschaftlichen Magazinen zitiert wurde. Je öfter ein Wissenschaftler von anderen zitiert wird, desto bedeutender ist er heute. Je öfter das Magazin, in dem er seine Forschungsergebnisse veröffentlicht, zitiert wird, desto wichtiger ist der Wissenschaftler. Daraus ergibt sich dann sein ***Impact Factor***, also eine Kennzahl, die darstellen soll, wie einflussreich und wichtig ein Wissenschaftler ist. Diese Kennzahl wird jährlich im ***Journal Citation Report*** veröffentlicht. Dabei geht es natürlich nicht nur (aber oft auch) um die Befriedigung des eigenen Egos, sondern darum, bekannter zu werden und mehr Forschungsgelder einzusammeln. Denn alle wollen den Superstar. Alle scharen sich um ihn wie die Motten ums Licht. Doch auch beispielsweise in der Kunst sind die finanziell erfolgreichsten Akteure nicht zwangsläufig die besten Künstler.

Es gibt mittlerweile vermutlich tausende wissenschaftliche Magazine, aber die wichtigsten, in denen jeder gerne einmal veröffentlichen würde, sind *Nature*, *Science* und *The Lancet*.

„Diese Magazine suchen Studien, die möglichst viel Aufmerksamkeit erregen. Das ist logisch, denn sie wollen Hefte verkaufen. Aber es verzerrt die wissenschaftliche Arbeit. Junge Forscher glauben, sie müssten auf Gebieten arbeiten, auf denen sie eine Sensation kreieren können. Zum Teil werden Themen aufgebauscht, bis es falsch wird... Der Druck, in renommierten Magazinen veröffentlichen zu müssen, führt auch dazu, dass Wissenschaftler betrügen. Spektakuläre Ergebnisse erhöhen die Chancen, dass eine Studie zur Veröffentlichung angenommen wird. Dafür gibt es viele Beispiele."[(107)]

Randy Schekman, Zellbiologe und Nobelpreisträger für Medizin

Und so wie jeder Journalist weiß, dass er nur weiter Geld verdienen kann, wenn er das schreibt, was sein Geldgeber hören will, so weiß das auch jeder Wissenschaftler. Und die weltweit mit Abstand größten Geldgeber im Bereich der Wissenschaft sind die *Bill & Melinda Gates Foundation* und die *Rockefeller Foundation*. Wer ihre Aufmerksamkeit und ihr Geld will, muss um jeden Preis auffallen, und wer einmal ihre Gunst erworben hat, wird meist alles tun, um sie zu behalten.

Damit ist die grobe Richtung bereits klar vorgegeben. Für die Feinabstimmung sorgen dann deren zahlreiche verlängerte Arme in den Medien, der Politik und in den zahlreichen „Denkfabriken". Sie machen uns glauben, dass die gekauften drittklassigen Wissenschaftler, die in Talkshows und Zeitungsinterviews zu den Themen Pandemie oder Klima sprechen dürfen, das A-Team wären. In einer normalen Welt aber würden die meisten von denen in der Bedeutungslosigkeit versinken.

Dafür gibt es kaum ein besseres Beispiel als den *„Intergovernmental Panel on Climate Change"* (***IPCC***), auf Deutsch oft als **„Weltklimarat"** bezeichnet. Hauptaufgabe des IPCC soll es sein, *„Risiken der globalen Erwärmung zu beurteilen sowie Vermeidungs- und Anpassungsstrategien zusammenzutragen"*. In Wahrheit ist es, etwas hart formuliert, so etwas wie das Klima-Propaganda-Ministerium der UNO.

Wer im Internet dazu recherchiert, bekommt schnell den Eindruck, dass hier die Elite der Klimawissenschaftler versammelt sei, dass es sich also um einen beeindruckenden Expertenrat handle. Bei Wikipedia etwa wird der IPCC als *„der Goldstandard der Klimaforschung"* bezeichnet, was schlicht und ergreifend gelogen ist. Das Gegenteil ist der Fall, denn die wahren Experten haben diesem Dilettanten-Verein alle sehr schnell den Rücken gekehrt. Der Entomologe *Prof. Paul Reiter* vom *Pasteur Institut* in Paris hatte zu Anfang selbst beim IPCC mitgearbeitet, ehe er sich von der Gurkentruppe distanzierte, was gar nicht so einfach ist, wie er beschreibt:

„Die Behauptung, der IPCC würde aus den top-1.500 oder top-2.500 Wissenschaftlern bestehen, ist schlichtweg nicht wahr, wenn man sich die Biografien ansieht. Viele von denen sind überhaupt keine Wissenschaftler... Diejenigen, die wirklich Spezialisten sind, aber der Polemik (des IPCC) widersprechen und sich deshalb davon distanzieren, werden einfach trotzdem namentlich auf die Autorenliste der Berichte gesetzt – und ich kenne einige davon."[(108)]

Prof. Paul Reiter, IPCC und Pasteur Institut Paris

Tatsächlich finden sich hunderte, ja tausende namhafte, ernst zu nehmende Wissenschaftler, die dem IPCC und seiner Behauptung vom anthropogenen Klimawandel vehement widersprechen. Nur bekommt man das da draußen kaum mit, weil die Massenmedien alle etwas völlig anderes propagieren.

„Der IPCC ist wie alle UNO-Abteilungen politisch, seine Schlussfolgerungen sind politisch motiviert! Das ist eine gewaltige Industrie geworden. Und wenn dieses ganze Erderwärmungs-Gebilde zusammenbricht, dann werden ziemlich viele Menschen ihren Job verlieren..."[(109)]

Prof. Philip Stott war Professor für Biogeografie, University of London

Das IPCC ist eine Propaganda-Maschinerie, deren Aufgabe es in Wahrheit ist, die Agenda einiger US-Milliardäre mit aller Gewalt durchzudrücken. Sie benutzen Pseudowissenschaftler wie *Dr. Michael Mann*, um Modelle zu erstellen, die etwas beweisen sollen, was nicht zu beweisen ist – und mit den Jahren ist diese klare ideologische Ausrichtung immer mehr Wissenschaftlern aufgefallen und aufgestoßen. Deshalb haben sich nach und nach die meisten seriösen Wissenschaftler aus dem IPCC und seinem Dunstkreis zurückgezogen. Das ist zwar verständlich, führte aber dazu, dass nun die Betrüger und Dilettanten das Feld alleine bestellen und schalten und walten können, wie sie wollen. Sie bekommen zwangsläufig sehr viel Aufmerksamkeit, was die Öffentlichkeit und letztlich vermutlich auch die Drittklassigen selbst glauben macht, dass es sich hier um ernsthafte, gute Wissenschaftler handeln würde.

> ***„Maurice Strong spielte eine einzigartige und entscheidende Rolle bei der Globalisierung der Umweltbewegung.*** *Er leitete die historische Konferenz der Vereinten Nationen über die menschliche Umwelt, die im Juni 1972 in Stockholm, Schweden, stattfand. Dies war die erste internationale Konferenz zu Umweltfragen, die zur Gründung des UN-Umweltprogramms (UNEP) führte. Sechs Monate später wurde er von der Generalversammlung der Vereinten Nationen zum ersten Exekutivdirektor des UNEP am Hauptsitz in Nairobi, Kenia, gewählt, eine Position, die er bis 1975 innehatte.“*[110]
>
> UN-Umweltprogramm

Als Chef des UNO-Umweltprogramms gründete Strong im November 1988 den IPCC gemeinsam mit der *Weltorganisation für Meteorologie* (WMO), um *„für politische Entscheidungsträger den Stand der wissenschaftlichen Forschung zum Klimawandel in ihren* ***regelmäßigen*** *Sachstandsberichten zusammenzufassen mit dem Ziel, Grundlagen für wissenschaftsbasierte Entscheidungen zu bieten, ohne dabei Handlungsempfehlungen zu geben“*.[111]

Diese Beschreibung ist bemerkenswert. Denn die daraus abgeleiteten vereinfachten **„Zusammenfassungen für politische Entscheidungsträger"** werden heute von allen westlichen Regierungen als Rechtfertigung für all ihr schändliches Handeln herangezogen – und das, obwohl mehrfach bewiesen ist, dass die Grundlage dieser Berichte seit Jahrzehnten gefälschte wissenschaftliche Daten sind.

> *„Der IPCC-Prozess wird eher von der Politik als von der Wissenschaft vorangetrieben. Es verwendet Zusammenfassungen, um die Aussagen von Wissenschaftlern falsch darzustellen. Sie verwendet eine Sprache, die für Wissenschaftler und Laien unterschiedliche Bedeutungen hat. Sie nutzt die Unwissenheit der Öffentlichkeit über quantitative Fragen aus. Sie nutzt aus, worauf sich Wissenschaftler einigen können, und ignoriert Meinungsverschiedenheiten, um die Agenda der globalen Erwärmung zu unterstützen. Und sie übertreibt... die Autorität unbedeutender Wissenschaftler."*(209)
>
> Dr. Richard S. Lindzen, einer der weltweit renommiertesten Atmosphärenphysiker und Hauptautor des IPCC-Sachstandsberichts 2001, im Juni 2001

John Christie, Professor für Atmosphärenwissenschaften an der University of Alabama, war ebenfalls federführender Autor des IPCC-Sachstandsberichts von 2001, ehe auch er sich davon distanzierte:

> *„Ich höre immer wieder, dass es einen Konsens unter tausenden von Wissenschaftlern bezüglich des Erderwärmungs-Themas geben soll, dass die Menschen schuld an katastrophalen Veränderungen im Klimasystem sein sollen. Nun, ich bin einer von den Wissenschaftlern – und es gibt viele davon –, die der Meinung sind, dass das einfach nicht wahr ist!"*(112)

Die bekanntesten Aussagen der früheren IPCC-Berichte sind nachweislich Lügen und Fälschungen. Das ist Junk-Science, also „Müll-Wissenschaft".

Im Jahr 2019 wurde die Klage eines der wichtigsten Autoren der IPCC-Berichte, *Dr. Michael Mann*, gegen einen Kollegen, Dr. Tim Ball, abgewiesen. Ball hatte behauptet, Michael Mann sei ein wissenschaftlicher Betrüger, was er nun weiterhin zu Recht behaupten darf. Warum erwähne ich das?

1999 hatte Michael Mann die Klima-Geschichte umgeschrieben, indem er behauptete, die globalen Temperaturen wären die letzten tausend Jahre über fast konstant gewesen und erst seit Ende des 19. Jahrhunderts aufgrund der wachsenden Bevölkerungszahl angewachsen. Dies präsentierte er in einem Diagramm, das dann wie ein Hockeyschläger aussah. Das war natürlich völlig absurd, weil er damit nicht nur die *Kleine Eiszeit* ab dem 15. Jahrhundert unterschlagen hatte, sondern vor allem die davor stattgefundene *Mittelalterliche Warmzeit*, während der es in Europa wesentlich wärmer war als heute.

Er täuschte bewusst, nur um eine möglichst eindrucksvolle vermeintlich wissenschaftliche Grafik zu liefern, die belegen sollte, dass es früher immer ein konstantes Klima gab, dass sich erst mit der Industrialisierung Ende des 19. Jahrhunderts veränderte. (siehe Abb. 32) Damit biederte er sich an die Geldgeber an wie ein Hund, der Kunststückchen vollführt, um ein Leckerli zu bekommen. Und er bekam es.

Seine **„Hockeyschläger-Theorie“** gefiel denen so gut, dass sie Michael Mann zu einem der Hauptautoren des 2001 erschienenen dritten „Sachstandsberichtes“ des IPCC machten. Und auf diesen völlig falschen Bericht bauten dann wiederum alle weiteren der folgenden Jahre auf.[(113)] [(114)] Der „IPCC-Star“ *Michael Mann* ist ein Betrüger, und *Dr. Ball* hatte recht, als er sagte, dass er *„dafür im Knast sein sollte!“*.

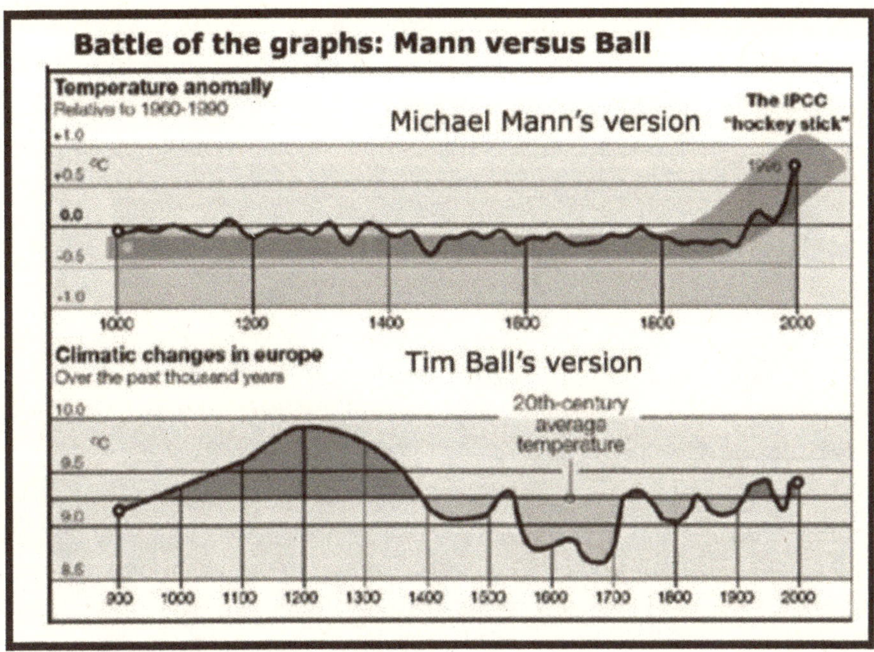

Abb. 32: Michael Manns gefälschte Hockeyschläger-Kurve (oben) unterschlägt die mittelalterliche Warmzeit und ist ein Lehrstück wissenschaftlichen Betrugs. Im Vergleich dazu unten die wahre Temperaturentwicklung über die letzten tausend Jahre, dargestellt von Tim Ball.

Aber das war nicht das einzige Problem mit dem IPCC, das mittlerweile in alle Belange unseres Lebens hineinregiert. Viele der aktuellen Klima-, also Wetter-Daten, die in diese Sachstandsberichte einfließen, stammen von der Klima-Abteilung (Climate Unit) der ***University of East Anglia.*** Im November 2009 war es Computer-Hackern gelungen, den Rechner der University of East Anglia zu knacken. Sie veröffentlichten Daten, die belegten, dass die Universität dreizehn Jahre lang Zahlen gefälscht hatte, damit sie zu der Behauptung passen würden, dass es eine vom Menschen verursachte Erderwärmung gäbe. Man hätte *„Tricks"* benutzt, um den Rückgang der Temperaturen der letzten 20 Jahre *„zu verstecken"*, schrieb der Direktor der Klimaforschungs-Abteilung Philip (Phil) Jones in E-Mails an Kollegen. Er gab also zu, dass es seit den 1980er-Jahren zu keiner deutlichen globalen Erwärmung mehr gekommen war. All das ist belegt und öffentlich zugänglich, aber wer heute im Internet danach sucht, wird zuerst einmal hunderte Eintragungen von vermeintlichen „Faktencheckern“ finden, die behaupten, dass es den sogenannten **„Climate-Gate“-Skandal** nie gab, weil Jones’ Aussage aus dem Zusammenhang gerissen sei. Nun, Revisionismus steht beim IPCC und all seinen Mitstreitern offenbar hoch im Kurs, auf jeden Fall deutlich höher als die Wahrheit.

Jedenfalls wurde der bis dahin weltweit benutzte Begriff **„Erderwärmung“** im Jahr 2010 auf einmal durch das Wort **„Klimawandel“** ersetzt. Sicherlich wie alles andere auch purer Zufall.

Wenn Ihnen das neu war, dann haben Sie vermutlich auch noch nicht von **„Climate-Gate 2.0“** gehört, richtig? Nun, zwei Jahre später, im November 2011, wurden weitere 5.000 E-Mails aus den Computern der *University of East Anglia* veröffentlicht, die zeigen, dass offenbar alle an den IPCC-Berichten beteiligten Wissenschaftler sich des Daten-Betrugs bewusst waren – und nur wenige dabei nicht mitspielen wollten. Sie beweisen auch, dass allen Beteiligten klar ist, dass sie hier Politik machen und nicht Wissenschaft betreiben.[(115)] [(116)] So schreibt etwa *Peter Thorne*, Klimatologe, Professor für Physische Geografie und Hauptautor des 6. IPCC-Berichts, in einer E-Mail an Kollegen:

> *„Die Beobachtungen zeigen nicht, dass die Temperaturen in der gesamten tropischen Troposphäre steigen, es sei denn, man akzeptiert eine einzige Studie und einen einzigen Ansatz und lässt eine Vielzahl anderer außer Acht. Das ist geradezu gefährlich. Wir müssen die Unsicherheit kommunizieren und ehrlich sein... Ich glaube auch, dass die Wissenschaft manipuliert wird, um ihr einen politischen Anstrich zu geben, was auf lange Sicht vielleicht nicht sehr klug ist.“*[(117)]

Nein, klug ist das nicht. Auch nicht seriös. Aber weil er und unzählige seiner Kollegen so brav mitspielen, geht der Betrug immer weiter und hat immer extremere Auswirkungen auf mehrere Milliarden Menschen.

Und damit kommen wir zu meiner uneingeschränkten Nummer 1 in der Hitliste der dreistesten Lügner und Betrüger aller Zeiten im Bereich der Klimawissenschaft. Diese Ehre gebührt eindeutig ***John Cook***. Er ist der Lump, dem es zu verdanken ist, dass heute ein großer Teil der westlichen Bevölkerung zu wissen glaubt, dass 97% aller Wissenschaftler weltweit sich einig seien, dass der „Klimawandel" (wie die „Erderwärmung" nun plötzlich hieß) vom Menschen verursacht sei.

Am 15. Mai 2013 veröffentlichte der australische Doktorand namens *John Cook* zusammen mit acht weiteren Klima-Aktivisten einen Bericht mit dem Titel „*Quantifying the consensus on anthropogenic global warming in the scientific literature*" (*Quantifizierung der Einigkeit über die anthropogene Erderwärmung in der wissenschaftlichen Literatur*).

Cook und seine Kollegen durchforsteten also im Jahr 2013 nach eigenen Angaben 12.465 wissenschaftliche Publikationen aus den letzten 21 Jahren auf Hinweise zu den Themen „globale Erderwärmung" und „globaler Klimawandel". Damit wollten sie die Frage klären, wie viele Wissenschaftler denn der Meinung wären, dass eine Erderwärmung stattfand und vom Menschen verursacht wurde. Die Untersuchung kam im Endbericht zu dem spektakulären Ergebnis, dass **97,1% der ausgewerteten wissenschaftlichen Arbeiten einer vom Menschen verursachten Erderwärmung zustimmten.**

John Cook ist Betreiber der Internetseite *Skeptical Science*, deren Mission es war und ist, jedermann davon zu überzeugen, dass der Mensch schuld ist am Klimawandel – wobei der Name, der übersetzt „Kritische Wissenschaft" bedeutet, eigentlich das Gegenteil suggeriert.

Das kommt vermutlich nicht von ungefähr, denn Cook war Doktorand der „Cognitive Science“, einer jungen Sparte in der Wissenschaft, die dem Studium von Gehirn und Geist gewidmet ist. Es geht dabei also, nach meiner freien Übersetzung, um die Frage: Wie tickt der Mensch, und wie kann man ihn beeinflussen, anders zu ticken? Also, um das festzuhalten: John Cook hat keine Ahnung von Physik oder Meteorologie! Er ist Manipulations-Spezialist!

Das Papier von John Cook et al. hätte aufgrund von Form und Inhalt eigentlich nie veröffentlicht werden dürfen. Jedes Magazin hätte sofort gegen ihn Strafanzeige stellen müssen. Aber die Studie war so spektakulär, dass sie veröffentlicht wurde und einschlug wie eine Bombe. Das war genau das, worauf alle gewartet hatten: *„97 Prozent aller Wissenschaftler sind sich einig...!“* Eine bessere, simplere, eingängigere und griffigere Botschaft konnte es nicht mehr geben. Diesen Slogan konnte jeder auch noch so stumpfe Mensch behalten.

Am nächsten Tag twitterte bereits US-Präsident Obama darüber, und dadurch wurde die größte Lüge aller Zeiten in den Medien zu einer wissenschaftlichen Tatsache verdreht.

Elon Musk, Al Gore, David Cameron – alle zitierten den Bericht, da er ihrer Agenda gerade perfekt in die Karten spielte. Medien rund um den Globus verbreiteten den Slogan von der *„97%igen Einigkeit“*, und der ehrgeizige, aber bis dahin unbekannte Kognitiv-Wissenschaftler John Cook wurde (zumindest für kurze Zeit) zu einem Superstar. Der Bericht wurde weltweit mehr als eine Million Mal heruntergeladen. Die Sache war ein Riesenerfolg. Sie hatte nur einen entscheidenden Haken: Sie war komplett erstunken und erlogen! Die 97%ige Einigkeit von Wissenschaftlern zu dem Thema hatte es nie gegeben. Sie beruhte auf einem ganz simplen, aber üblen Rechentrick, was relativ schnell auffiel, aber die Laune nur kurzzeitig trübte.

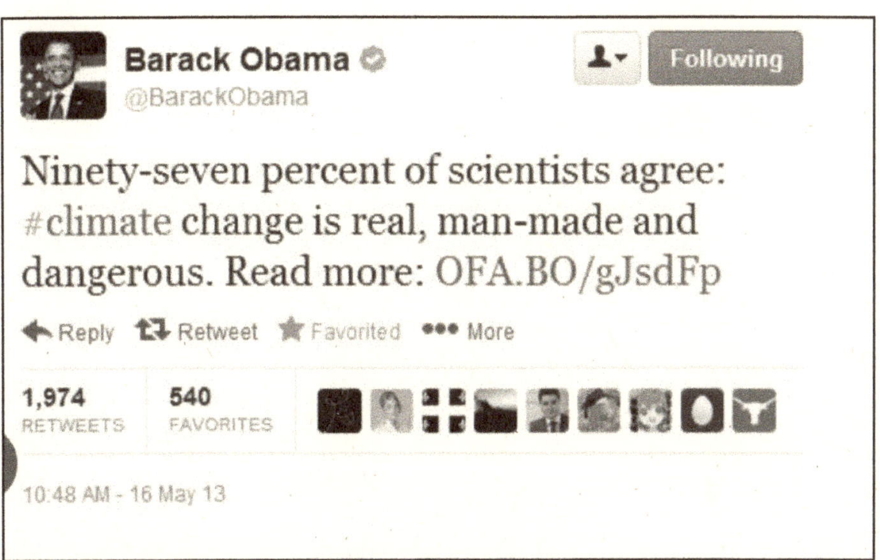

Abb. 33: US-Präsident Obama verbreitete die 97-Prozent-Lüge in alle Welt.

Selbst der *Spiegel* berichtete noch im Jahr 2014 etwas zögerlich darüber, dass Cooks wissenschaftliche Arbeit *„nicht ganz sauber war“*. Doch der *„gute Zweck“* scheint alle Mittel zu heiligen: Cooks Klima-Aktivisten hatten sich etwas zusammengebastelt, das keine seriöse Peer-Review hätte durchgehen lassen dürfen. Eigentlich hätte er dafür wegen Betrugs angezeigt werden müssen. Das nämlich war das eigentliche Ergebnis der Studie von Cook et al. (2013):

- In Wahrheit hatten von den über 12.000 ausgewerteten Arbeiten zu dem Thema „Klimawandel“ **NUR 0,54% einen „Klimakonsens“** (Der Mensch ist ursächlich schuld!) **ausdrücklich bejaht.**
- 7,72% räumten zwar einen menschlichen Einfluss auf die Erderwärmung ein, wollten sich aber nicht auf den genauen Umfang festlegen.

- In 24,36% der ausgewerteten Arbeiten wurde das Wort „Treibhausgaseffekt“ erwähnt, was man einfach als Zustimmung wertete.
- In 66,39% der Arbeiten fand sich keinerlei wie auch immer geartete Aussage zum Einfluss des Menschen auf das Klima!
- 0,33% äußerten sich skeptisch zu einem Einfluss des Menschen auf den Klimawandel,
- 0,45% deuteten an, dass der Mensch zumindest keinen großen Einfluss auf das Klima haben kann,
- 0,13% hielten den Einfluss des Menschen ausdrücklich für minimal und
- 0,08% widersprachen einem „Klimakonsens“ völlig.

Der weitaus größte Teil der untersuchten Arbeiten stammte noch aus der Zeit vor dem *Climate-Gate-Skandal*, also von vor 2009. Alle Autoren der Studien waren daher davon ausgegangen, dass die (gefälschten) Zahlen der *University of East Anglia*, die vom „Weltklimarat“ IPCC verbreitet wurden, auch der Wahrheit entsprachen. Trotz dieser nach oben „korrigierten“ Temperaturwerte fanden sich in nur 0,54% aller wissenschaftlichen Arbeiten Aussagen darüber, dass der Mensch definitiv am Klimawandel schuld sei. In 2/3 aller Arbeiten fand sich überhaupt keine Aussage zu der Fragestellung eines menschlichen Einflusses auf das Klima, was sie als Zustimmung werteten, weil der These nicht explizit widersprochen wurde! Im Endergebnis gaben die Betrüger dann schließlich an, dass 97% aller Wissenschaftler sich einig waren! Das ist so unglaublich, dass man dafür kaum Worte finden kann!

Doch zahlreiche Lehrer hämmern bis heute Millionen von Kindern rund um den Erdball ein, dass 97% aller Wissenschaftler sich darin einig seien, dass sie dem Klima und der Erde schaden würden. Wen wundert es da noch, wenn heute viele junge Menschen so verzweifelt sind, dass sie ihre einzige Chance auf eine Zukunft darin sehen, sich irgendwo festzukleben?

Wir erinnern uns an den Anfang dieses Kapitels, an die hehren Ansprüche, die Wissenschaftler angeblich an sich selbst stellen, an Falsifizierbarkeit, Reliabilität und Objektivität. In Wahrheit ist jene Wissenschaft, die im Fokus der Öffentlichkeit steht, heute nichts anderes als die Quacksalber, die früher auf Jahrmärkten irgendwelche angeblichen Wunder-Tinkturen verkauften. Das ist gemeiner, selbstsüchtiger und hinterhältiger Betrug.

An jedem IPCC-Bericht arbeiten immer wieder aufs Neue hunderte Pseudo-Wissenschaftler und tausende Bürokraten mit, die alle ideologisch auf Linie mit den Eugenikern sind. Die Lüge vom anthropogenen Klimawandel ist eine Multi-Milliarden-Industrie geworden, in der hunderttauende von Menschen ihr Geld verdienen. Sie bezahlen damit ihre Häuser und ihre Autos, sie schicken ihre Kinder in teure Schulen und lassen sich als „Experten“ feiern und schwatzen dummes Zeug in Talkshows.

Ich habe dieses Zitat schon mehrmals gebracht, und ich werde es weiterhin bringen, so lange bis es nicht mehr nötig ist:

> „*Ich gehe von der Annahme aus, dass die Welt verkehrt herum ist, dass die Dinge alle falsch sind, dass die falschen Leute im Gefängnis sind und die falschen Leute frei sind, dass die falschen Leute an der Macht sind und die falschen Leute ohne Macht sind, dass das Vermögen in diesem Land und auf der Welt so verteilt ist, dass es keine kleine Reform benötigt, sondern eine drastische Umverteilung. Ich gehe von der Annahme aus, dass wir nicht groß darüber reden müssen, denn alles, was wir nur tun müssen, ist, über den heutigen Zustand der Welt nachzudenken, um zu erkennen, dass alles auf dem Kopf steht.*“[118]
>
> Howard Zinn, Historiker

Jeder, der möchte, kann sich die Arbeit von John Cook et al. im Internet kostenlos ansehen. Jeder, der das möchte, kann mittels der Links, die ich am Ende des Buches akribisch aufliste, weiter zum Thema „Climate-Gate“ und zu den falschen IPCC-Berichten forschen und dabei feststellen, dass alles auf dieser Welt heute ein einziges gigantisches Lügenkonstrukt ist – und wir werden es nur dann zum Einsturz bringen, wenn wir das vollumfänglich begreifen und endlich danach handeln.

Im September 2019 hatten mehr als 500 europäische Klimawissenschaftler einen offenen Brief mit dem Titel ***„Europäische Klimaerklärung“*** unterschrieben, unter ihnen auch der Chemiker, SPD-Politiker und frühere Hamburger Umweltsenator *Professor Fritz Vahrenholt*. Darin forderten sie die Rückkehr zu einem wissenschaftlichen und sachlichen Umgang mit der Klimapolitik.

Wussten Sie, dass im August 2022 mehr als 1.200 Klimaexperten aus der ganzen Welt die ***World Climate Declaration*** unterschrieben, darunter auch der norwegische Physik-Nobelpreisträger *Professor Ivar Giaever*? In der Erklärung halten sie fest, dass die bekannten Klima-Modelle viele Mängel aufweisen und keine wissenschaftlichen, sondern politische Instrumente sind. Sie streichen zudem hervor, dass **die Anreicherung der Atmosphäre mit CO_2 kein Problem, sondern sogar ein Vorteil ist** und lehnen deutlich die für 2050 vorgeschlagene schädliche und unrealistische Null-CO_2-Politik ab.

Es gibt also offenbar tausende anständige und seriöse Wissenschaftler, die aber leider viel zu wenig Gehör finden. Daher ist es an uns, dafür zu sorgen, dass ihre Stimmen in der Welt gehört werden und die Betrüger so bald wie möglich ihrer gerechten Strafe zugeführt werden.

Zur Erklärung: Alle Modelle, die man mit mehr als sieben oder acht Variablen füttert, verhalten sich chaotisch. Sie können also kein vernünftiges Ergebnis liefern. Das gilt insbesondere für **Klima-Modelle**, da wir es beim Wetter mit sehr viel mehr Faktoren zu tun haben. Also muss man ein solches Modell immer in eine gewisse Richtung lenken, indem man bestimmte Daten besonders gewichtet, sonst würde bei jeder neuerlichen Wiederholung der Berechnungen immer ein anderes Ergebnis herauskommen. Kurz gesagt MÜSSEN die jeweiligen Modell-Ersteller dem mathematischen Programm im Grunde vorgeben, zumindest in etwa, was am Ende herauskommen soll.

Das Klima-Geschäftsmodell

Im Grunde funktionieren alle Religionen oder genauer gesagt die Kirchen gleich. Es gibt einen Gott, seine Vertreter auf Erden, und es gibt viele sündige Schäfchen, die von ihnen auf den Pfad der Tugend gebracht werden müssen. Dafür braucht es Verbote, also klare Regeln, die unter allen Umständen eingehalten werden müssen. Dafür sorgen immer die schwachen Gemeindemitglieder, denn mangels innerer Stärke brauchen sie dringend den Halt des Regelwerkes, ohne das sie verloren wären. Aus Angst vor dem Verlust dieser für sie wichtigen Strukturen sorgen sie dafür, dass alle anderen sich dann ebenfalls daran halten. Und wenn das nicht ausreicht, bleibt immer noch die Drohung mit der ewigen Verdammnis.

Doch es geht nicht nur um Regeln und um Macht, es geht vor allem ums Geld. Die alteingesessenen Kirchen nehmen ihren Schäfchen monatlich einen prozentualen Betrag von deren Gehalt ab, bei vielen Sekten müssen die Mitglieder sogar ihr gesamtes Vermögen dem Vertreter Gottes auf Erden abgeben, und die Gemeinschaft sorgt dann für sie – auf die eine oder andere Weise.

Die moderne „Klima-Bewegung“ ist nichts anderes als eine Sekte. Als die Katholische Kirche Ende des 20. Jahrhunderts an Macht und Bedeutung verlor, gab man den Orientierungslosen eine neue Religion, die auf den alten Prinzipien von Schuld, Vergebung und Ablass beruhte, aber etwas moderner und zeitgemäßer aufbereitet war. Die Zerschlagung der *Occupy-Bewegung* und die Schauermärchen des *IPCC* trieben ihnen zahlreich die Schäfchen ins Gatter. Und wie bei anderen Religionen und Sekten auch, konnten die besonders Fleißigen eine Abkürzung in den Himmel nehmen, wenn sie ihr Leben für den rechten Glauben gaben.

> *„Vor vier Jahren gründeten ehemalige Occupy-Leute und andere in England die Kapitalgesellschaft ‚Compassionate Revolution Limited'. Diese Kapitalgesellschaft finanzierte erst die Kampagne Rising Up, und als die nicht erfolgreich war, gründeten sie Extinction Rebellion (XR). Diese Kapitalgesellschaft steht heute im Impressum von Extinction Rebellion Deutschland. Die beiden maßgeblichen Gründer sind Roger Hallam (53) und Gail Bradbrook (47)... Die beiden und ihre mindestens zwei Dutzend Unterstützer*innen aus Konzernen und Stiftungen zogen XR wie ein großes PR-Projekt auf... Hierarchie, Intransparenz, Gurus und esoterische Ideologie satt... Überall finden sich bei Extinction Rebellion Todesdrohungen. Gail Bradbrook sagt:* ***‚Einige von uns müssen bereit sein zu sterben!'*****"**[119]
>
> *Jutta Ditfurth*, Grünen-Politikerin und Aktivistin in der *Frankfurter Rundschau*, 3. Dezember 2019

Die Designer dieser neuen Religion haben aus den Fehlern der alten gelernt, denn nun ist es nicht mehr möglich, der Kirchensteuer durch ein Ankreuzen des Kästchens „Konfessionslos" zu entgehen. Nein, nun müssen alle bezahlen, auch die Klima-Atheisten. Und das wird teuer, denn das Geschäftsmodell ist extrem clever und extra kompliziert erdacht worden. Ich versuche das Prinzip, so wie ich es verstehe, mit einfachen Worten zusammenzufassen.

Da gibt es einerseits die **CO_2-Steuern**. Die sind eigentlich keine richtigen Steuern, sondern eher ein nationaler Emissionshandel. Da hier aber nichts als das bezeichnet wird, was es wirklich ist, ist das dann doch wieder eine runde Sache. Diese CO_2-Steuern sind zum Teil eine nationale Angelegenheit, und sie fallen mittlerweile (zusätzlich zu allen anderen bestehenden Steuern) vor allem auf Treibstoff und Gas an, aber auch beispielsweise auf Flugtickets. In Deutschland gibt es seit Kurzem auch einen CO_2-Aufschlag auf die LKW-Maut, was die Kosten für die Spediteure bis zum Jahr 2024 verdoppeln soll, was wiederum alle transportierten Waren teurer macht und somit die Inflation noch weiter anfacht. Präziser kann man Geld volkswirtschaftlich organisiert nicht mehr von unten nach oben umverteilen.[(120)]

Kombiniert wird das Ganze noch mit den Vorgaben aus dem **Kyoto-Protokoll**, dem **European Green Deal**, der **Agenda 2030** und den Richtlinien des IPCC für **„National Greenhouse Inventories"**, die ebenfalls alles teurer machen.

Irgendwie hängt das alles mit dem internationalen **Emissionsrechtehandel** zusammen, der offiziell dazu geschaffen wurde, unseren CO_2-Ausstoß zu reduzieren. In Wahrheit geht es dabei aber auch nur um die Kohle – also ums Geld!

Doch der Reihe nach: Seit Kurzem müssen Firmen, später dann auch Privatpersonen, für alles, was sie an Nichtsichtbarem ausstoßen, Strafe bezahlen. Da geht es nicht nur um CO_2, sondern um alle angeblichen „Treibhausgase" wie Lachgas oder Methan. Nein, das ist nicht zum Lachen. Falls Sie sich nun nämlich fragen, wie das irgendjemand messen kann, so ist die Antwort einfach: gar nicht! Da es keine Treibhausgase gibt, kann man sie auch nicht messen, also werden sie geschätzt, in Form von **Tonnen CO_2-Äquivalent**. Zum Glück gibt es dafür Firmen, die so nett sind, das für uns zu übernehmen.

Der **Emissionsrechtehandel** beruht darauf, dass vor einigen Jahren eine bestimmte begrenzte Anzahl von CO_2-Äquivalent-Zertifikaten, kurz **„CO_2-Zertifikate"** genannt, ausgegeben wurden. Dank des großen internationalen Drucks durch den IPCC und den Rest der weit verzweigten grünen Lobby wurden mehr und mehr Länder dazu genötigt, erpresst oder überredet, an diesem Handel teilzunehmen. Vor einigen

Jahren noch waren diese Zertifikate kostenlos. Sie wurden an die Firmen verschenkt, die früh genug auf den grünen nachhaltigen Zug aufgesprungen waren. Mittlerweile müssen die Firmen aber dafür bezahlen, und zwar von Jahr zu Jahr mehr.

Jene Firmen, die zu viele Zertifikate besitzen, handeln sie an dafür eigens gegründeten Börsen. Wir erinnern uns daran, dass *Al „eine bequeme Unwahrheit" Gore* mit seinen Firmen an diesen Börsen und somit am Handel beteiligt war oder immer noch ist.

Doch nun kommt der Clou, der das ganze große Geschäft noch spannender macht, denn künftig wird die Anzahl der Zertifikate jedes Jahr reduziert. Das bedeutet entweder, dass mehr und mehr Firmen auf moderne Produktionsverfahren umsteigen, die in der Berechnung der Klimasekte keine Treibhausgase ausstoßen, was enorme Investitionen voraussetzen würde, oder aber, dass künftig einfach weniger von allem produziert werden kann. Auf jeden Fall bedeutet es, dass alles noch teurer wird, weil Firmen den finanziellen und logistischen Mehraufwand den sie durch all die Maßnahmen haben, an die Kunden weitergeben müssen, denn CO_2-Steuern und CO_2-Zertifikate sind noch nicht das Ende der Fahnenstange.

Neben den finanziellen Erpressungen werden Unternehmen heute auch auf der psychologischen Ebene erpresst. Denn um nicht ins Fadenkreuz linker woker Aktivisten zu geraten, müssen sie sich den Anschein erkaufen, „grün" zu sein. Auch dabei helfen ihnen jene Firmen, die auch ihren CO_2-Ausstoß berechnen. Das nennt man **„Greenwashing"**, also „Grünwaschen". Dabei bezahlen Firmen über dubiose Kanäle dafür, dass sie sogenannte grüne **„Umweltlabel"** auf ihre Produkte aufdrucken dürfen, die dann dem Verbraucher vorgaukeln, dass es sich um ein ökologisch und moralisch einwandfreies Produkt handelt – was jedoch in den meisten Fällen nicht beweisbar ist.

Nehmen wir beispielsweise die schweizerische Stiftung ***myclimate***, bei der Privatpersonen, Staatsstellen oder Unternehmen auf „freiwilliger" Basis „Klimatickets" erwerben können, wobei der Erlös dann an „Umweltschutzprojekte" weitergeleitet wird. Das Ganze ist mit dem schweizerischen Umweltbundesamt ebenso verbandelt wie mit der ***WWF Climate Group***. Auf ihrer Internetseite erklären sie allen leicht verständlich und logisch, wie die Welt funktioniert, hier am Beispiel des immer wieder gerne benutzten Begriffes der **„Netto-Null-Emissionen"**:

> *„Netto-Null bedeutet, dass alle durch Menschen verursachten Treibhausgas-Emissionen durch Reduktionsmaßnahmen wieder aus der Atmosphäre entfernt werden müssen und somit die Klimabilanz der Erde netto, also nach den Abzügen durch natürliche und künstliche Senken, Null beträgt. Damit wäre die Menschheit klimaneutral und die globale Temperatur würde sich stabilisieren."*[(121)]
>
> Myclimate

Was eine „stabilisierte globale Temperatur" bedeuten soll, wird indes nicht verraten, aber wer hat heute schon Zeit für Details?

Oder nehmen wir die im Jahr 2006 gegründete deutsche Firma ***ClimatePartner*** her, deren Gründer und Chef *Moritz Lehmkuhl* mit dem **WEF** verbandelt ist und heute 650 Mitarbeiter in 12 Ländern hat und uns freundlicherweise dabei hilft, *„unsere Emissionen zu berechnen, unseren CO_2-Fußabdruck zu reduzieren und das Klima zu schützen!"* Das ist das katholische Prinzip von Schuld und Absolution auf einem völlig neuen Niveau.[(122)] [(123)]

> *„ClimatePartner bietet die Berechnung und Reduktion von Treibhausgas-Emissionen, die bspw. bei der Produktion, Geschäftsreisen oder dem Fuhrpark verursacht werden, sowie deren **Kompensation** an. Bei der Kompensation stellt das Unternehmen Emissionsminderungszertifikate aus Klimaschutzprojekten, die u.a. mit dem **Gold-Standard***

oder dem ***Verified Carbon Standard*** *(VCS) zertifiziert wurden, zum Ausgleich von Treibhausgas-Emissionen bereit. ClimatePartner arbeitet mit Umweltverbänden wie dem* ***WWF*** *und dem* ***FSC-Deutschland*** (Forest Stewardship Council) *zusammen und stellt Mitglieder in verschiedenen internationalen Ausschüssen, darunter die* ***Greenhouse Gas Stakeholder Advisory Group*** *und unterschiedliche* ***DIN-Normenausschüsse.***"[124]

ClimatePartner Firmenprofil

Maurice Strong wirft also selbst nach seinem Tod im Jahr 2015 mit seinem WWF immer noch einen weiten Schatten, dem wir alle nicht entkommen können. Denn das ist nur ein ganzer kleiner Ausschnitt aus dem, was mittlerweile ein Geschäftszweig ist, der vermutlich bald den Menschen- und den Drogenhandel als weltweit größter Geschäftszweig überholen wird – wenn er es nicht schon hat.

Ich habe viel Erfahrung mit komplexer Recherche, aber der Sumpf, der sich vor einem auftut, wenn man sich all die vermeintlichen „Umwelt-Stiftungen" und grün angemalten NGOs näher ansieht, ist unvorstellbar tief, und ich war während des Schreibens mehrfach drauf und dran, alles hinzuschmeißen, weil es nahezu unmöglich ist, hier den Überblick zu behalten. Aber genau das ist mit dem komplizierten Geflecht und dem inhaltlosen Geschwafel aller Beteiligten gewollt – also tat ich ihnen den Gefallen nicht.

Beratung, Ablasshandel, Greenwashing und immer neue Regeln und Gesetze in dem Bereich sind für die meisten Firmen so kompliziert geworden, dass sie damit ohne externe Beratung nicht mehr klarkommen. Denn zu allem, was ich bisher ganz grob angerissen habe, kommen auch noch die **ESG-Regeln** hinzu.

Was das wiederum ist? Die Abkürzung „ESG" steht für die Begriffe *Environmental*, *Social* und *Governance*:

- *Environmental* steht für die Umwelt, für Ökologie.
- *Social* soll „sozial" bedeuten, was seit Langem schon ein völlig ausgehöhltes Schlagwort geworden ist.
- *Governance* bedeutet Regierung oder Steuerung.

Zusammengefasst bedeutet ESG also die Steuerung mittels hohler Umweltthemen. Das betrifft in dem Fall vor allem große Firmen, deren buchhalterische Bewertung und deren Bonität mittlerweile an ESG geknüpft werden. Anders ausgedrückt: Je mehr sich eine Firma im ESG-Bereich betätigt, desto wertvoller und vertrauenswürdiger ist sie. Das ist beispielsweise relevant für die Vergabe von Krediten oder von Förderungen beziehungsweise Subventionen. Wer also Geld vom Staat oder von der Bank braucht, muss sich im ESG-Bereich hervortun. Aber was ist das genau?

> *„Mit dem EU-Aktionsplan zur Finanzierung nachhaltigen Wachstums hat das Thema Nachhaltigkeit verstärkt Einzug in das finanzielle Anlagemanagement erhalten. So sind u.a. institutionelle Anleger dazu angehalten, vermehrt Nachhaltigkeitsaspekte in den Entscheidungsprozess für Investitionen miteinzubeziehen.* ***Eine einheitliche Definition für Nachhaltigkeit existiert jedoch nicht.*** *Das ESG-Rating greift die Bewertung von nachhaltigen Anlagen (bzw. auch Unternehmen) auf.* ***Während die Bewertung klassischer Geldanlagen nach den ökonomischen Kriterien Rentabilität, Liquidität und Risiko erfolgt, werden nachhaltige Geldanlagen anhand ihrer Erfüllung der ESG-Kriterien bewertet.***"[(125)]
>
> komuno – *digitale Plattform für Kommunalkredite*

Alles klar? Unternehmen sollen nicht mehr betriebswirtschaftlich geführt werden, sondern nach Regeln, für die es keine genaue Definition gibt. Damit wird auch der letzte kleine Rest von „Freier Marktwirtschaft" eliminiert. Das ist die gezielte Zerstörung des Wirtschaftsstandortes Europa.

Nicht vergessen: Es geht immer noch ums Klima, um das Retten der Welt, und niemand sagte, dass das einfach würde. Doch Gott sei Dank gibt es kompetente Firmen, die uns da durchführen und uns das alles leicht verständlich erklären können. Also schauen wir doch einmal, was die Firma ***Deloitte***, die umsatzstärkste Management- und Strategieberatungsfirma und Wirtschaftsprüfungsgesellschaft der Welt, dazu zu sagen hat:

> Für den „*... Übergang des* ***ESG****-Themas in den Verantwortungsbereich von CFOs... ist es dabei insbesondere wichtig, dass ein unternehmens-individuelles* ***Nachhaltigkeitsnarrativ*** *entwickelt wird,* ***das die Zukunftsfähigkeit des Geschäftsmodells am Kapitalmarkt vermittelt...***“(126)

Ein *CFO* (*Chief Financial Officer*) ist jemand, der in einer Firma bislang für die Finanzen verantwortlich war und nun auch für die Entwicklung eines Nachhaltigkeitsnarrativs verantwortlich ist, was Wikipedia folgendermaßen erklärt:

> *„Als* ***Narrativ*** *wird seit den 1990er-Jahren eine sinnstiftende Erzählung bezeichnet, die Einfluss auf die Art hat, wie die Umwelt wahrgenommen wird. Es transportiert Werte und Emotionen... Konsens ist, dass Narrative eine Möglichkeit zur gesellschaftlichen Orientierung geben und Zuversicht vermitteln können.“*

Also, mir persönlich vermittelt das recht wenig Zuversicht, aber sei's drum! Es geht bei ESG nur um „Geschichten“, um Märchen, um plumpe Behauptungen. Alle Beteiligten wissen es und geben das auch zu. Konzerne werden unter dem Deckmantel des Klimaschutzes Mechanismen unterworfen, die ihre Handlungsfähigkeit einschränken. Sie richten ihr Handeln nun nicht mehr nach ökonomischen Kriterien aus, sondern nach unklaren Märchenvorgaben. Doch warum begeben sich die großen Konzerne freiwillig in eine solche scheinbar unangenehme

Situation? Vielleicht weil sie wissen, dass sie sich die besten Märchenerzähler leisten können und alle kleineren Firmen wegen Überforderung auf der Strecke bleiben? Wenn man darüber nachdenkt, kommt man unweigerlich immer wieder zum Ausgangspunkt zurück, nämlich zur Zerstörung des Mittelstandes und zur Agenda 21.

> *„Ein Teil dieser aggressiven Linken könnte der ESG-Bewegung zugeschrieben werden, einem klaren Anhängsel oder Werkzeug für globalistische Stiftungen wie die Ford Foundation, die Rockefeller Foundation und das Weltwirtschaftsforum. Es wird auch als ‚Stakeholder-Kapitalismus' und ‚missionsbezogenes Investieren' bezeichnet.* ***Stakeholder-Kapitalismus*** *ist nur ein anderer Begriff für* ***Sozialismus/Kommunismus****, und ESG ist eine verwandte Kontrollmethode, um zu diktieren, wie sich Unternehmen politisch verhalten."*[(127)]
>
> Zerohedge, 7. August 2022

Und dann wäre da auch noch das ***Lieferkettengesetz*** („Gesetz über die unternehmerischen Sorgfaltspflichten in Lieferketten"), das am 1. Januar 2023 in Deutschland in Kraft trat und voraussichtlich 2024 dann auch europaweit für Firmen mit mehr als 250 Mitarbeitern gelten wird – wobei natürlich zu erwarten ist, dass es bei ausbleibendem Widerstand danach schrittweise auch auf kleinere Firmen ausgeweitet wird.

Das *Lieferkettengesetz* zwingt Firmen dazu, die Lieferketten lückenlos auf „Nachhaltigkeit" und genügend grünen Lack an der Oberfläche zu überwachen. Glauben Sie, dass ein normaler Handwerksbetrieb dazu in der Lage sein wird, ein eigenes „Nachhaltigkeitsnarrativ" zu erschaffen und zu überprüfen, ob die hunderte oder tausende von Bauteilen oder Werkstoffen, die er verwendet, in China nachhaltig und ohne Kinderhände erzeugt wurden, und ob die Reederei beim Transport alle Umweltauflagen eingehalten hat?

Doch auch damit wird es noch nicht getan sein, denn wir haben längst ein neues kommunistisch-diktatorisches System, auch wenn es die meisten nicht so nennen wollen. Alles wird zentralistisch bestimmt, nichts darf mehr individuell entschieden werden. Es gibt keine Wahl mehr, nur noch Gehorchen. Das ist der Tod aller Eigeninitiative und jeglicher Kreativität. Genau daran ist die Sowjetunion letztlich gescheitert. Aber man legt ein System, das nachweislich immer nur in Armut und Verzweiflung endete, neu auf, malt es grün an und denkt, dass diesmal alles anders würde. Oder um es mit den Worten Albert Einsteins zu sagen: *„Die Definition von Wahnsinn ist: Immer wieder das Gleiche zu tun und andere Ergebnisse zu erwarten.“*

Erst verbietet die deutsche Regierung das Heizen mit Öl und Kohle, dann mit Gas, und schließlich kündigte die deutsche Regierung an, auch das Heizen mit Holz in jeglicher Form verbieten zu wollen.[(128)] Das nennt man **„Wärmewende“**. Damit möchte man die Menschen angeblich zwingen, sich Wärmepumpen einbauen zu lassen, für deren Anschaffung man pro Haus mindestens 10.000 Euro bezahlen muss, bei rund zwei Jahren Lieferzeit. Da **Wärmepumpen** in Verbindung mit herkömmlichen Heizsystemen aber nur bedingt sinnvoll sind, müssten viele Immobilienbesitzer dafür erst das Haus umbauen, was nochmals zu Buche schlägt. Dann muss man erst einmal einen Spezialisten finden, der sie für mehrere tausend Euro montieren und anschließen kann. Danach muss man sein Haus noch von außen mit umweltschädlichen Materialien dämmen. Der Energieexperte *Michael Kruse* der in Deutschland mitregierenden Partei FDP beziffert die Kosten für die deutsche „Wärmewende“ mit rund 15.000 bis 24.000 Euro pro Haushalt,[(129)] was ich aber für deutlich zu gering geschätzt halte, denn sie werden wohl eher bei rund 30.000 bis 50.000 Euro oder mehr liegen, abhängig von der Größe und Lage des Objektes und davon, ob es sich um eine Luftwärme- oder Erdwärmepumpe handelt. So oder so ist der Aufwand enorm, die Kältemittel in den Pumpen sind umweltschädlich, und ihre

Ersparnis ist in den meisten Fällen gering. Da die am häufigsten verwendeten *Luft-Luft-* und *Luft-Wasser*-Wärmepumpen aufgrund der an der Außenseite der Häuser verbauten Ventilatoren auch die lautesten sind, führt das immer öfter zu Nachbarschaftsstreit, und wenn beispielsweise in allen städtischen Gebäuden oder in Reihenhaussiedlungen bald „fürs Klima“ eine Wärmepumpe neben der nächsten verbaut wird, dann will ich mir den zusätzlichen Lärm in solchen Ballungsgebieten gar nicht erst vorstellen.

Wer sich aber den neuen Heizungsvorschriften entgegenstellt und seine alte Heizung nicht erneuert, muss mit einem Bußgeld von bis zu 50.000 Euro rechnen.[(130)]

Auf diese Weise sollen in Deutschland bis zum Jahr 2030 rund 6 Millionen Wärmepumpen verbaut werden. Das klingt nach einem Bombengeschäft für den größten deutschen Wärmepumpen-Hersteller ***Viessmann***. Komisch, dass der aber, ausgerechnet als das Gesetz präsentiert wird, an den großen US-Klimaanlagen-Bauer ***Carrier Global*** verkauft wird, dessen größte Anteilseigner die *Rothschild*-Finanzvehikel *Vanguard* und *BlackRock* sind. Zufälle gibt's![(131)]

Übrigens soll es in Deutschland von Seiten der Wirtschaft und der Verbände schwere Kritik und mehr als 800 Seiten Einsprüche gegen Klimaschutzminister Habecks Heizgesetz gegeben haben, weil es in der Praxis gar nicht umsetzbar ist. Der Minister hatte sie jedoch allesamt ignoriert und sich im Sinne eines Diktators über alle Expertenmeinungen hinweggesetzt. Nun, solange sich die Mehrheit von einigen wenigen ideologischen Hardlinern alles gefallen lässt, wird das immer so weitergehen, bis zur totalen Selbstzerstörung.[(132)]

Lohnt es sich zu erwähnen, dass „Die Grünen“ selbst es bis zur Fertigstellung dieses Buches nach angeblichen jahrelangen Versuchen nicht geschafft hatten, in ihrer Parteizentrale eine Wärmepumpe einzubauen?

„Die Grünen wollen alle Hausbesitzer zum Einbau von Wärmepumpen verdonnern. Aber: Sie scheitern bislang selbst daran, so ein Gerät in ihre Parteizentrale einzubauen... Um in dem Altbau in Berlin-Mitte erneuerbar heizen zu können, musste demnach ein aufwendiges System aus Rohren und Kabeln verlegt werden. Dessen Installation gestaltete sich offenbar besonders schwierig. Mehr noch: Damit die Pumpe überhaupt funktionieren und Wärme im Haus verteilen kann, musste – wie bei vielen Modellen – ein tiefes Loch für eine Erdwärmesonde gebohrt werden. Dafür brauchte es eine Genehmigung, eine Spezialmaschine und geschultes Personal. Das dauerte. Dann endlich konnte... die Spezialbohrmaschine über das Dach in den Innenhof der Geschäftsstelle gehoben werden. Dieses Jahr im Mai wurde gebohrt. Die Wärmepumpe kann laut Bericht voraussichtlich Ende des dritten Quartals in Betrieb gehen. Gesamtkosten: fünf Millionen Euro.“[210]

BZ, 9. Juni 2023

Vielleicht lohnt es sich auch zu erwähnen, dass der Einbau einer Wärmepumpe an einen Smart-Meter geknüpft ist, also an einen neuen Stromzähler, mit dem der Stromanbieter rund um die Uhr alle Daten eines Haushaltes sammelt – von der Belastung für strahlungssensible Menschen ganz zu schweigen. Hatten sich bisher noch einige Haushalte gegen den Einbau solcher Smart-Meter gewehrt, so bekommt man sie nun auf diesem Wege.

Und wenn man sich die „Modernisierung“ nicht leisten kann, dann soll das Haus in der EU künftig als „unbewohnbar“ klassifiziert werden, weshalb man es dann noch nicht einmal mehr verkaufen könnte. Im angeblich reichen Deutschland war im Jahr 2022 laut dem Statistischen Bundesamt mehr als ein Fünftel der Bevölkerung *„von Armut oder sozialer Ausgrenzung bedroht“*, und die Pläne ihrer eigenen Regierung zwingen immer mehr Familien, sich möglichst rasch mit dem Verkauf ihres Hauses zu befassen, weil sie sich das Leben im Eigenheim in der grünen Märchenwelt nicht mehr leisten können. Doch was wird bei rasant steigenden Wohnmietpreisen dann ihre Alternative sein – auswandern, der Wohnwagen oder ein Platz unter der Brücke?[(133)]

Am Ende dieses Kapitels möchte ich noch etwas ins Spiel bringen, das zuvor bereits im Rahmen der „Netto-Null-Emissionen" angeklungen war, aber allgemein bislang wenig Beachtung findet. Eine Verringerung des CO_2-Ausstoßes genügt den Fanatikern nämlich nicht, also sollen darüber hinaus alle bislang *„durch Menschen verursachten Treibhausgas-Emissionen"* mittels physischer oder chemischer Methoden der Luft wieder entzogen und irgendwo zwischengelagert werden, ähnlich wie der Abfall aus Atomkraftwerken – nur mit dem Unterschied, dass der wirklich gefährlich ist.

Beim sogenannten ***Direct Air Capture-Verfahren*** (DAC) wird CO_2 mittels hohem Energieaufwand von riesigen Anlagen aus der Atmosphäre abgesaugt und unterirdisch eingelagert. Dieses Verfahren ist an Absurdität und Dummheit kaum noch zu überbieten, denn man entzieht der Atmosphäre nicht nur das lebenswichtige CO_2, nein, man verbraucht dafür so viel Energie, dass damit neue CO_2-Äquivalente entstehen. Nichtsdestotrotz sind *Bill Gates* und *Warren Buffet* bereits groß in dieses Geschäft eingestiegen, und US-Präsident *Joe Biden* erließ im Jahr 2022 ein Gesetz, das Unternehmen für jede gebundene Tonne CO_2 mit 180 US-Dollar belohnt. Und all das, was ich Ihnen hier in diesem Kapitel grob umrissen habe, ist nur ein kleiner Ausschnitt dessen, wie das Geschäftsmodell „Klima" die Reichsten der Reichen noch reicher macht, indem das Gros der Menschen Schritt für Schritt enteignet wird.[(211)]

Sozialkreditsystem & CBDCs

Da stellt sich natürlich wieder die Frage nach dem „Warum“. Nun, die Antwort ist immer dieselbe: Wir sind zu viele, und wir verbrauchen zu viel. Und ab dem Jahr 2050 sollen dem Plan zufolge ALLE in kleinsten Wohneinheiten in den Städten leben. Bezahlen werden sie das dann vermutlich mittels eines an Bedingungen geknüpften Grundeinkommens. Es geht um die Auslese. Wer gewillt ist, sich an die sich ständig ändernden Spielregeln zu halten, wird belohnt und mittels immer neuer staatlicher Förderungen als Sklave am Leben gehalten. Wer das nicht will oder kann, wird dabei draufgehen. Das ist längst das **Sozialkreditsystem** à la China, vor dem ich so lange gewarnt hatte.

> *„Im September starten in mehreren europäischen Städten und Regionen Projekte, bei denen Bürger:innen für bestimmte Verhaltensweisen vom Staat belohnt werden sollen: Für umweltfreundliche Mobilität gibt es Punkte, die man für Freizeitaktivitäten einlösen kann.“*[(134)]
>
> ORF, 9. August 2022

Anderes Denken, andere Meinungen sind längst verboten. Die Umsetzung der totalen Diktatur ist nur noch einen kleinen Schritt entfernt. Nur wer alles tut, was das Zentralkomitee vorschreibt, darf dann etwa ins Internet oder reisen oder Kulturveranstaltungen besuchen. Was in Wien und München seit 2022 getestet wird, soll in Kürze auf alle Regionen und in alle Bereiche des Lebens hinein ausgeweitet werden. Warum auch nicht? Hat doch die Corona-Inszenierung bewiesen, dass die meisten Menschen sich alles gefallen lassen, wenn man nur genügend Druck auf sie ausübt. Und um die wenigen Abweichler wurde sich gekümmert.

> *„ESG-Kennzahlen sind eine Art Sozialkreditsystem, das Unternehmen – und damit auch Einzelpersonen und die gesamte Gesellschaft – dazu zwingen soll, ihre Praktiken zu ändern... Durch einen Zuckerbrot-und-Peitsche-Ansatz nutzen Investoren und Banken (und bald auch*

Regierungen) ESG, um Unternehmen dazu zu bringen, ihre Arbeitsweise zu ändern, unabhängig davon, was die Mitarbeiter und Kunden dieser Unternehmen wollen.«[135]

The Heartland Institute, 27. Februar 2022

Die US-Notenbank (FED) und die Europäische Zentralbank (EZB) arbeiten derzeit zudem mit Hochdruck daran, **CBDCs** (Central Bank Digital Currencies) einzuführen. Das sind rein **digitale Zentralbankwährungen**, die **individuell programmierbar** sind und nur im Zusammenhang mit einer Abschaffung des Bargeldes Sinn ergeben. Dann würden alle Bezahlungen nur noch digital erfolgen, zunächst mittels eines Chips auf einer Plastikkarte oder über das Handy, später nur noch mittels eines unter die Haut implantierten Chips. Ich möchte jetzt hier gar nicht auf die technischen Gefahren dessen eingehen, etwa auf die Frage: Wie soll man zahlen, wenn es zum Blackout kommt? Nein, lassen Sie mich stattdessen erklären, was mit einer „programmierbaren" Währung gemeint ist.

Das bedeutet, dass jede einzelne elektronische Geldbörse an das Verhalten des jeweiligen Besitzers angepasst werden kann. So, wie er für „gutes Verhalten" Pluspunkte bekommen kann, so kann er für „falsches Verhalten" Abzüge bekommen. Außerdem kann man jedem aufgrund seines Sozial-Rankings bestimmte Aktivitäten verweigern, etwa das Tanken oder das Benutzen von öffentlichen Verkehrsmitteln. Für die betreffende Person funktioniert die Karte dann einfach nicht an Tankstellen oder an Fahrkartenautomaten. Damit kann man beispielsweise ganz einfach Demonstrationen verhindern – weil niemand hinkommen kann. Eine solche individuelle Programmierung kann ganz einfach über KI oder simple Computerprogramme erfolgen. Die einzige Voraussetzung dafür ist lückenlose Kontrolle, die bei einer rein digitalen Währung automatisch gegeben ist, weil jede Bewegung, jede Transaktion, jeder Kontakt mit anderen Menschen in Echtzeit überwacht wird. Ist es nötig zu erwähnen, dass es vor allem der WEF ist, der Druck bei der Einführung von CBDCs macht?[136]

„Regierungen könnten CBDCs so programmieren, dass sie ein Verfallsdatum haben – wie etwa Vielfliegermeilen bei Fluggesellschaften –, um die Menschen zu zwingen, sie zum Beispiel vor Ende des Monats auszugeben, weil sie dann wertlos werden. CBDCs ermöglichen ein ausgeklügeltes Social Engineering, indem sie den Regierungen erlauben, Menschen auf eine Weise zu bestrafen und zu belohnen, wie es bisher nicht möglich war.

Nehmen wir an, die Regierungen verhängen wieder Lockdowns wegen der Grippesaison, des Klimawandels oder unter welchem Vorwand auch immer sie es für angebracht halten. Die CBDCs könnten so programmiert werden, dass sie nur in einem bestimmten geografischen Gebiet funktionieren. Beispielsweise könnten Ihre Zahlungen verweigert werden, wenn Sie sich während eines Lockdowns mehr als eine Meile von Ihrem Zuhause entfernen. Nehmen wir an, die Verantwortlichen wollen die Menschen zur Einnahme eines pharmazeutischen Produkts ermutigen. Mit CBDCs könnten sie einfach Geld auf die Konten derjenigen einzahlen, die sich daran halten, und es von denen abziehen, die es nicht tun.

Zweifellos werden die CBDCs mit einer Art Sozialkreditsystem gekoppelt sein. Ein solches System gibt es in China bereits heute. Im Westen wird es wahrscheinlich in einer anderen Form kommen. Vielleicht werden die CBDCs mit einem ESG-Score gekoppelt sein. Haben Sie ein Gedankenverbrechen in den sozialen Medien begangen? Oder haben Sie vielleicht zu viele politisch unkorrekte Artikel online gelesen? Haben Sie Ihren monatlichen Fleischkonsum überschritten? Dann erwarten Sie dank der CBDCs eine finanzielle Bestrafung. Die CBDCs sind zweifellos ein Instrument der Versklavung.“[(137)]

Nick Giambruno 12.2.2023

Das Geschäftsmodell „Klima“ ist noch wesentlich weiter verzweigt, wie wir im Kapitel „Die HintermännerInnen“ sehen werden. Was sowohl die Klima-Agenda als auch die Corona-Inszenierung gemeinsam haben, ist, dass sie dafür sorgen, dass alle Firmen, und letztlich auch Privatpersonen, von staatlichen Zuwendungen abhängig wurden – wobei die Reichen, die das System kontrollieren, davon überproportional profitiert haben.

Es gibt kein freies Unternehmertum mehr, nur noch staatlich gelenkte Betriebe wie im Kommunismus. Doch anders als in der einstigen Sowjetunion ist es nicht die Bevölkerung, der alles Erwirtschaftete zugutekommt, sondern es sind einige ganz wenige Multimilliardäre, die von der Klima-Agenda finanziell profitieren.

Die Regeln, die sie für uns aufstellen, gelten für sie nicht. Während Fliegen etwa für normale Menschen immer teurer und unattraktiver wird, jetten die einflussreichen Philanthropen mit ihren Privatflugzeugen zu Klimagipfeln und WEF-Treffen, während ihre Chauffeure ihnen in den 12-Zylinder-Luxus-Verbrenner-Karossen auf den Straßen folgen. Privatjets sind die umweltschädlichsten Fortbewegungsmittel überhaupt, und trotzdem sind sie – anders als Linienflüge – in Europa von der Kerosinsteuer UND vom EU-Emissionshandel ausgenommen. Das Auftanken von Privatjets wird also geringer besteuert als das Tanken eines Autos. Und während in Österreich etwa zahlreiche Firmen während der Corona-Inszenierung dichtmachen mussten, erhielten Privatjet-Unternehmen allein im Jahr 2020 mehr als 18 Millionen Euro Corona-Hilfsgelder und sanierten sich auf Kosten derer, die zu Hause eingesperrt waren.[(138)] Wer ernsthaft daran glaubt, dass es bei alldem um „Umweltschutz“ geht, kann einem nur leidtun.

Die „Grünen“ repräsentieren in Europa weniger als 10% der Wählerschaft, diktieren aber mittels eines Spinnennetzes aus Stiftungen und Lobby-Organisationen in vielen Ländern und auf der EU-Ebene eindeutig die Politik, sowohl von linken als auch von konservativen Parteien – und zwar **immer nur zum Vorteil der Reichsten!**

Und um dieses Diktat, das manche mittlerweile sogar schon frech „Diktatur" nennen, zu einem absoluten zu machen, braucht es die Abschaffung des Bargeldes und die Einführung des Digitalen Euro, der für 2024 geplant ist, und in weiterer Folge, wenn es keinen ausreichenden Widerstand dagegen gibt, die Abschaffung des Bargeldes mit allen daraus resultierenden Folgen.

> *„Ein digitaler Euro soll künftig das Bargeld in der EU... ergänzen. Dafür machen sich besonders Deutschland, Spanien, Frankreich, Italien und die Niederlande stark. Im Jahr 2023 plant die EU-Kommission eine Verordnung zu erlassen, bei dem es um die Einführung des digitalen Euros geht... das EUDI Wallet Konsortium... führt Pilotprojekte für das* ***EU Digital Identity Wallet (EUDI)-Ökosystem*** *durch. Gemäß der... 2.0-Verordnung, müssen ab dem 1. Januar 2023 alle EU-Mitgliedstaaten... innerhalb von maximal zwölf Monaten, also* ***ab 2024****, ihren Bürgern eine zertifizierte, digitale Brieftasche (European Digital Identity Wallet) zur Verfügung stellen... Um die Akzeptanz der European Digital Identity Wallet zu fördern, hat die EU verschiedene Sektoren benannt, die* ***zur Wallet-Nutzung verpflichtet*** *werden. Dazu gehören der* ***Banken- und Finanzsektor, das Gesundheits- und Bildungswesen, Transport- und Versorgungsunternehmen****, zum Beispiel für* ***Wasser****. Auch große „Big Tech"-Plattformen wie Amazon, Google und Facebook* ***müssen die Wallet einführen.****"*[212]
>
> Daniela Schlicht, 26. Mai 2023, Costa Nachrichten

Die totale Digitalisierung schreitet rascher voran, als die meisten von uns es wahrnehmen und wahrhaben wollen, und sie wird nur den Wenigen Vorteile bringen, die sie kontrollieren.

Bevor wir nun näher darauf eingehen, wer diese Profiteure genau sind, möchte ich nochmals daran erinnern, dass der Begriff **„Umweltschutz"** von Julian Huxley als Ersatz für den Begriff **„Eugenik"** geprägt wurde. Heute ist er nahezu untrennbar mit dem Begriff **„Klimaschutz"** verschmolzen, auch wenn beide nichts miteinander zu tun haben. Wir bräuchten dringend mehr Umwelt- oder Naturschutz, beispielsweise um das Problem des viel zu hohen und unnötigen Kunststoffverbrauchs anzugehen, da mittlerweile nicht nur Böden und Gewässer mit Mikroplastik verseucht sind, sondern auch alle Tiere und Menschen. Vor zehn Jahren noch waren LKW-Fahrer und Logistiker in der Lage, Paletten einfach so zu transportieren, heute wird hingegen nahezu jede der täglich bewegten Millionen von Paletten mit „Stretchfolie umstretcht", also mit rund 40 Laufmeter Frischhaltefolie umwickelt. Das ist der absolute Irrsinn!

Es gäbe auf dem Gebiet des Umwelt- oder Naturschutzes so viel Wichtiges zu tun, doch stattdessen haben Organisationen wie *Greenpeace* sich komplett von der Klima-Agenda vereinnahmen lassen und ihre angeblichen ursprünglichen Ziele gänzlich aus den Augen verloren.

Stürmische Zeiten in der Landwirtschaft

Landwirtschaft ist stark vom Wetter abhängig, und wie wir bereits gesehen haben, wird das von einigen Gruppierungen maßgeblich manipuliert. Aber auch in anderen Bereichen wird den Bauern zunehmend ins Handwerk gepfuscht. Nicht nur die gestiegenen Kosten für Energie und Düngemittel machen den Landwirten zunehmend zu schaffen, auch zahlreiche neue Verordnungen und Gesetze auf nationaler und auf EU-Ebene scheinen nur einen Zweck zu haben: möglichst viele Bauern dazu zu zwingen, ihre Höfe aufzugeben.

Innerhalb von 15 Jahren haben mehr als 5 Millionen landwirtschaftliche Betriebe in der EU ihre Existenz verloren. Das heißt: Mehr als jeder dritte Betrieb hat für immer dichtgemacht. Vor allem tierhaltende Landwirte und Mischbetriebe mussten aufgeben. Im Speziellen sind das kleine Betriebe, Nebenerwerbslandwirte, die schließen müssen, weil sich mit dem Anbau von Lebensmitteln aufgrund niedriger Preise und sich ständig ändernder Vorgaben nicht mehr genug erwirtschaften lässt. Die andere Gruppe sind jene älteren Bauern, die keine Nachfolger finden, weil niemand mehr die Arbeit machen möchte. Die wenigen, denen das Wohl der Natur angeblich am Herzen liegt, können nicht, weil sie irgendwo festkleben. Und die anderen wollen nicht länger als drei Tage pro Woche arbeiten, und das am liebsten vom Sofa aus. Also gibt es bald keine normalen Bauern mehr, sondern immer mehr Agrar-Großbetriebe.[(139)]

Und genau das scheint so gewollt zu sein, denn der WEF hatte bereits im Jahr 2018 verkündet, dass Fleisch ein Auslaufmodell sei. Warum? Sie haben es erraten: weil **Tierhaltung** fast 15 Prozent der Treibhausgase verursachen und eine der Hauptursachen für die **„Klimaerwärmung“** sein soll.[(140)]

Und was ist die Alternative zu Fleisch? Gentechnisch **veränderte Nahrungsmittel** und **Insekten** sollen die bisherigen natürlichen Lebensmittel ersetzen. Ja, Insekten sind so viel „grüner“ als Schweine, Kühe, Schafe oder Ziegen, weil man für ihre Zucht viel weniger Fläche benötigt und weil die kleinen Racker auch weniger furzen und rülpsen, also weniger „Treibhausgase“ ausstoßen. Und die freiwerdende Fläche braucht man zum einen, um den Plan 50/50 umzusetzen, und zum anderen, um ausreichend Land für Wind- und Solarparks zur Verfügung zu haben.

Es muss sich also um eine böse Verschwörung handeln, dass ausgerechnet mitten in dieser Entwicklung im Jahr 2023 eine Studie mehrerer Dutzend Wissenschaftler die Behauptung aufstellt, dass Fleisch wichtig für die Ernährung des Menschen ist, vor allem rotes Fleisch, weil es *„in* *der menschlichen Ernährung für die Aufnahme von Vitamin B12 sorgt, eine wichtige Rolle bei der Versorgung mit Retinol, Omega-3-Fettsäuren und Mineralstoffen wie Eisen und Zink spielt und wichtige Verbindungen für den Stoffwechsel wie Taurin und Kreatin enthält. Es gibt kein veganes Äquivalent, das diesen Nährstoffbedarf deckt, sodass oft eine Reihe von Nahrungsergänzungsmitteln erforderlich sind, um sie gesund zu erhalten*".[141] Kurz davor hatten mehrere tausend Wissenschaftler die **„Dublin Declaration"** unterzeichnet, die ebenfalls feststellt, dass Fleisch, Milchprodukte und Eier vor allem für die Menschen in ärmeren Ländern von größter Bedeutung sind, weil sie sich keine teuren Nahrungsergänzungsmittel leisten können und ohne tierische Nahrungsmittel zwangsläufig Mangelerscheinungen aufweisen, die zu Krankheiten führen, weshalb sie dringend davor warnen, „*Opfer von Fanatismus zu werden*".[142]

Bill Gates, mittlerweile der größte Besitzer von Agrarland in den USA, hat in den letzten Jahren immer wieder betont, dass die Bevölkerung der westlichen Welt künftig auf natürliches Fleisch verzichten und komplett **auf Kunstfleisch umsteigen** müsse – natürlich um das Klima zu retten.[143] Und um das zu beschleunigen, hat die Regierung in den Niederlanden im Jahr 2020 eine neue Stickstoff-Verordnung erlassen, die den meisten Tier-Betrieben den Weiterbetrieb unmöglich macht. Als Lösung des Problems bot man den Bauern an, ihnen ihre Betriebe abzukaufen, um sie danach stillzulegen. Das hatte monatelange Bauernproteste zur Folge. Die daraufhin neu gegründete Bauern-Bürger-Bewegung wurde mit einem Schlag bei den Wahlen zu den Provinzparlamenten im März 2023 landesweit zur stärksten Partei. Das zeigt zwar, dass die Mehrheit der Menschen die Agenda der Geheimen Weltregierung nicht mitträgt – aber ob das reicht, um etwas zu bewirken, ist fraglich.

Neben Kunstfleisch propagiert Bill Gates auch den Anbau von GVOs, von gentechnisch veränderten und patentierten Organismen.

Und rein zufällig hat der offiziell drittreichste Mann der Welt für all das auch die meisten Patente in der Hinterhand. Denn Gates ist der Meinung, „*dass nicht der flächenintensive ökologische Landbau, sondern gentechnisch verändertes Saatgut und chemische Herbizide in der richtigen Dosierung entscheidend für die Eindämmung der Kohlenstoffemissionen sind*". Also gehört wohl auch die Bio-Landwirtschaft bald der Vergangenheit an.[144]

Gates ist einer der Haupteigentümer der Firma ***Impossible Foods***. Diese verfügt über zwei Dutzend Patente und mehr als 100 angemeldete Patente zur künstlichen Nachbildung von Käse, Rind- und Hühnerfleisch sowie zur Durchdringung dieser Produkte mit künstlichen Aromen, Düften und Texturen. Zudem ist er Miteigentümer des größten Fake-Fleisch-Produzenten ***Beyond Meat*** und des Biotechnologie-Unternehmens ***Ginkgo Bioworks***, das im Bereich der Arzneimittel, Impfstoffe, Landwirtschaft, Ernährung und Wellness zugange ist. Sozusagen Bills Lösung für alles:[145]

> *„Ginkgo Bioworks, ein von Gates unterstütztes Unternehmen, das ‚maßgeschneiderte Organismen' herstellt, ging gerade im Rahmen eines 17,5-Milliarden-Dollar-Deals an die Börse. Das Unternehmen setzt seine Technologie der ‚Zellprogrammierung' ein, um Geschmacks- und Duftstoffe gentechnisch in kommerzielle Hefe- und Bakterienstämme einzubringen und so ‚natürliche' Inhaltsstoffe wie Vitamine, Aminosäuren, Enzyme und Aromen für hochverarbeitete Lebensmittel zu erzeugen. Laut seiner Investorenpräsentation plant Ginkgo, bis zu 20.000 gentechnisch veränderte ‚Zellprogramme'... für Lebensmittel und viele andere Anwendungen zu entwickeln."*[146]
>
> Stacy Malkan, U.S. Right to Know, 26. Mai 2021

Und wenn Bill Gates und der WEF etwas beschließen, dann setzen Politiker in der EU das auch meist genau so um. Also sollen Bauern in Europa künftig immer weniger Pflanzenschutzmittel und Dünger einsetzen dürfen, was zwangsläufig zu geringeren Erträgen führen wird.

Die im Jahr 2020 von der EU veröffentlichte **„Farm to Fork"**-Strategie (F2F) ist Teil des ***European Green Deal***, mit dem die EU bis 2050 „klimaneutral" werden soll. Also sollen Landwirte bis 2030 den Einsatz chemischer Pestizide um 50% verringern und den Einsatz von Düngemitteln um mindestens 20%. Was für den einen oder anderen gut klingt, birgt aber das Problem in sich, dass dadurch sowohl die Quantität als auch die Qualität der landwirtschaftlichen Produkte zurückgehen muss, denn da Spritzmittel und Dünger sehr teuer sind, gibt es kaum Bauern, die davon mehr ausbringen als unbedingt nötig. Weniger Dünger führt zu weniger Pflanzenwachstum, also zu weniger Ertrag. Doch schwächere Pflanzen können auch weniger CO_2 aufnehmen, was also dem angeblichen Anspruch des Ganzen zuwiderlaufen würde.

Und natürlich überrascht es Sie an dieser Stelle nicht mehr, dass zwei weitere wichtige Punkte der *Farm to Fork*-Strategie die *„Einrichtung eines größeren EU-weiten Netzes der Schutzgebiete an Land und auf See"* und die *„Aufstellung eines EU-Plans zur Wiederherstellung der Natur"* sind. Anders ausgedrückt: Landwirtschaft muss dem Plan 50/50 von Bill Gates und Leonardo DiCaprio weichen.[(147)]

Ach ja, und natürlich braucht man ja auch noch Flächen für die „Energiewende" und die „Erneuerbaren". Also startete die deutsche Regierung jüngst im Rahmen des **Erneuerbare-Energien-Gesetzes** (EEG) ein Programm, das mittels üppiger Förderungen die Besitzer von landwirtschaftlichen Flächen ermuntern soll, Äcker für Solarparks zur Verfügung zu stellen. Das werden vermutlich viele machen, weil die Solarpark-Betreiber in etwa das Zehnfache dessen zahlen, was ein Landwirt dafür auf den Tisch legen kann, wenn er Flächen zupachtet.

Offiziell sollen die Äcker natürlich weiter landwirtschaftlich genutzt werden können, indem die Solaranlagen auf so hohe Stelzen gestellt werden, dass der Bauer darunter mit dem Traktor noch durchfahren kann. Natürlich werden die Pflanzen das auch ganz toll finden – vermutlich hat Bill Gates auch dafür bereits eine Lösung parat und wird demnächst GVO-Pflanzen anbieten, die ohne Licht auskommen können.[148] Also auch hier werden Erträge sinken oder ganz wegfallen.

Und weil Bill Gates und Klaus Schwab wollen, dass wir künftig Insekten statt Fleisch essen, hat die EU im Jahr 2018 unbemerkt von allen erstmals Insekten als Beimischung zu Nahrungsmitteln zugelassen. Das Thema erfuhr jedoch erst dann ein wenig mehr Aufmerksamkeit, als die EU am 5. Januar 2023 ihre **EU-Novel-Food-Verordnung** anpasste, besser gesagt erweiterte (Durchführungsverordnung 2023/58). Seitdem darf in der EU in Nahrungsmitteln **vermahlenes Insektenpulver** aus *Wanderheuschrecken*, *Mehlwürmern*, *Hausgrillen* und *Glänzendschwarzen Getreideschimmelkäfern* enthalten sein, was zahlreichen Berichten zufolge oft lediglich mit dem schlichten Hinweis ***„teilweise entfettetes Pulver"*** gekennzeichnet ist. Für die Schweiz als Nicht-EU-Land sind die Bestimmungen sehr ähnlich.

Besonders spannend ist dabei aus meiner Sicht der ***Glänzendschwarze Getreideschimmelkäfer***, der gerne auch als ***„Buffalokäfer"*** bezeichnet wird, was ein wenig netter klingt und irgendwie an Büffelmozzarella (Mozzarella Di Buffalo) erinnert. Doch warum dieser Tarnname? Vielleicht weil *„diese Zutat bei Verbrauchern, die gegen Krebstiere oder Hausstaubmilben allergisch sind,* ***allergische Reaktionen*** *auslösen kann"*.[149]

Aha, also Allergiker aufgepasst! Aber sonst ist das sicher eine ganz leckere Sache. Schauen wir doch nach, was Wikipedia, die regime-treue Auskunftsplattform, dazu zu sagen hat:

„In der Geflügelzucht gelten Getreideschimmelkäfer als ***einer der bedeutendsten Schädlinge****... Besonders gefürchtet sind sie aber als* ***Vektoren von Parasiten und Krankheitserregern beim Geflügel****. Einige der verbreiteten Stämme, etwa von Salmonellen, können auch humanpathogen* (krankheitsauslösend; A.d.V.) ***den Menschen befallen****. Außerdem produzieren die Larven als Abwehrstoffe hochreaktive* ***Chinone, die bei Arbeitern in Geflügelbetrieben Dermatitis, Asthma und andere Erkrankungen auslösen****... Von der Art befallene Vorräte und Getreideprodukte wie Brot und Mehl im Haushalt sind ungenießbar und* ***müssen umgehend entsorgt werden****.“*(150)

Läuft Ihnen da auch das Wasser im Mund zusammen? Ein neu zugelassenes Nahrungsmittel, das allergische Reaktionen hervorrufen und Hautausschlag, Asthma UND ANDERE ERKRANKUNGEN auslösen kann!

Tatsächlich sind diese leckeren Zutaten, also Buffalokäfer, Heuschrecken, Hausgrillen oder Mehlwürmer bereits in zahlreichen Nahrungsmitteln enthalten. Obendrein auch noch die Larven des Getreideschimmelkäfers, die sogenannten **„Buffalowürmer“**. Die Palette ist umfangreich:

- Mehrkornbrot und -brötchen
- Cracker und Brotstangen
- Getreideriegel
- Vormischungen für Backwaren
- Kekse
- gefüllte und ungefüllte Erzeugnisse aus Teigwaren, also Spaghetti, Tortellini usw.
- Saucen
- verarbeitete Kartoffelerzeugnisse
- Gerichte auf Basis von Hülsenfrüchten und Gemüse
- Pizza

- Gerichte auf Basis von Teigwaren
- Molkenpulver
- Suppen und Suppenkonzentrate oder -pulver
- Snacks auf Maismehlbasis
- bierähnliche Getränke (wie Malzdrink, Fassbrause oder Ginger Beer)
- Kakao- und Schokoladenerzeugnisse
- fermentierte Erzeugnisse auf Milchbasis (also Sauermilch, Buttermilch, Joghurt, Kefir...)
- Nüsse und Ölsaaten
- Snacks außer Chips
- Fleischzubereitungen & Fleischersatz
- Burger-Pattys
- Fleisch(151)

Bei der Recherche nach der Menge der zermahlenen Insekten, die man den Verbrauchern unterjubeln darf, gibt es widersprüchliche Aussagen. Immer wieder wird ganz allgemein von **bis zu 10%** als Beimischung gesprochen, doch an anderen Stellen findet man dann Aussagen wie:

- In Fleischersatzprodukten darf gefrorene Hausgrille 80 Prozent des Lebensmittels ausmachen, getrocknete oder pulverförmige Hausgrille 50 Prozent,
- teilweise entfettetes Pulver aus der Hausgrille darf lediglich 5 Prozent des Fleischersatzes enthalten.(152)

Nun, ich denke, es geht Ihnen da vielleicht wie mir. Wenn's fürs Klima gut ist, dann kann gar nicht genug davon drin sein! Außerdem muss es auch immer gekennzeichnet sein, versichert man uns. Das ist toll! Danke! Eine Frage hätte ich aber dann doch noch: Wie läuft das mit der Kennzeichnung eigentlich bei Backwaren ab? Ich kaufe beim freundlichen und nachhaltigen Aufbäcker meiner Wahl eine Semmel oder eine Schrippe – wo genau finde ich da die Kennzeichnung?

Und auch die Veganen müssen keine Angst haben, denn wo das bekannte „V“ drauf ist, da soll angeblich auch weiterhin kein Vieh drin sein, wobei man als Veganer doch immer auf der Hut sein sollte, da etwa bei der Weinherstellung, selbst bei Bio-Wein, auch Fischblasen und Gelatine verwendet werden können – ohne dass es gekennzeichnet würde. Was sonst noch so alles in Nahrungsmitteln drin ist und nicht drin sein sollte, muss ich hier leider aus Platzgründen weglassen. Aber es gibt dazu eine Vielzahl sehr spannender Bücher, und ich kann nur dazu raten, über die weiteren Entwicklungen in diesem Bereich auf dem Laufenden zu bleiben, denn es geht hier um unsere körperliche und geistige Gesundheit und letztlich um unser Überleben.

Die vegane Lebensweise scheint im Westen im urbanen Bereich auf dem Vormarsch zu sein, wenngleich ich oftmals nicht sicher bin, ob aus Überzeugung, oder weil es gerade modern ist. Umso mehr loht es sich, diesen Trend zu hinterfragen, nachdem er mit einer Ernährungstradition von mehreren hunderten oder gar tausenden Jahren bricht. Das muss nicht zwangsläufig schlecht sein, aber nicht alles, was neu und „in“ ist, ist auch zwangsläufig gut und richtig.

Der Vegetarismus, und noch extremer den Veganismus, konnten im Westen übrigens erst durch die Globalisierung entstehen, denn die Grundlage der meisten veganen Rezepte sind exotische Zutaten aus subtropischen oder tropischen Ländern, wie Sojaprodukte, Topinambur, Reismehl, Kurkuma, Sesam, Avocados und vieles mehr. Wer auf regionale und saisonale Lebensmittel, auf kurze Transportwege und möglichst geringen Energieeinsatz besteht, und darüber hinaus kein begastes oder chemisch ummanteltes Lebensmittel möchte, wird daher in Gegenden mit langen, kalten Wintern nur schwer an Fleisch und Wurst vorbeikommen. Denn ohne beheizte Glashäuser oder weite Transporte aus fernen Ländern würde von Dezember bis Mai außer ein paar lagerfähigen Obst- und Gemüsearten nur sehr wenig zur Verfügung stehen. Es hatte also gute Gründe, warum unsere Vorfahren keine Vegetarier oder Veganer waren. Das wäre schlicht und ergreifend nicht möglich gewesen.

Daher muss die Gesellschaft sich grundsätzlich entscheiden, ob sie das Eine oder das Andere möchte, denn beides gleichzeitig ist nicht möglich. Daher wäre es ratsam, alles, was einem so vorschwebt, erst einmal in vollem Umfang wirklich durchzudenken, ehe man seine Ideologie kundtut und sie anderen aufzuzwingen versucht.

Solange die Mehrheit der Menschen stillhält, werden die Psychopathen und Autisten weiter in eine Richtung marschieren, koste es, was es wolle. Sie wollen, dass wir nur noch patentierte künstliche Produkte essen, und sie versuchen es von mehreren Seiten, indem sie den Bauern das Leben schwer machen, die Preise in die Höhe treiben und uns die Freude am Verzehr bestimmter Lebensmittel vergällen. Und gleichzeitig verdienen einige Milliardäre und tausende Wissenschaftler an einer Industrie, die auf einer einzigen großen Lüge aufgebaut ist, nämlich der vom anthropogenen Klimawandel.

> *„Rund 9,4 Millionen Kühe und Kälber gibt es in Großbritannien. Millionen wiederkäuende Pflanzenfresser, deren Verdauungstrakt dafür sorgt, dass durchs Aufstoßen Methan in die Atmosphäre entweicht. Die Rülpser und Pupse von Kühen dieses gigantischen Ausmaßes sind mitverantwortlich für die Globale Erwärmung... In Neuseeland wird eine Abgabe für Farmer auf Treibhausgas produzierende Nutztiere erwägt. Auch die britische Regierung will dem nun entgegenwirken und erklärt... man erwarte bis 2025 die Marktreife von ‚hoch effizienten Methan-Unterdrückungs-Produkten' für Nutztiere. Sollten sich diese als effektiv erweisen, will die britische Regierung Farmer dazu verpflichten, entsprechende Methan-Blocker zu nutzen... Dabei geht es den Verantwortlichen vor allem um Produkte, die dem Futter der Kühe beigemischt werden sollen. So gibt es Studien, die die Beigabe von*

Seetang und anderen Algen als probates Mittel zur Unterdrückung des Methan-Ausstoßes ansehen. Ein Schweizer Start-Up experimentiert mit der Beigabe von Knoblauch- und Bitterorange-Extrakten. In Österreich wird die Zugabe von Zitronengras zum Futter erforscht, sowie weiterer Öle und Kräuter. Auch die Umstellung auf eine fettreichere Ernährung könnte helfen. Zudem könnte die Züchtung bestimmter Rassen den Methan-Ausstoß senken.«[153]

Energiezukunft, 12.4.2023

Das ist tatsächlich alles ernst gemeint. Doch bis man die richtige Dosis an synthetisch von Bill hergestellten ätherischen Ölen für die gentechnisch umgebauten Wiederkäuer gefunden hat, sollen sie jetzt erst einmal Masken tragen – ja auch außerhalb der Karnevalszeit! ***ZELP***, das *Zero Emissions Livestock Project* („Null Emissionen Vieh Projekt"), versucht gerade umzusetzen, dass Rindviecher in Großbritannien in Zukunft in Masken rülpsen, in denen ein Katalysator das Methan oxidiert, sodass nur Wasserdampf und CO_2 übrig bleiben – weil das ja etwas weniger giftig sei als Methan.[154]

Da die Tiere sich gegen die Angriffe geistig abnormer Zweibeiner nicht wehren können, müssen wir es für sie tun. Denn wenn wir uns nicht erheben, dann wird es immer weitergehen, so lange bis Bill Gates, Ted Turner und Klaus Schwab ihr Ziel erreicht haben – und sie haben die Ziellinie bereits in Sichtweite.

Sie testen unentwegt die Grenzen aus. In der Corona-Inszenierung schickte man Österreich vor, und da es keinen Widerstand in der Bevölkerung gab, zogen eine Woche später alle anderen nach. Bei der Enteignung von Bauern wurden die Holländer vorgeschickt, und wenn dort alles nach Plan verläuft, dann werden die anderen EU-Länder bald nachziehen, was allen Bauern in Europa bewusst sein sollte!

In dem Zusammenhang erinnere ich an den berühmten Ausspruch von *Jean-Claude Juncker*, Ex-EU-Präsident und Ex-Premierminister von Luxemburg:

> *„Wir beschließen etwas, stellen das dann in den Raum und warten einige Zeit ab, was passiert. Wenn es dann kein großes Geschrei gibt und keine Aufstände, weil die meisten gar nicht begreifen, was da beschlossen wurde, dann machen wir weiter –* ***Schritt für Schritt, bis es kein Zurück mehr gibt.****"*[(155)]

Ganz in diesem Sinne ist eine Aussage einzuordnen, die ein gewisser ***Prof. Helge Peukert*** Anfang Mai 2023 in einem Berliner Monatsmagazin mit dem Titel „Oxi" machte. Ich bin während der Korrekturen zu diesem Buch über diese Aussage gestolpert und habe sie hier an dieser Stelle nachträglich eingefügt, weil sie vieles, was ich geschrieben und vorhergesagt habe, vollumfänglich bestätigt. Der Name des Magazins „Oxi" soll demnach für das griechische Wort „Nein" stehen. „Oxi" ist aber auch eine billige synthetische Droge, die aus Kokainsulfat, also Resten von Kokain, sowie Benzin und gebranntem Kalk hergestellt wird, stark süchtig macht und innerhalb kürzester Zeit zu kompletter Verblödung und körperlichem Verfall führt.

Prof. Peukert ist Staats- und Wirtschaftswissenschaftler, kein Naturwissenschaftler. Dennoch oder gerade deswegen fischt er im trüben Teich der Klima-Aktivisten. Er ist Mitglied der Organisation ***Scientists for Future***, einer Art *Fridays for Future*-Fanclub von Nicht-Naturwissenschaftlern. Er ist Mitglied im Beirat von ***ATTAC***, einer Art Dachverband für Aktivistengruppen unterschiedlichster Prägung, dem beispielsweise auch die deutsche Umweltschutzorganisation ***BUND*** und die Gewerkschaft ***ver.di*** angehören. Außerdem ist Peukert, der an der Universität in der deutschen Stadt Siegen unterrichtet, Mitglied bei der Aktivistengruppe ***Scientist Rebellion***, die wiederum eine Art Ableger der linksextremen Gruppe ***Extinction Rebellion*** ist, die aus der *Occupy-Wallstreet*-Bewegung hervorgegangen war.

Im OXI-Interview im Mai 2023 sympathisiert Hochschulprofessor Peukert nicht nur offen mit der Klimakleber-Truppe ***„die Letzte Generation“***, er fordert sie sogar dazu auf, wesentlich radikaler zu werden. Zu seinen Forderungen zählen unter anderem:

- Das **Einsetzen einer Notstandsregierung** – also die Abschaffung der Demokratie.
- Die parlamentarische Demokratie soll durch **Bürgerräte** ersetzt werden.
- Privaten **Treibstoffverbrauch** sofort auf 500 Liter pro Person und Jahr zu begrenzen und dies innerhalb der nächsten 5 Jahre **auf null** herunterzufahren.
- Jeder Person soll ab sofort nur noch **ein Flug pro Jahr** gestattet sein, und zwar eine Strecke zwischen 1.000 und 3.000 km. In wenigen Jahren soll Fliegen komplett verboten werden.
- Der schrittweise **Abbau des Güterverkehrs** mit Lastwagen und Schiffen,
- ein weitgehender **Importstopp von Lebensmitteln**,
- das Verbot von Lagerfeuern und dem Grillen,
- der **Abbau** vieler **Straßen** und **Autobahnen**,
- eine **Rationierung der Energie auf eine Menge je Bürger**, die zum Heizen von 45 Quadratmetern Wohnfläche bis 20 Grad benötigt wird,
- ein **Verbot aller Neubauaktivitäten**,
- **Heizungsaustausch** auch im Altbestand,
- die Ausrichtung von Lehre und Forschung auf eine „Überlebenswissenschaft“,
- die Einführung eines **BEDINGTEN Grundeinkommens**,

- die Gründung einer **Organisation zur Förderung der „Einsicht in Veränderungen und Notwendigkeit radikaler Maßnahmen“**.
- Große Haushaltsgeräte wie Waschmaschinen oder Rasenmäher müssen der Energieklasse A+++ entsprechen und eine Mindestzahl an Nutzern aufweisen – wer also allein in einer 50-Quadratmeter-Wohnung wohnt, muss künftig frieren und stinken.
- Die Begrenzung des Mülls von Privathaushalten auf zehn Prozent.
- Die Arbeitszeit soll auf **maximal 25 Stunden** begrenzt werden.
- Ein Verbot aller **„nichtessenziellen Maschinen“**, darunter Fahrstühle, Rolltreppen, Brotschneidemaschinen, Leuchtreklame. Es soll nur Aufzüge für Behinderte geben, *„sofern der Strom aus Erneuerbarer Energie kommt“*.
- **Privateigentum** an Wasser, Land und Wald **wird sehr stark eingeschränkt** und reguliert.
- Der **Zugang zu Lebensmitteln über ein „Punktebezugssystem“**, um eine Basisversorgung und Gleichverteilung zu erreichen.
- das **Verbot von Fleisch- und Wurstwaren-Verzehr** oder Rationierung auf eine *„geringe, maximale Quote pro Kopf“*.
- Mindestens **20 Prozent der Fläche Deutschlands werden zu Ökozonen**, in denen es keinen versiegelten Boden, **keine Straßen und auch keine Ortschaften** geben darf.[156] [157]

Also, was ein deutscher Uni-Professor für Wirtschaft hier „in den Raum stellt“, wird – wenn es kein Geschrei oder keinen Aufstand gibt – in Kürze die Realität für alle Deutschen, vielleicht auch für alle Europäer werden, zumal sich seine Forderungen frappierend mit dem „Great Reset“ des WEF, mit der Agenda 21, dem Plan 30/30 und anderen dystopischen Zukunftsmodellen decken.

Wenn man diesen kurzen Auszug aus den Forderungen des Aktivisten Peukert zusammenfasst, dann fordert er die Abschaffung der Demokratie und die Einführung einer Diktatur, die im Rahmen von Notstandsgesetzen allen Menschen vorschreibt, was und wie viel sie essen dürfen, wie sie wohnen, heizen und sich fortbewegen – nämlich gar nicht mehr. Er fordert die Abschaffung aller Freiheiten und individuellen Entscheidungsmöglichkeiten. Sein Ziel ist die Zerstörung allen Wohlstands und die Errichtung einer Diktatur im Stile Nordkoreas.

Und natürlich weiß ich, dass jetzt die meisten Leser denken werden, dass solch „absurde Forderungen" niemals eine Chance auf Verwirklichung hätten – weshalb man ihnen keine Beachtung schenken sollte. Doch zahlreiche dieser Forderungen, wie die faktische Begrenzung von Wohnraum und die Einschränkung der Mobilität, wurden von der aktuellen deutschen Regierung in den letzten Monaten bereits umgesetzt. Zwei weitere Beispiele dafür sind:

- Marode Autobahnbrücken und Teilabschnitte werden nun in Deutschland nicht mehr repariert oder saniert, sondern gesperrt oder gesprengt.
- Am 10. Mai 2023 setzte die deutsche „Ampel-Regierung" erstmals einen „Bürgerrat" zum Thema *„Ernährung im Wandel: Zwischen Privatangelegenheit und staatlichen Aufgaben"* ein.

Im Jahr 2022 gab es in Deutschland knapp 17 Millionen Ein-Personen-Haushalte. Das bedeutet, dass 17 Millionen Menschen künftig nur noch auf maximal 45 Quadratmetern wohnen dürfen und kein Recht auf eine eigene Waschmaschine haben. Wenn also eine Rentnerin, deren Mann verstorben ist, nun allein auf 70 Quadratmetern wohnt, dann würde sie theoretisch in eine kleinere Wohnung umziehen müssen. Die gibt es aber nicht, weil in Deutschland im Jahr 2023 (laut aktueller Studie des Pestel-Instituts) rund 700.000 Wohnungen fehlen. Aufgrund der „Energie- und Wärmewende" der Bundesregierung wurden zudem aktuell die meisten geplanten Bauprojekte gestoppt, was bei gleichbleibendem Klimaflüchtlings-Zustrom dazu führen wird, dass in den kommenden Jahren bereits mehrere Millionen Wohnungen fehlen werden, was zudem die Preise für am Markt verfügbare Wohnungen enorm in die Höhe treiben wird.

> *„Wir erleben jetzt eine Krise, die alle Krisen, die wir vorher hatten, in den Schatten stellt... Überall werden Bauprojekte abgesagt, Wohnungsprojekte werden nicht mehr realisiert, und wir sind nicht in der Lage, dem Ziel der Bundesregierung, 400.000 Wohnungen im Jahr zu produzieren, auch nur annähernd nahezukommen."*[(158)]
>
> Immobilienunternehmer Christoph Gröner
> in einem Interview auf „ntv", 12. Mai 2023

Den meisten deutschen Singles wird also den Plänen deutscher und internationaler Vordenker zufolge nichts anderes übrigbleiben, als unter der Brücke zu schlafen, auszuwandern oder sich das Leben zu nehmen. Aus Sicht dieser Vordenker, die meist auch zufällig Eugeniker sind, kann man nur sagen: *Viele Wege führen nach Rom!*

Auch wenn es nicht ganz zur Landwirtschaft passt, so passt es doch zu diesem Kapitel, nämlich das Thema „Trinkwasser", das ich zumindest am Rande erwähnen möchte, weil auch darum ein Kampf tobt, manche nennen es sogar bereits einen „Wasser-Krieg". Immer wieder werden Studien veröffentlicht, die belegen, dass der Verkauf von Mineralwasser in Flaschen eine gravierende Umweltsünde darstellt, weil durch deren Herstellung, Transport und Entsorgung mehr Tonnen nicht vorhandener CO_2-Äquivalente anfallen sollen als beim Flugverkehr. Daher setzen sich „Umweltverbände" immer häufiger für ein **Verbot von Mineralwasser in Flaschen** ein.

Auch wenn das Argument der Umweltbelastung im Zuge des Entstehungsprozesses solcher Flaschen nicht von der Hand zu weisen ist, so möchte ich dennoch erwähnen, dass Leitungswasser überall in Europa und den USA zuletzt deutlich teurer wurde und weitere deutliche Preissteigerungen bereits angekündigt sind. Zudem gibt es mehrere Länder, vor allem im Süden Europas, in denen ich dringend vom Trinken des Leitungswassers abraten würde. Und selbst in Deutschland und Österreich ist nicht alles Wasser aus dem Hahn so gut und sauber wie viele glauben. So oder so werden die Aktivisten und Fanatiker dennoch vermutlich schon bald versuchen, das nächste Verbot durchzusetzen, um ihren glorreichen ideologischen Absolutismus allen aufzuzwingen.

Aktivismus

Sich für seine eigenen Ziele auch mit Nachdruck einzusetzen, würde ich prinzipiell als positiv bewerten – vorausgesetzt, es handelt sich dabei um etwas Konkretes und Umsetzbares, das dem Wohle der Mehrheit oder zumindest einer großen Gruppe dient. Mehr „Klimaschutz" und „Klimaneutralität" auch mit Mitteln der Gewalt zu fordern, ist kein konkretes Ziel, sondern Ausdruck von eklatantem Bildungsmangel, gepaart mit Arroganz – um es freundlich auszudrücken.

> *„Das Landgericht Potsdam hat den Anfangsverdacht bestätigt, dass es sich bei der ‚Letzten Generation' um eine kriminelle Vereinigung handelt... Die Staatsanwaltschaft Neuruppin hatte im Dezember 2022 eine großangelegte Durchsuchung bei ‚Letzte Generation'-Mitgliedern veranlasst, nachdem die Extremisten mehrfach die Pipeline der PCK-Raffinerie in Schwedt zugedreht hatten. Die Neuruppiner Staatsanwaltschaft hatte deshalb auch wegen des Verdachts der Bildung einer kriminellen Vereinigung ermittelt. Es folgten Razzien in mehreren Bundesländern."*[(159)]
>
> Junge Freiheit am 16. Mai 2023

Dass Mitglieder der selbsternannten „Letzten Generation" sich seit dem Jahr 2022 immer häufiger auf Fahrbahnen und Kunstwerken festkleben und Gebäude und Fahrzeuge beschädigen, ist nicht nur irritierend und ärgerlich, es führt immer häufiger zu lebensgefährlichen Situationen. Als die hoffentlich ***„Letzte Generation“*** in der letzten Woche des April 2023 versuchte, „Berlin lahmzulegen“, blockierten die vermeintlichen Aktivisten tagelang wichtige Kreuzungen und Autobahnabfahrten und hinderten damit nicht nur Menschen daran, zur Arbeit zu kommen, sondern ihre Aktionen führten dazu, dass dutzende Krankenwagen für Stunden im Stau steckten und einige notleidende Patienten über fünf Stunden auf die Ankunft der Ambulanz warten mussten. Hier waren hunderte sogenannter Klima-Aktivisten aus ganz Deutschland für eine Woche angereist, um den Berlinern – gut organisiert und mit reichlich finanziellen Mitteln und juristischem Know-how im Rücken – das Leben möglichst schwer zu machen. Und wenn man sie, wie gewisse deutsche Uni-Professoren, noch weiter anstachelte, dann war es nur eine Frage der Zeit, bis all das schreckliche Konsequenzen haben würde – und während der letzten Korrekturen zu diesem Buch war es dann so weit, dass die „Letzte Degeneration“, wie sie immer öfter genannt wird, offiziell ihren ersten Toten auf dem nicht vorhandenen Gewissen hatte:

> *„In der Wiener Vorstadt Schwechat ist am Mittwochmorgen ein 69-jähriger Mann gestorben, weil die Rettungskräfte nicht rechtzeitig in eine Klinik kommen konnten. Die Zufahrtwege hatten Mitglieder der ‚Letzten Generation‘ blockiert... Erst nach langer Verzögerung und mit Unterstützung der Polizei konnte der Notarztwagen die Blockade passieren. Doch da war es für den Patienten zu spät. Er starb im Fahrzeug. Die ‚Letzte Generation‘ stritt zunächst pauschal ab, für den Tod des Mannes verantwortlich zu sein: ‚Weit und breit‘ sei kein Rettungsfahrzeug in Sicht gewesen, behauptete Sprecher Florian Wagner. Als am Abend die Vorwürfe immer massiver wurden, ruderte er zurück. Man habe ‚in der Hektik nicht in der Leitstelle der Rettung angerufen und informiert‘, hieß es lapidar. Zum Todesfall fand er kein Wort – auch keines des Bedauerns.“*[160]
>
> Junge Freiheit, 11. Mai 2023

Doch was wollen die „Klimakleber" denn überhaupt? Denn aus ihren Aktionen geht keine klare Forderung hervor. Also habe ich auf ihrer Internetseite nachgesehen und Folgendes gefunden (Hervorhebungen wie im Original):

> *„Die Regierung war bisher nicht in der Lage, selbst einfachste Sicherheitsmaßnahmen wie ein Tempolimit oder ein dauerhaftes 9-Euro-Ticket einzuführen. Diese politische Ohnmacht muss enden. Angesichts der existenziellen Bedrohung durch die Klimakatastrophe wollen wir, dass die Gesellschaft in einer Notfallsitzung zusammenkommt... Wir fordern die Bundesregierung dazu auf, einen* ***Gesellschaftsrat*** *einzuberufen, der Maßnahmen erarbeitet, wie* ***Deutschland bis 2030 die Nutzung fossiler Rohstoffe*** *beendet... Wir fordern, dass wir, die 99 Prozent, endlich mitentscheiden dürfen über den Erhalt unserer Lebensgrundlagen. Denn es hat sich gezeigt: Immer da, wo Bürger:innen informiert über ihr Schicksal mitentscheiden dürfen, wartet eine bessere, sicherere, gerechtere Welt."*[(161)]

Lassen Sie mich das kurz analysieren:

- Diese Leute glauben, es gäbe in Deutschland kein Tempolimit. Es ist ihnen also entgangen, dass in Städten schon immer eine generell zulässige Höchstgeschwindigkeit von 50km/h galt und seit der Corona-Inszenierung weite Teile der Großstädte zu 30km/h-Zonen ausgebaut oder komplett für den Autoverkehr gesperrt wurden.
- Es ist ihnen entgangen, dass mittlerweile nur noch ein geringer Prozentsatz der deutschen Autobahnen ohne Tempolimit ist. (Genaue Zahlen sind schwierig zu nennen, weil die offiziellen Daten definitiv falsch sind!) Weite Autobahnstrecken sind mit 80km/h oder 100km/h-Tempolimits versehen.
- Diese Leute fordern, dauerhaft für 9 Euro monatlich in ganz Deutschland mit allen öffentlichen Verkehrsmitteln, im Nah-

und im Fernverkehr, unbegrenzt fahren zu dürfen, damit sie ihre Mitbürger auf deren Kosten noch leichter drangsalieren können, und bezeichnen das auch noch als „Sicherheitsmaßnahme“.

- Sie fordern, dass die *„Gesellschaft in einer Notfallsitzung zusammenkommt“.*
- Sie fordern *„einen* ***Gesellschaftsrat*** *einzuberufen, der Maßnahmen erarbeitet, wie* ***Deutschland bis 2030 die Nutzung fossiler Rohstoffe*** *beendet“.* Sie fordern also ein weiteres politisches Organ und noch mehr Maßnahmen zur Einschränkung der Bevölkerung.
- *„Immer da, wo Bürger:innen informiert über ihr Schicksal mitentscheiden dürfen, wartet eine bessere, sicherere, gerechtere Welt.“* In diesem Satz allein steckt so viel Wahn, dass ich kaum weiß, wo ich anfangen soll. Auf welcher Erfahrung beruht diese Behauptung? Kann man dieses *Taka-Tuka-Land* irgendwo besuchen?
- Was genau soll „informiert“ bedeuten? Halten sich diese kaum gebildeten Akteure für informierter als den Rest der Bevölkerung?
- Eine kleine Gruppe von Aktivisten hält sich ernsthaft für 99% der Bevölkerung!

Übrigens wurden die Strafen und die Kosten für entstandene Schäden durch die „Letzte Generation“ in Deutschland und Österreich nach eigenen Angaben von *Alfred Platows* ***Ökoworld AG*** bezahlt, einem „ethisch-ökologischen Fonds“. Als dies im Mai 2023 bekannt wurde, weil die Berufskleber damit in den sozialen Netzwerken prahlten, brach ein Shitstorm über Herrn Platow herein, der ihn veranlasste, seine Unterstützung wieder zurückzuziehen. Widerstand beeindruckt also offenbar auch solche „Wohltäter“.[(162)]

Aber lassen Sie mich zunächst auf die Aussage mit den 99% eingehen. Die mittlerweile von manchen spöttisch als die „Letzte Degeneration“ bezeichnete Gruppe hatte nach eigenen Aussagen in Deutschland im Jahr 2022 weniger als 1.000 Mitglieder.[(163)] Bei einer Gesamtbevölkerungszahl von über 84 Millionen Menschen repräsentieren sie damit 0,001%! Dass Klima-Aktivisten im Prozentrechnen Schwächen aufweisen, kennen wir aus der CO_2-Debatte, sich aber um 1 Million Prozent zu verrechnen, erfordert entweder einen kaum vorstellbaren Grad an Beschränktheit oder einen pathologischen Hang zu maßloser Übertreibung und kolossaler Selbstüberschätzung. Das wiederum wäre die klassische Definition von **Narzissmus**, einer psychischen Störung, die ebenso wie Autismus unter jungen Menschen immer häufiger zu beobachten ist.

Unbestreitbar ist, dass das kleine aggressive Grüppchen keinerlei Bezug zur Realität hat, denn auf ihrer Internetseite findet sich auch folgender Satz über den von ihnen vorgeschlagenen Gesellschaftsrat: *„Veganer:innen und Autofans diskutieren gemeinsame Lösungen, denn auch sie haben ein geteiltes Interesse: die Lebensgrundlagen auf diesem Planeten schützen und den Weg dahin sozial gerecht gestalten.“*

Also zum einen sind die meisten Autofahrer, auf die sie anspielen, keine „Autofans“, sondern nutzen meist einfach nur notgedrungen ein Fortbewegungsmittel, um zur Arbeit oder zum Arzt oder zum nächsten Supermarkt zu kommen. Der überwiegende Teil der Bevölkerung hat zum anderen nicht das geringste Interesse daran, sich mit einigen schlecht erzogenen, wohlhabenden, narzisstischen Gören an einen Tisch zu setzen. Vielmehr wurde in den zahlreichen Gesprächen, die ich mit unterschiedlichen Menschen darüber führte, deutlich, dass das, was sie sich alle für die „Klimakleber“ wünschen, irgendwo zwischen einer Tracht Prügel und mehreren Jahren Gefängnis liegt.

Ein paar wenige Kinder aus wohlhabenden Familien wollen offenbar Millionen von weniger wohlhabenden Menschen vorschreiben, wie sie zu leben, was sie zu tun und was zu lassen haben – ohne klar zu formulieren, wie das im Detail aussehen soll. Und weil die Mehrheit der Menschen nicht auf ihre unklar definierten Forderungen reagiert, werden sie stinksauer, beschädigen fremdes Eigentum und flippen aus, wenn man sie dafür kritisiert. Und bei alldem trauen sie sich tatsächlich, die Worte „sozial gerecht" in den Mund zu nehmen.

Man kann es drehen und wenden, wie man will: Diese aggressiven Individuen leiden allen Definitionen nach unter einer **Narzisstischen Störung**. Laut des deutschen Psychiaters, Psychotherapeuten und Chefarztes einer Klinik für Psychiatrie und Psychotherapie, *Claas-Hinrich Lammers*, sind Narzissten Wesen, die keine Empathie haben, also kein Mitgefühl für andere. Ihren geringen Selbstwert versuchen sie dadurch zu überspielen, dass sie ständig nach Aufmerksamkeit und Bestätigung suchen, wobei leicht Realität und Fiktion verschwimmen können, die Betroffenen sich aufplustern, Geschichten erzählen, die sie größer erscheinen lassen, während sie gleichzeitig andere abwerten.[(164)]

Jeder, der einmal näher mit einem Narzissten zu tun hatte, weiß, dass diese gestörten Individuen äußerst aggressiv oder brutal werden können, wenn man ihnen etwas wegnimmt, was sie für sich beanspruchen, was von einer Beziehung bis hin zu einem Job oder einem Amt reichen kann. Das heißt, dass die Klimakleber dringend professionelle psychotherapeutische Hilfe bräuchten.

Doch wie kann es sein, dass sie von den Mainstream-Medien und allen linksorientierten Politikern scheinbar uneingeschränkte Rückendeckung genießen? Nun, zum einen liegt das daran, dass sie deren Agenda vorantreiben, und zum anderen scheinen viele Vertreter dieser Berufsgruppen selbst über psychische Störungen zu verfügen, die von Narzissmus bis hin zur Psychopathie rangieren. Der größte Unterschied ist, dass Narzissten ein großes, instabiles Ego haben, welches von der Bewunderung anderer abhängt, und Psychopathen eigentlich fast kein Ego haben. Sie sind meist sehr intelligent, passen sich immer an und reagieren den Umständen entsprechend.

„Die Chance, dass Sie in Ihrem Leben schon einmal mit einem Psychopathen zu tun hatten, liegt bei genau 100 Prozent. Einige von ihnen arbeiten in den allerhöchsten Positionen der Geschäftswelt. Hier finden sie alles, was sie interessiert: Geld, Macht, Kontrolle über andere Menschen. ***Man trifft sie in der Politik, im Gesundheitswesen, in den Medien*** *– intelligente Psychopathen sind häufig sehr erfolgreiche Menschen.*"[(165)]

Prof. Niels Birbaumer, österreichischer Psychologe und Hirnforscher

Während Narzissten das Rampenlicht suchen, halten Psychopathen sich eher im Hintergrund auf – irgendwo dazwischen rangieren anscheinend Personen mit leichtem Autismus wie dem **„Asperger-Syndrom"**, früher auch als „Autistische Psychopathie" bezeichnet. Auch wenn dieser Begriff heute umstritten ist, so scheint die Linie zwischen Aspergern und Psychopathen eine schwer definierbare zu sein. Meine Definition in Zusammenhang mit dem Klima-Thema lautet, dass Psychopathen im Hintergrund die Fäden ziehen, Autisten öffentlich Führungsrollen einnehmen und Narzissten dafür benutzen, ihre Agenda den Menschen aufzuzwingen. Allen drei Gruppen ist vor allem eines gemeinsam: ein Mangel oder das völlige Fehlen von Empathie, also von Mitgefühl. Sie sind nicht in der Lage, Gedanken, Motive und Gefühle anderer Menschen zu verstehen und mit angemessenen Emotionen darauf zu reagieren. Ihnen fehlt jegliches Einfühlungsvermögen. Daher sind ihnen Anteilnahme und Hilfsbereitschaft fremd, was sie zu einem Problem für jede Gemeinschaft macht.[(166)]

Ich habe einmal live festgeklebte Aktivisten erlebt und mir mehrere Fotos und Videos von der „Letzten Generation" im Kampfeinsatz angesehen, und mir fiel auf, dass die meisten von ihnen entweder völlig leer und entrückt wirken oder dümmlich vor sich hin grinsen. Deshalb bin ich nicht der Erste, dem sich der Verdacht aufdrängt, dass die Aktivisten während ihrer Aktionen nicht nur vom Klebstoff high sind. Aber das ist, wie gesagt, nur eine Vermutung.

Wie ich bereits in früheren Publikationen berichtete, ist das mit den angeblichen 99% der Menschen, die dem 1% der Superreichen gegenüberstehen, falsch. Ja, es gibt diese Clique der Superreichen, die Kaste der Multimilliardäre, die ich die „Geheime Weltregierung" nenne – ich habe ihre Namen und Netzwerke ausführlich in meinem Buch »Was Sie nicht wissen sollen!« beschrieben. Sie stehen an der Spitze einer Machtpyramide, die man sich auch wie eine Zwiebel vorstellen kann, weil jede Schicht die weiter innen liegende beschützt und nährt, wobei wir, die Normalverdiener, die mitfühlenden Menschen, die äußersten trockenen, braunen Hautschichten darstellen. Sie sind flächenmäßig natürlich um ein Vielfaches größer als der Kern, aber sie sind allen Einflüssen von außen ungeschützt ausgeliefert.

Um den Kern herum befindet sich die nächste Schicht. Das sind einige hundert Familien, darunter der Hochadel Europas und der Geldadel zu beiden Seiten des großen Teichs. Laut Dr. John Coleman werden sie das *„Komitee der 300"* genannt und sind im frühen 18. Jahrhundert aus der britischen *East India Merchant Company* hervorgegangen. Um sie herum kommt die nächste Schicht. Wie bei Geheimlogen, etwa den Freimaurern, weiß jeder nur das, was er wissen muss und sorgt für die Umsetzung der Direktiven. Mittels politischer Organisationen wie dem *Council on Foreign Relations*, dem *Club of Rome*, den *Bilderbergern*, dem *WEF* oder der *Atlantikbrücke* wird Einfluss auf die Wirtschaft, die Politik, die Medizin und das Bildungswesen genommen.

Wenn man all diese Gruppierungen von Empathielosen zusammenzählt, dann sind „Wir", also die fühlenden und mitfühlenden Menschen, bestenfalls 2/3 der Bevölkerung, denn die Zahl der Narzissten und der Autisten stieg in den letzten zehn Jahren deutlich an, vor allem aber seit der Corona-Inszenierung.

Also stellen wir doch die Frage, wer hinter all den psychisch auffälligen Aktivisten steckt. Wer profitiert von ihren zunehmend aggressiver werdenden Taten?

Die HintermännerInnen

Wir haben bereits gehört, dass ehemalige Occupy-Leute die radikale Aktivistengruppe *Extinction Rebellion* (XR) gründeten und finanzieren. Ich hatte bereits in meinem Buch »Lockdown« (2020) darüber berichtet, dass Rockefellers ***Club of Rome*** hinter Greta Thunbergs Schulschwänzer-Truppe **„Fridays for Future"** steckt, die vor einigen Jahren so etwas wie die Vorhut für die heutigen Klimakleber und Klimaterroristen bildete. Aber was ist mit all den anderen mittlerweile scheinbar hauptberuflich engagierten „Klima-Aktivisten"?

Nun, das ist wirklich komplex und weitreichend, und ich kann nur versuchen, es so schlicht und simpel wie möglich zusammenzufassen. Dafür möchte ich mit einer Rede der deutschen Rechtsanwältin und AfD-Politikerin ***Beatrix von Storch*** im Deutschen Bundestag im April 2023 beginnen. Anlass dieser Rede war das neue Gesetz des Grünen Wirtschafts- und Klimaschutzministers ***Robert Habeck***, das Öl-, Gas- und Holzheizungen verbietet und die Menschen dazu zwingt, sich Wärmepumpen in ihre Häuser einzubauen. Es handelt sich um ein ungewöhnlich langes Zitat, aber zum einen ist das eine schöne, kompakte Zusammenfassung der Lage, zum anderen beweist sie, dass die Politik und die Medien über all die Machenschaften Bescheid wissen:

> *„Es geht um das Geschäft mit den Wärmepumpen und letztlich um das gesamte private Immobilienvermögen... Alles dreht sich im Hause Habeck um den Staatssekretär Patrick Graichen, Bruder Jakob, Schwester Verena und Michael Kellner, deren Mann und parlamentarischen Staatssekretär, eine schrecklich nette Familie... die Agora Energiewende und das Öko-Institut haben zusammen ein Papier veröffentlicht: ‚Durchbruch für die Wärmepumpe'!... Im Öko-Institut sitzen Jakob und Verena Graichen, und bei der Agora, da sitzt Bruder Patrick sieben Jahre als Geschäftsführer, bevor Habeck ihn zum Staatssekretär gemacht hat... (und) er setzt jetzt dessen Papier um, eins zu eins... Und schauen wir uns an: Wer steht hinter der Agora und den Grai-*

chens, wer steuert ein verschachteltes System von Stiftungen, das genau das verschleiert?

Die ***Agora Energiewende*** *wird finanziert von der* ***European Climate Foundation****, diese wird finanziert von der* ***Childrens Investment Fund Foundation*** *und die wiederum wird finanziert von dem britischen Milliardär* ***Christopher Hohn****. Hohn verdient zwei Millionen Euro am Tag, ist auch Hauptgeldgeber der Klima-Extremisten* ***Extinction Rebellion****. Für die Klima-Agenda gibt der also sein Geld aus. Aber richtig spannend ist die Frage: Womit verdient er sein Geld? Ich zitiere aus der Selbstbeschreibung des Fonds: Der Fonds konzentriert sich auf die Vergabe von Hypotheken und (auf) hochwertige Immobilien mit einem Schwerpunkt auf Großstädte in Nordamerika und Europa. Da, wo seine Klima-Agenda besonders hohl dreht, da verdient der Financier der Klima-Agenda mit Hypotheken und Immobilien sein Geld. Das ist des Pudels Kern.*

Wozu führt das Heizgesetz von Habeck und dem Graichen-Clan? Eigenheimbesitzer müssen Hypotheken aufnehmen, um die teure Wärmepumpe zu bezahlen, und wenn sie das nicht können, dann müssen sie ihre Immobilie verkaufen und siehe da, da steht der Hedgefonds von Hohn bereit und kauft die Immobilien auf. Was ein Zufall! Sie können jetzt sagen, Herr Hohn ist doch nicht der Einzige, der hinter der Agora steht, das stimmt. Da ist noch die ***Mercator-Stiftung*** *mit den Metro-Milliardären, und mit den Mitteln des European Climate Fond fließen auch Mittel des kanadischen Milliardärs* ***John McBain*** *dahin, Mitglied im Millardärs-Club The* ***Giving-Pledge*** *von* ***Bill Gates****. Sobald sie am grünen Lack kratzen: Milliardäre, Milliardäre, Milliardäre.*

Immobilien sind die eine Seite der Medaille, die andere Seite ist das Geschäft mit der Wärmepumpe. Der US-Konzern Carrier Global kauft jetzt den größten deutschen Wärmepumpen-Hersteller Viessmann für 12 Milliarden Dollar. Und wem gehört Carrier Global? 86% gehören institutionellen Anlegern, das heißt, der US-Finanzin-

dustrie, namentlich ***BlackRock, Vanguard, The Capital Group****... Meine Damen und Herren,* ***die Grünen sind der politische Arm dieser globalen Finanzinteressen.*** *Und der Graichen-Clan ist die Hand, die die erforderlichen Gesetze dazu schreibt. Ihre Klima-Politik macht globale Superreiche noch viel reicher, während der normale Deutsche sprichwörtlich das Dach über seinem Kopf verliert. Ihre Klima-Politik ist nichts anderes als der ultimative Angriff auf das gesamte deutsche Volksvermögen. Und ich kann ihnen versichern, wir werden nicht zulassen, dass sie damit Erfolg haben!*“(167)

Damit hat Frau von Storch bereits ganze Arbeit geleistet. Die „Grüne Krake“ hat jedoch so viele weit verzweigte und lange Arme, dass man rasch den Überblick verliert. Ich habe tagelang daran gearbeitet, das weit verzweigte Netzwerk der Klima-Aktivisten und ihrer Geldgeber übersichtlich darzustellen, aber aufgrund der Fülle und Komplexität musste ich dazu übergehen, mir aus den hunderten von Organisationen und tausenden von Vertretern die aus meiner Sicht wichtigsten herauszupicken. Da ich hier kein Schaubild einfügen kann, bleibt mir nur, sie nacheinander aufzuzählen, was Ihnen dennoch hoffentlich dabei hilft zu verstehen, welche geballte Wirtschaftskraft und Macht hinter den „Klima-Aktivisten“ steht und wie sie sich und ihre Umtriebe finanzieren:

Friends of the Earth

Dies ist ein internationaler Dachverband von diversen Umweltschutzorganisationen in über 70 Ländern und nach eigenen Angaben die größte Umweltbewegung der Welt mit mehreren Millionen Mitgliedern. Ihre wichtigsten Vertreter im deutschsprachigen Raum sind der deutsche ***BUND***, das österreichische ***Global 2000*** und ***Pro Natura*** aus der Schweiz. Die Organisation betreibt ein eigenes Lobby-Büro in Brüssel mit 25 Angestellten(168), und von ihrem Budget von 3,25 Millionen Euro im Jahr 2021 stammten nur 13% aus Mitgliedsbeiträgen. Der Rest kam zum großen Teil aus Steuergeldern und von privaten Spenden bekannter „Philanthropen“ – hier ein Ausschnitt davon:

- 700.000 Euro kamen aus den EU-Fördertöpfen *CINEA* **und** *LIFE*
- 441.231 Euro von der ***European Climate Foundation***
- 335.882 Euro gab die ***niederländische Regierung***
- 240.935 Euro von ***EACEA*** (Europäische Exekutivagentur für Bildung und Kultur)
- 206.292 Euro gab George Soros’ ***Open Society Initiative for Europe***
- 100.000 Euro kamen direkt von der ***EU***
- 97.990 Euro vom deutschen ***Bundesministerium für Umwelt & Naturschutz***
- 33.879 Euro direkt vom ***Europarat***
- 30.705 Euro vom ***Rockefeller Brothers Fund***[(169)]

Das bedeutet, dass diese Lobby-Organisation vorwiegend mit den Steuergeldern der Europäer finanziert wird, aber die bekannten Strippenzieher, wie die Rockefellers und ihr Mann fürs Grobe, George Soros, dennoch Einfluss darauf haben. Aber noch interessanter sind die Verflechtungen der Grünen-Politiker mit alldem.

Global 2000

Der Verein ist Teil von *Friends of the Earth* und engagiert sich vor allem gegen den Klimawandel und gegen die *Grüne Gentechnik*. Die österreichische Umweltschutzorganisation, die sich nach dem Bericht an Jimmy Carter benannte (»The Global 2000 Report To The President«), wurde in den Jahren 2014 bis 2019 von ***Leonore Gewessler*** geleitet, die seit 2020 Österreichs Bundesministerin für Klimaschutz, Umwelt, Energie, Mobilität, Innovation und Technologie ist – hier wurden eine Menge Themen in nur einem Ministerium zusammengefasst. Vor 2014 hatte die Grünen-Politikerin und Aktivistin die ***Green European Foundation*** (GEF) aufgestellt und geleitet, eine Stiftung, die vom EU-Parlament finanziert wird und sich für *„politische Debatten und politische Bildung zu Kernthemen Grüner Politik in Europa"* einsetzt.[(170)]

Global 2000 propagiert die ***„Degrowth-Bewegung"***, die vereinfacht gesagt Verzicht von allen in allen Bereichen fordert und *„eine gemeinschaftliche Zukunft, in der die Grundbedürfnisse aller Menschen durch öffentliche Versorgung befriedigt sind"*. Anders ausgedrückt: die totale Abhängigkeit von denjenigen, die diese öffentliche Versorgung finanzieren. Überall, wo „grün" draufsteht, ist heute anscheinend Kommunismus und Planwirtschaft drin.

Hal Harvey

Der US-Amerikaner war nach seinem Studium in *Stanford* für mehrere NGOs tätig. Dabei lernte er die ***Rockefeller Foundation*** kennen, für die er die ***Energy Foundation*** aufbaute, die das Ziel hatte, den Energieverbrauch in den USA zu senken. Er leitete die milliardenschwere ***William and Flora Hewlett Foundation*** und gründete im Jahr 2008 die ***Climate Works Foundation***, die mit 500 Millionen Dollar von der Hewlett-Stiftung finanziert wird, um den „Klimaschutz" zu fördern. Im gleichen Jahr unterstützte Harvey die Gründung der ***European Climate Foundation*** in den Niederlanden (die *Friends of the Earth* finanziert). 2012 wurde Harvey in Deutschland aktiv und gründete zunächst (gemeinsam mit der Stiftung Mercator) die Denkfabrik ***Agora Energiewende*** und einige Jahre später die ***Agora Verkehrswende***. 2020 folgte die Gründung der ***Stiftung Klimaneutralität***, im Folgejahr wurde Harvey Präsident der neu gegründeten und weltweit aktiven ***Climate Imperative Foundation***, deren Ziel es ist, den CO_2-Ausstoß weltweit möglichst schnell und möglichst vollständig zu reduzieren. Die deutsche Wochenzeitung „Zeit" hat Harvey deswegen einmal als den „mächtigsten Grünen der Welt“ bezeichnet.[171] [172] Doch warum will ausgerechnet ein US-Amerikaner das Energiewesen und den Verkehr in Deutschland verändern? Und haben etwa all jene recht, die behaupten, Deutschland würde von den USA aus regiert?

Jennifer Lee Morgan

Die 1966 in den USA geborene Klima-Aktivistin und Ex-Greenpeace-Chefin erhielt Anfang des Jahres 2022 innerhalb von nur zwei Monaten die deutsche Staatsbürgerschaft, um danach sofort ***Sonderbeauftragte für internationale Klimapolitik*** im deutschen Außenministerium zu werden. Sie ist Master und Mind hinter der deutschen Außenministerin *Annalena Baerbock.*

Das Handelsblatt nannte Morgan *„Deutschlands Gesicht in der internationalen Klimapolitik“*, weil sie diese im Verborgenen bereits seit mehr als einem Jahrzehnt bestimmte, denn sie war in den 1990er-Jahren für den in Deutschland ansässigen Klima-Agenda-Dachverband ***Climate Action Network*** tätig und konzipierte im Rahmen eines Stipendienprogramms ein Jahr lang, von 1996 bis 1997, die Reden von Angela Merkel in ihrer Zeit als deutsche Umweltministerin.[173]

Danach leitete sie von 1998 bis 2006 das ***Global Climate Change Program*** des ***WWF.*** Während der deutschen EU-Ratspräsidentschaft im Jahr 2007 war die Amerikanerin im Beratergremium der deutschen Bundesregierung unter der Leitung des Klimaforschers *Hans Joachim Schellnhuber*, der sie danach als Mitglied in den *Wissenschaftlichen Beirat* seines ***Potsdam-Instituts für Klimafolgenforschung*** holte. Nach mehreren weiteren Lobby-Jobs wurde sie im Jahr 2016 Co-Direktorin von ***Greenpeace International***, und seit 2022 zieht sie nun die Fäden in der deutschen Klima- und Außenpolitik, was mittlerweile scheinbar ein und dasselbe ist.[174]

Rainer Baake

Der deutsche Grünen-Politiker arbeitete von 1998 bis 2005 als Staatssekretär im Bundesministerium für Umwelt und Naturschutz. Danach war er von 2006 bis 2012 Bundesgeschäftsführer des Umwelt- und Verbraucherschutzverbandes ***Deutsche Umwelthilfe***, einer Umweltschutzorganisation, die sich unter anderem für *Erneuerbare Energien* einsetzt. Er war Direktor von Hal Harveys Initiative ***Agora Energiewende***, die Anfang 2012 von der ***Stiftung Mercator*** und der ***European Climate Foundation*** ins Leben gerufen wurde. Heute ist Baake Direktor der ***Stiftung Klimaneutralität***, dessen Beirat Hal Harvey leitet.

Stiftung Mercator GmbH

Sie wurde 1996 von der Handelsfamilie ***Schmidt-Ruthenbeck*** gegründet, die Gründer und zweitgrößter Anteilseigner der Metro AG sind. Im Jahr 2012 war ihre *Mercator Stiftung* Mitbegründer der *Agora Energiewende*, die auch von der *European Climate Foundation* unterstützt wird.[(175)] Mercator betreibt, neben dem Stammsitz in Essen, Filialen in Berlin, Istanbul und Peking, zudem die ***Stiftung Mercator Schweiz*** – beide sind seit 2017 unter dem Dach der ***Meridian Stiftung*** vereint.

Das ***Mercator Kolleg für internationale Aufgaben*** bildet zusammen mit der deutschen und der schweizerischen Regierung, in Zusammenarbeit mit der UNO, Nachwuchskräfte für internationale Organisationen aus.[(176)] Im Jahr 2012 hatte die Mercator gemeinsam mit dem ***Potsdam-Institut für Klimafolgenforschung*** (PIK) das ***Mercator Research Institute on Global Commons and Climate Change*** (MCC) gegründet, das sich mit der spannenden Frage befasst: „*Wie können wichtige Naturressourcen gleichzeitig genutzt und geschützt werden?*" Direktor ist seitdem ***Ottmar Edenhofer***.

Ottmar Edenhofer
Der deutsche Ökonom ist Professor an der *Technischen Universität Berlin* und Co-Direktor sowie Chefökonom am ***Potsdam-Institut für Klimafolgenforschung*** (PIK). Er gilt als Experte auf dem Gebiet der CO_2-Bepreisung und als einer der mächtigsten Männer im Bereich der Klima-Industrie. Er ist, neben dutzenden anderen Organisationen, Mitglied der UNO-Abteilungen OECD und UNEP – und der Weltbank. Unter seiner Leitung entstand der ***IPCC-Sonderbericht*** zu *Erneuerbaren Energien* und der Vermeidung des Klimawandels. Des Weiteren ist er im Januar 2021 von Papst Franziskus zum Berater am ***Dikasterium für die ganzheitliche Entwicklung des Menschen*** berufen worden.[(177)] Außerdem ist er Berater der deutschen Bundesregierung und **„Beitragender zur Agenda des WEF“**.[(178)]

Potsdam-Institut für Klimafolgenforschung (PIK)
Dies ist einer der mächtigsten Vereine der Klima-Lobby und seit 1992 für die unentwegte Veröffentlichung von Horrorszenarien und das Zurechtweisen von Skeptikern des anthropogenen Klimawandels zuständig. Das PIK ist Teil der ***Leibniz-Gemeinschaft*** und wird zu etwa gleichen Teilen von Bund und Land Brandenburg finanziert. Im Jahr 2022 erhielt das Institut insgesamt etwa 13,3 Millionen Euro institutioneller Förderung, dazu kamen etwa 18,2 Millionen Euro Drittmittel für Forschungsprojekte.[(179)] Die Leibniz-Gemeinschaft verbindet 97 eigenständige Forschungseinrichtungen, die rund 21.000 Mitarbeiter beschäftigen und im Jahr 2021 einen Gesamtetat von 2,1 Milliarden Euro aufwiesen.[(180)]
2001 gründete das PIK mit sechs weiteren Forschungseinrichtungen die Lobby-Organisation *European Climate Forum*, heute ***Global Climate Forum***, das Wirtschaftsunternehmen, Politiker und NGOs zusammenführt. 2022 war das PIK zum fünften Mal in Folge mit über zehn Forschern unter den obersten ein Prozent der

meistzitierten Wissenschaftler weltweit.[181] Im August 2020 forderte Edenhofers Vorgänger beim PIK, *Hans Joachim Schellnhuber*, einen „Generationenvertrag Klima und Corona", den er folgendermaßen zusammenfasste: *„Man könnte es plakativ so ausdrücken: Wer achtlos das Virus weitergibt, gefährdet das Leben seiner Großeltern. Wer achtlos CO_2 freisetzt, gefährdet das Leben seiner Enkel.*"

Stiftung Klimaneutralität

Der US-amerikanische Klima-Aktivist und Präsident der *Climate Imperative Foundation* ***Hal Harvey*** fungiert als Vorsitzender, der deutsche Jurist und Geschäftsführer der *Stiftung Mercator* ***Bernhard Lorentz*** ist sein Stellvertreter.[182] Lorentz ist ein spannender Mann, weil er gleichzeitig auch für die wichtigste Wirtschaftsprüfungsgesellschaft der Welt, ***Deloitte***, als „Klimastrategischer Führer" arbeitet, deren ***Deloitte Center for Sustainable Progress*** (*Zentrum für nachhaltigen Fortschritt*) gegründet hat und leitet, für die ***Agora Energiewende*** tätig ist sowie für das ***Mercator Institute for China Studies***. Und damit ihm nicht langweilig wird, unterrichtet er an der ***Hertie School of Governance***, einer privaten Hochschule für internationale Führungskräfte, und ist Honorarprofessor an der ***Freien Universität Berlin***. Wow![183]

Patrick Graichen

Der deutsche Lobbyist war von 2001 bis 2012 im Bundesumweltministerium zuständig und federführend für die Umsetzung des „Kyoto-Protokolls" – für jenes Abkommen, das erstmals in der Geschichte völkerrechtlich verbindliche Zielwerte für den „Treibhausgas-Ausstoß" festlegte. Dann half er bei der Gründung von Hal Harveys ***Agora Energiewende***, die er von 2014 bis 2021 als Direktor leitete. Danach wechselte er im Dezember 2021 wieder ins deutsche ***Bundesministerium für Wirtschaft und Klimaschutz***, wo er das Amt des Staatssekretärs, also des höchsten Beamten bekleidete. Die

„Heizungswende" seines Chefs, Minister ***Robert Habeck***, also das Verbot von Öl-, Gas- und Holzheizungen und der Umstieg auf Wärmepumpen, war zuerst von Hal Harveys ***Agora Energiewende*** unter Patrick Graichen erarbeitet und danach von Minister Robert Habeck wiederum unter Patrick Graichen umgesetzt worden.
Seine Schwester, ***Verena Graichen***, ist stellvertretende Vorsitzende des Bundes für Umwelt und Naturschutz Deutschland (BUND), der Teil der ***Friends of the Earth*** ist und sowohl aus Steuergeldern als auch von *George Soros* und den *Rockefellers* unterstützt wird. Außerdem ist sie „Senior Researcher" am ***Öko-Institut für Energie und Klimaschutz***, dessen Finanzierung sich größtenteils aus staatlichen Zuwendungen speist und das als *„eines der führenden Umweltforschungsinstitute in Deutschland"* bezeichnet wird.[(184)]
Da all diese familiären Verflechtungen noch nicht genug waren, ernannte Patrick Graichen im April 2023 seinen Trauzeugen, ***Michael Schäfer***, zum neuen Chef der ***Deutschen Energie-Agentur*** (dena), deren Aufgabe es ist, die grüne Energiewende in Deutschland und international voranzutreiben – die teilweise vom deutschen Staat finanziert wird. Inzwischen hatte sich aber der Druck durch die alternativen Medien und die deutsche Partei AfD so weit aufgebaut, dass selbst die Mainstream-Medien über diese dubiosen Vorgänge berichteten. Das zwang letztlich Minister Robert Habeck, seinen Staatssekretär *„in den Ruhestand zu versetzen"*, was aber nichts anderes bedeutete, als dass er zwar seinen Schreibtisch im Ministerium räumen musste, aber trotzdem weiterhin von den Steuerzahlern bezahlt wird. Und vermutlich wird er sein Treiben einfach in einer der anderen Klima-Agenda-Organisationen fortsetzen.

Michael Kellner

Der ehemalige Geschäftsführer der deutschen Grünen ist Verena Graichens Ehemann und somit Schwager von Patrick Graichen. Er lebte nach dem Schulabschluss in einem israelischen Kibbuz, gilt als extrem links und ist nun Beauftragter der deutschen Bundesregierung für den Mittelstand sowie *Parlamentarischer Staatssekretär* in Habecks Ministerium für Wirtschaft und Klimaschutz. Daher wurde dieses Ministerium von Kritikern auch als „Familienunternehmen" bezeichnet.

Und weil das, was in Deutschland so vorbildlich funktioniert, in die ganze Welt exportiert werden soll, kündigte die für ihre verbalen Wirrungen weithin bekannte deutsche Außenministerin ***Annalena Baerbock*** beim ***Petersberger Klimadialog*** im Mai 2023 an, dass die Bundesrepublik 6 Milliarden Euro bereitstellen werde, um ärmeren Ländern dabei zu helfen, den Ausbau von Wind- und Solarenergie voranzutreiben.

Dr. Elga Bartsch

Sie leitet seit Anfang 2023 die Abteilung Wirtschaftspolitik im deutschen Bundesministerium für Wirtschaft und Klimaschutz. Davor war sie Vorsitzende des Ausschusses des deutschen Bankenverbandes, Europa-Chefvolkswirtin der US-Investmentbank *Morgan Stanley* und war für den größten Finanzdienstleister der Welt, *BlackRock*, in London tätig, was sie laut Ministerium zu einer ***„Expertin für die Risiken der Klimakrise für die Wirtschaft und deren ökonomische Modellierung"*** macht.[(185)] [(186)] Wenn ich das Wort „Modellierung" höre, stellen sich mir die Nackenhaare auf, aber noch gewichtiger ist, dass damit die größten BlackRock-Anteilseigner, allen voran die Familie Rothschild, direkten Zugriff auf das wichtigste Ministerium des mächtigsten europäischen Landes haben.

John H. McCall MacBain

Der kanadische Milliardär, Gründer der *McCall MacBain Foundation* und der Investmentgesellschaft *Pamoja Capital SA*, ist einer der Gründungsmitglieder der ***European Climate Foundation***, die wiederum Hal Harveys *Agora Energiewende* finanziert, welche die deutschen Klimagesetze verfasst hatte. McBain trat im Jahr 2019 ***The Giving Pledge*** bei, einer Initiative von Milliardären, die im Jahr 2010 von ***Bill Gates*** und ***Warren Buffet*** gegründet wurde, um die Spenden und Zuwendungen der Milliardäre zu „humanitären Projekten" besser zu „koordinieren". Weitere Mitglieder sind Ted Turner, Elon Musk, Mark Zuckerberg, George Lucas, Richard Brenson, Michael Bloomberg, Nicolas Berggruen, Hasso Plattner, mehrere Mitglieder des Saudischen Königshauses, der undurchsichtige ukrainische Milliardär und Strippenzieher Victor Pintchuk und (bis zu seinem Tod im Jahr 2017) David Rockefeller, um nur die bekanntesten zu nennen.

The Climate Reality Project

Dies ist eine NGO des ehemaligen US-Vizepräsidenten ***Al Gore***, mit der er weltweit Sprecher für sein Projekt ausbildet, die dann seine Multimedia-Präsentationen über die „globale menschengemachte Erderwärmung" halten. Diese ***„Climate Leaders"***, Gores fleißige Propaganda-Bienchen, lernen zudem, Führungsrollen beim Klimaschutz in ihren Kommunen zu übernehmen und zum Handeln gegen die Klimakrise „anzuregen". Insgesamt sind bis heute etwa 6.000 Sprecher aus über 100 Ländern ausgebildet worden, um Gruppen, etwa von Führungskräften, Schülern, Glaubensgemeinschaften oder politischen Entscheidungsträgern aller Ebenen, über den Klimawandel zu „informieren" und sie zum Handeln zu bewegen.[(187)] Partner sind unter anderem *Deloitte*, *KPMG*, *Facebook*, *Google*, *Starbucks*, der *WWF* und die *Global-Shapers* des WEF.[(188)] Wenn jedes von Gores fleißigen Bienchen weitere 1.000 Menschen indoktrinierte, dann hat Gore allein über seine Vortragsreihe sechs Millionen Menschen das Gehirn gewaschen, ohne dass er dafür jemals das Haus verlassen musste.

350.org

Diese Aktivisten-Organisation wurde im Jahr 2009 gegründet mit dem Ziel, den CO_2 -Gehalt in der Atmosphäre auf 350 ppm zu begrenzen – da er bei Fertigstellung dieses Buches bei rund 423 ppm lag, könnte man ihre Mission als gescheitert betrachten. Aber wenn man schon mal dabei ist, macht man einfach weiter, denn 350.org ist mittlerweile eine der maßgeblichen Organisatoren der „Globalen Klimastreiks" und arbeitet nach eigener Aussage mit rund 300 verbündeten Organisationen wie ***Greenpeace***, ***Friends of the Earth***, ***Rainforest Action Network*** dem ***Sierra Club*** oder ***Avaaz*** zusammen. Zudem unterstützen 350 Personen des öffentlichen Lebens 350.org als sogenannte Klima-Botschafter, darunter war auch der im Jahr 2020 verstorbene Eisenbahn-Ingenieur und IPCC-Vorsitzende ***Rajendra Pachauri***.

AVAAZ

Dies ist eine der mächtigsten Aktivisten-Plattformen, die ihre mehr als 48 Millionen „Mitglieder" sehr geschickt mit kurzen Berichten und Petitionen zu den Themen „Klima" und „soziale Ungerechtigkeit" steuert und manipuliert. Gründer ***Ricken Patel*** ist Harvard-Absolvent und war zuvor für die ***UNO***, die ***Rockefeller Foundation***, die ***Gates Foundation*** und die ***International Crisis Group*** tätig, einer Lobby-Organisation, die unter anderem von *McKinsey* und der Investmentbank *Goldman Sachs* finanziert wird und die UNO, die EU und die Weltbank berät. AVAAZ bestimmte die öffentliche Meinung beim „Arabischen Frühling" ebenso wie beim Umsturz in der Ukraine und schaffte es für die Elite, die westliche Jugend erfolgreich weg von „*Occupy Wallstreet*" und hin zu „***Fridays for Future***" zu lenken.

Ingmar Rentzhog

Er ist Gründer und Chef von ***We Don't Have Time***, das wiederum zu Al Gores ***Climate Reality Project*** gehört und mit dem ***Club of Rome*** verbandelt ist. Seine internationale Klimainitiative hat zum Ziel, größtes Social-Media-Netzwerk der Welt mit mindestens hundert Millionen Nutzern zu werden, um Klima-Kämpfern eine noch breitere Werbeplattform zu bieten.

Trevor Neilson

Er ist Mitbegründer und Ex-Chef der ***Global Philanthropy Group***, die eine Schlüsselrolle bei der Beratung zur Gründung der ***Make it Right Foundation*** spielte, die im Jahr 2007 von Schauspieler *Brad Pitt* gegründet wurde und sich dem umweltfreundlichen Wiederaufbau von Häusern in New Orleans nach dem Hurrikan *Katrina* widmete. Er war Leiter der ***„Global Business Foundation"*** (gegründet mit Geldern von Bill Gates, George Soros und Ted Turner), leitete die ***„Bill-Gates-Foundation"***, arbeitete unter Bill Clinton und ist für die Kampagnenorganisation ***„One"*** tätig, deren „Jugendbotschafterin" ***Luisa Neubauer*** ist, die Deutschland-Chefin von ***„Fridays for Future"***.[189]

ONE-Campaign

Die international agierende Lobby- und Kampagnenorganisation wurde im Jahr 2004 von den Sängern ***Bob Geldof*** und ***Bono*** gegründet – seines Zeichens UNO-Botschafter. Ursprünglich für die Bekämpfung der Armut und vermeidbarer Krankheiten in Afrika gegründet, engagiert sich die Organisation mittlerweile in vielen Bereichen, auch im Impfwesen, wo sie während der Corona-Inszenierung die Impfallianz ***Gavi*** von Bill Gates unterstützte. Immer häufiger ist sie auch im Bereich des Klima-Aktivismus tätig.[190] Zu ihren Unterstützern gehören neben hunderten Schauspielern aus aller Welt die ***Gates-Foundation***, die ***Rockefeller-Foundation***, ***George***

Soros und seine *Open Society Foundations*, *Warren Buffet*, *Michael Bloomberg*, *Coca Cola*, *Bank of America*, *Santander Bank*, *Merck*, *Google* und viele mehr. Die Deutschland-Chefin von *„Fridays for Future"*, *Luisa Neubauer* stammt aus der berühmten deutschen Reemtsma-Familie, die selbst mehrere Stiftungen betreibt. Sie ist „Jugendbotschafterin" von ONE, zudem ist sie Mitglied der deutschen Partei *Die Grünen* und mit dem Schauspieler *Louis Klamroth* liiert, der im öffentlich-rechtlichen deutschen Fernsehen die politische Fernsehsendung *„hart aber fair"* moderiert.

Abb. 34: Luisa Neubauer von Fridays for Future wirbt für ONE

Guerrilla Foundation

Die Stiftung mit Sitz in Berlin wurde vom deutsch-griechischen Millionär *Antonis Schwarz* gegründet. Sie unterstützt Aktivisten, Bürgerinitiativen und soziale Bewegungen, die auf einen umfassenden systemischen Wandel in ganz Europa hinarbeiten – darunter *Extinction Rebellion* und *Rebelión por el Clima*, dem spanischen Arm von *Climate Rebellion*, einem Zusammenschluss von Aktivisten aus verschiedenen Bewegungen wie *Greenpeace*, *Ecologistas en Acción*, *Fridays for Future*, *Extinction Rebellion*, *Andalucía Justa y Resiliente* und dem französischen Gewerkschaftsbund *CGT*.

Climate Cardinals

Nach eigenen Angaben ist *Climate Cardinals* eine von Jugendlichen geführte Non-Profit-Organisation, die sich dafür einsetzt, die Klima-Bewegung auch für Menschen zugänglich zu machen, die kein Englisch sprechen: *„Unser Ziel ist es, eine vielfältige Koalition von Menschen aufzuklären und zu befähigen, die Klimakrise zu bewäl-*

Abb. 35: *Jane Fonda und Sophia Kianni* beim 2019 Black Friday climate strike

tigen."[192] Mit 9.000 Volontären in vierzig Ländern und 100 Sprachen gehört die Organisation zu den einflussreichsten der Welt. Gegründet wurde sie vom Ex-*Fridays for Future*-Mitglied ***Sophia Kianni***, einer iranisch-amerikanischen Klima-Aktivistin, die zudem das jüngste Mitglied der ***Jugendberatungsgruppe des Generalsekretärs der UNO*** zum Klimawandel und Sprecherin von ***Extinction Rebellion*** ist. Kianni trat bei einer *Fridays for Future*-Aktion im Jahr 2019 gemeinsam mit ***Jane Fonda*** auf, der Ex-Frau von Eugeniker *Ted Turner* (siehe Abb. 35) Danach schrieb Fonda ein Buch über ihren Öko-Aktivismus. Allein mit ihrem Instagram-Profil erreicht die Ex-Schauspielerin mehr als 2 Millionen Menschen für ihre Agenda.[193]

Climate Emergency Fund

Die Organisation unterstützt *„mutige Aktivisten"* finanziell bei ihrer Arbeit, *„die Öffentlichkeit über den Klimanotstand aufzuklären"*. Der Fond wurde im Jahr 2019 von den Milliardärs-Erbinnen ***Rebecca Rockefeller***, ***Aileen Getty*** und ***Rory Kennedy*** gegründet und unterstützt 94 Organisationen, darunter ***Extinction Rebellion***, ***Die Letzte Generation***, ***Just stop Oil***, ***Youth vs. Apocalypse***, ***Scientist Rebellion***. Er *„bildete bislang 22.000 Klima-Aktivisten aus"* und *„mobilisierte"* mehr als 1 Million Aktivisten. Allein in 2022 ließen die Damen dafür 5,3 Million US-Dollar springen und *„generierten mehr als 15.000 Presseberichte"*. ***Rory Kennedy*** ist die jüngste Tochter des US-Präsidentschaftskandidaten für die Demokraten im Jahr 2024, ***Robert F. Kennedy Jr.***, der kürzlich kritisierte, dass „Mega-Milliardäre" den Klimawandel nutzen, um totalitäre Bevölkerungskontrolle einzuführen.

Da frage ich mich, ob im Hause Kennedy Uneinigkeit über das Instrumentalisieren junger, verwirrter Menschen herrscht? Gibt es da Auffassungsunterschiede in den Generationen? Oder versucht Robert F. mit seinen Aussagen aus dem April 2023 nur zu täuschen, um bei bestimmten Wählerschichten zu punkten:

Abb. 36: Aileen Getty
Abb. 37: Rory Kennedy

„Klimaprobleme und Umweltverschmutzungsprobleme werden vom Weltwirtschaftsforum und Bill Gates und all diesen großen Milliardären ausgenutzt. Genauso wie COVID ausgenutzt wurde, um es als Vorwand zu benutzen, um die Gesellschaft von oben herab totalitär zu kontrollieren und um uns dann technische Lösungen zu liefern. Und wenn man genau hinsieht, stellt sich heraus, dass die Leute, die diese technischen Lösungen vorantreiben, auch die Inhaber der Patente für diese Lösungen sind. Auf diese Weise haben sie dem Klimachaos einen schlechten Ruf verpasst, weil die Menschen jetzt sehen, dass es sich nur um eine weitere Krise handelt, die dazu benutzt wird, den Wohlstand der Armen zu verringern und Milliardäre zu bereichern."(194)

22.000 ausgebildete Aktivisten in kurzer Zeit durch nur eine einzige von hunderten Organisationen, die den Klimawandel zu ihren Gunsten nutzen wollen! Es geht hier nicht um ein paar wenige Fanatiker. **Das ist eine Armee!** Wenn wir dies mit den unzähligen Armen der „Grünen Krake" multiplizieren, dann kommen wir vielleicht auf hunderttausende Klimakrieger, die für die bereits begonnene Schlacht gerüstet sind. Und wenn für die bezahlten, hauptberuflichen Gotteskrieger der Klima-Religion von privaten Stiftungen dann auch noch alle juristischen Kosten übernommen werden, dann dürften sie sich ja nahezu unbesiegbar fühlen.

Da scheint es auch keine Rolle zu spielen, dass die Hohepriester der Klimareligion zwar hohe Ansprüche an uns alle stellen, sich selbst jedoch nicht an ihre eigenen Forderungen halten. So wurde *Gail Bradbrook*, die Gründerin von *Extinction Rebellion*, mehrfach dabei fotografiert, wie sie mit ihrem Dieselfahrzeug zum Supermarkt fuhr und eine Vielzahl von abgepackten, nicht aus der Region stammenden Lebensmitteln kaufte, wie die englische Zeitung *Sun* berichtete.[(191)]

Das erinnert mich an den Ausspruch *Henry Kissingers*, der Soldaten als *„dumme Tiere“* bezeichnete, die man *„als Schachfiguren in der Außenpolitik benutze“*.

Alle Menschen, die wissen, wie man das ganz große Geld macht, sind mittlerweile erbarmungslos auf den grünen Zug aufgesprungen, oder haben ihre eigenen Bahnunternehmen, Streckennetze und Bahnhöfe gebaut, um beim Bild zu bleiben – von der *IKEA Foundation*, über die unzähligen Vehikel von Gates und Rockefeller, die alle irgendwie mit der *Weltbank* verbunden sind, bis hin zum weitreichenden Klimarettungsnetzwerk von Amazon-Gründer ***Jeff Bezos***, der ebenso mit mehreren Initiativen am Start ist, wie beispielsweise dem ***Amazon Fund***, dem ***Earth Fund*** und dem ***Climate Pledge*** **Fund.**

Und dann gibt es noch jene, die ganz im Stillen, aber umso effektiver wirken, wie etwa die ***Climate Finance Partnership*** (CFP) des weltweit größten Finanzverwalters *BlackRock*. Die CFP ist ein *„öffentlich-privates Finanzierungsinstrument“*, an dem neben privaten Vermögenden auch staatliche Entwicklungsagenturen sowie Banken aus Frankreich, Deutschland und Japan daran arbeiten, Ländern in Asien, Lateinamerika und Afrika *„erneuerbare Energie-Projekte“* schmackhaft zu machen und dabei so richtig abzusahnen.

Das, was ich auf den letzten Seiten aufgezeigt habe, sind nur einige wenige Arme der „Grünen Riesenkrake", deren Tentakel mittlerweile bis in alle Schichten der Gesellschaft hineinreichen. Die „Aktivisten", die sich irgendwo „fürs Klima" festkleben oder die Schule schwänzen, sind nur „nützliche Idioten" für eine Agenda, die seit Jahrzehnten vorbereitet wurde und darauf abzielt, die Weltbevölkerung zu dezimieren, den Mittelstand gänzlich auszulöschen und den verbliebenen Rest als willenlose Sklaven zu halten. Und dieser Plan scheint Stück für Stück aufzugehen.

Auch die meisten Grünen-Politiker – fast durchgehend Großstadtkinder, die keine Ahnung von „grün" haben, von Landwirtschaft oder Natur – sind nichts anderes als Werkzeuge der Superreichen. Über ein weit verzweigtes Netz aus Stiftungen, NGOs und Thinktanks werden ihnen aus vielen Richtungen erkaufte pseudowissenschaftliche Berichte und Modelle präsentiert, die ihnen ein Bild zeichnen, das nichts mit der Lebenswirklichkeit der meisten Menschen und noch weniger mit den realen physikalischen Vorgängen in unserem Sonnensystem zu tun hat. Sie leben in einer Parallelwelt und verkünden Entscheidungen als die ihren, obwohl sie in Wahrheit von anderen für uns alle getroffen wurden – und eindeutig nicht zu unserem Vorteil! Das vorhin beschriebene Beispiel des deutschen Umweltministers *Robert Habeck* und den ihn umgebenden *Graichen-Clan* ist nur einer von vielen solcher Vorgänge.

Die Klima-Agenda ist so weit fortgeschritten, dass mittlerweile der 20-jährigen Autistin *Greta Thunberg* im Jahr 2023 der **Ehrendoktor der Theologie** von der Universität Helsinki verliehen wurde! Das ist insofern bemerkenswert, weil es somit amtlich und offiziell ist, dass es sich beim Klima-Aktivismus um eine Religion handelt und nicht um Wissenschaft!

Und wenn bei der **Abitur-Prüfung** im Fach „Politik-Wirtschaft" – eine übrigens äußerst interessante Kombination – in Niedersachsen im

Jahr 2023 ein klimapolitischer **Essay von Luisa Neubauer** zum Prüfungseinsatz kommt, dann wird klar, wie weit die Indoktrination einer ganzen Generation bereits fortgeschritten ist. In diesem Essay, das am 8. Juni 2022 in der ZEIT erschienen war, stellt die ONE-Botschafterin aus reichem Hause einen kruden Zusammenhang her zwischen dem Russland-Ukraine-Krieg und der Notwendigkeit, auf fossile Brennstoffe zu verzichten, und schreibt: *„Wer echten Frieden will, will das Ende der fossilen Ära.“*

Dieses primitive Schwarz-Weiß-Denken suggeriert, dass nur eine „grüne Energiewende“ immerwährenden Frieden bringen könnte – und das, obwohl sich die deutschen „Grünen“ seit dem Jahr 2022 als die größten Kriegstreiber profilieren und gar nicht genug Waffen und schweres Kriegsgerät in die Ukraine schicken können.[(195)] Man darf mit dem Kopfschütteln erst gar nicht anfangen, denn sonst wird einem bald schwindlig.

Es ist immer wieder erstaunlich festzustellen, mit welcher Präzision George Orwell all das in seinem prophetischen Roman »1984« vorhergesagt hat, denn darin wiederholt das (heute grüne) „Ministerium für Wahrheit“ immer wieder seine drei Parolen für die Bürger, so lange, bis alle sie glauben:

- Krieg ist Frieden
- Freiheit ist Sklaverei
- Unwissenheit ist Stärke

Ich weiß, dass dieses Kapitel wenig Freude bereitet und dass es als Schautafel übersichtlicher wäre, aber das würde leider die Kapazitäten eines Buches sprengen, weil es mindestens auf einem A1-Poster abgedruckt werden müsste, wenn nicht sogar auf mehreren.

Zusammenfassend kann man sagen, dass die deutschen Grünen dem Rest Europas eine Klima-Agenda aufzwingen, die ihnen wiederum von einigen US-amerikanischen und kanadischen Milliardären diktiert wird – was aber scheinbar kaum jemanden in Europa stört. Stellen Sie sich vor, es wären russische Milliardäre, die mit solchen weit verzweigten Organisationen die deutsche oder gar die gesamte europäische Politik bestimmten. Was gäbe das für einen Aufschrei – vor allem von Seiten der angeblich Linken!

Massensterben

> *„Die Lebenserwartung in den USA verzeichnet aktuell den stärksten Rückgang seit einem Jahrhundert: Von 2019 bis 2021 ist sie von 78,8 auf 76,1 Jahre gesunken. Einen solchen Rückgang innerhalb von zwei Jahren gab es zuletzt von 1921 bis 1923."*[196]
>
> Zentrum für Gesundheit

Beim *State of the World Forum* der *Gorbachev Society* im Jahr 1995 in San Francisco trafen sich die führenden Umweltschützer/Eugeniker, um zu besprechen, wie es mit der Welt weitergehen sollte. ***„Die ökologische Krise ist kurz gesagt die Bevölkerungskrise. Reduziere die Bevölkerung um 90 Prozent und es bleiben nicht genügend Leute übrig, um großen ökologischen Schaden anzurichten!"***

Der „Klimawandel" ist heute zum Synonym für einen Abbau unseres Wohlstands geworden, da eine kleine, extrem reiche, elitäre Gruppe der Meinung ist, dass wir zu viele sind und zu viel verbrauchen. Also müssen wir weniger werden, und zwar möglichst schnell, und das obwohl wir bereits seit einigen Jahren wissen, dass wir den Peak beim Bevölkerungswachstum bereits erreicht oder vielleicht sogar überschritten haben. Die Weltbevölkerung wird in den kommenden Jahrzehnten sogar dramatisch schrumpfen. Niemand weiß das besser als *Bill Gates*, denn seine *Bill & Melinda Gates*-Stiftung finanzierte eine wichtige Studie, die im Juli 2020 veröffentlicht wurde:

„Forscher am Institut für Gesundheits-Statistik und -bewertung der Universität Washington haben gezeigt, dass sich die globale Fertilitätsrate 2017 auf 2,4 fast halbiert hat. Ihre Studie wurde in The Lancet veröffentlicht und geht davon aus, dass sie bis zum Jahr 2100 unter 1,7 fallen wird. ***Japans Bevölkerung wird voraussichtlich von einem Höchststand von 128 Millionen im Jahr 2017 auf weniger als 53 Millionen bis zum Ende des Jahrhunderts sinken. In Italien wird ein ebenso dramatischer Bevölkerungsabsturz von 61 auf 28 Millionen im selben Zeitraum erwartet.*** *Das sind nur zwei von 23 Ländern – zu denen auch* ***Spanien, Portugal, Thailand und Südkorea*** *gehören – deren* ***Bevölkerung sich voraussichtlich mehr als halbieren wird.*** *China, derzeit die bevölkerungsreichste Nation der Welt, wird voraussichtlich in vier Jahren seinen Höchststand mit 1,4 Milliarden erreichen, bevor er sich bis 2100 auf 732 Millionen fast halbiert... Das Vereinigte Königreich wird voraussichtlich im Jahr 2063 einen Höchststand von 75 Millionen erreichen und bis 2100 auf 71 Millionen fallen.*“[197]

James Gallagher, Gesundheits- und
Wissenschaftskorrespondent BBC, 15. Juli 2020

Diese Studie wurde vor der Corona-Inszenierung gemacht. Die Gentherapie-Spritzen, die in den Jahren 2021 und 2022 mehreren Milliarden Menschen verabreicht wurden, führten in manchen westlichen Ländern zu einer Übersterblichkeit von mehr als 100%, also zu doppelt so vielen Todesfällen wie im Durchschnitt früherer Jahre. In Deutschland etwa lag sie im Jahr 2022 um rund 92% darüber – Tendenz steigend.[198]

Hunderttausende Schwangere verloren ihre Kinder ungewollt dank des „Stichs“.[199] Doch all das scheint den Eugenikern nicht schnell genug zu gehen. Und ihr Dauerdruck auf die Psyche junger Menschen macht sich bezahlt. Immer mehr junge Menschen wollen bewusst keine Kinder in die Welt setzen, und zwar wegen deren CO_2-Ausstoß! Das ist kein Witz! Mittlerweile gibt es in der westlichen Welt eine **„Gebär-**

streik-Bewegung". Sie nahm ihren Anfang im Jahr 2019, nachdem sich mehrere hundert Paare der englischen Sängerin *Blythe Pepino* anschlossen: „*Wir erklären unsere Entscheidung, keine Kinder zu gebären, aufgrund der Schwere der ökologischen Krise und der gegenwärtigen Untätigkeit der regierenden Kräfte angesichts dieser existenziellen Bedrohung.*" Und mittlerweile breitet sich diese Geisteshaltung auch in den deutschsprachigen Raum aus:

> „*Was sich wie ein krasser Einzelfall anhört, scheint sich inzwischen zu einer regelrechten Bewegung auszuwachsen: ‚Birth-Strike-Movement' nennt sich das Ganze – ‚Gebärstreik-Bewegung'. Gerade unter Klimaschützern soll sie großen Anklang finden, weil Kinder das Klima zusätzlich belasten und nur der Verzicht auf Nachwuchs tatsächlich helfe. 58,6 Tonnen CO_2-Äquivalente ließen sich pro Jahr durch einen nicht geborenen Menschen einsparen. Der Verzicht auf ein Auto komme da im Vergleich gerade mal auf 2,4 Tonnen pro Jahr.*"[(200)]
>
> Michael Koch, Express, 1. Mai 2023

Man könnte jetzt scherzen, dass die Aktivisten sich natürlich nicht fortpflanzen dürfen, wenn sie die „Letzte Generation" sein wollen, aber letztlich ist das alles nicht mehr witzig.

Während ich die letzten Zeilen dieses Buches schreibe, lese ich die Nachricht, dass es in der Schweiz von Januar bis November 2022 zu einem Geburtenrückgang von 10% kam. In Zürich betrug er sogar 14%.[(201)] In Deutschland betrug der Rückgang an Geburten im Jahr 2022 gegenüber dem Vorjahr 7,1%.[(202)] In Österreich betrug er laut *Statistik Austria* „nur" 4,5%. Die „Klima-Agenda" der Geheimen Weltregierung ist also tatsächlich „nachhaltig", und Aldous Huxleys Wunsch hat sich erfüllt: *Das Undenkbare ist mittlerweile denkbar geworden!*

Wenn die Entwicklung so weitergeht, dann könnte es bei den westlichen Vertretern des Homo sapiens bereits innerhalb der nächsten Jahre zum Massensterben kommen, da eine völlig überalterte Gesellschaft ohne entsprechenden Nachwuchs zusammenbrechen muss. Es fehlt längst überall in der westlichen Welt an medizinischem Personal und an Pflegekräften, was seit Jahren schon zu einem Sinken der Lebenserwartung führt. Großer Stress, schlechte Versorgung mit Lebensmitteln und eklatanter Mangel an Medikamenten, die allesamt kein „Zufall" sind, könnten einen Dominoeffekt bewirken, der die gewollte deutliche Reduzierung der Weltbevölkerung innerhalb weniger Jahre ermöglichen könnte, noch bevor die Galaktische Superwelle möglicherweise dafür sorgen könnte.

Die wenigen Kinder, die heute noch in Europa und Nordamerika geboren werden, sollen zu allem Überdruss auch noch zu **Klima-Kindersoldaten** geformt werden, zu Kanonenfutter im Krieg gegen sich selbst. Jede Diktatur, egal ob vermeintlich politisch links oder rechts, versucht, die Gesellschaft zu formen, wobei Propaganda und *Mind Control* bei den Jüngsten besonders effizient sind.

Ober-Eugeniker Ted Turner war in den 1990er-Jahren mit seiner TV-Serie *„Captain Planet!"* so etwas wie der Vorreiter auf dem Gebiet frühkindlicher Klima-Indoktrination. Heute bildet die UNO in Zusammenarbeit mit dem BUND und anderen Klima-Retter-Vereinen im Namen der *Agenda 2030* Kinder zu Spitzeln und Volkspolizisten aus. Das neue Programm nennt sich **„Superhelden des Klimaschutzes"** und bildet schon die Kleinsten zu „WahrheitswahrerInnen" oder *„Veggie-Verfechter/innen"* aus.[213]

Dafür stellt die UNO-Abteilung für Klima-Kindersoldaten umfangreiches Unterrichtsmaterial zur Verfügung, bei dem es mir den Magen umdreht, zum Beispiel wenn Vorschulkinder zu „Energieexperten" ernannt werden, indem man ihnen einfache Aufgaben stellt, deren richtige Beantwortung mit einer Urkunde und dem Titel *„Klima-Superheld/in"* belohnt wird.

Wie widerstandsfähig wird diese nachrückende Generation von Klima-Superhelden gegen den Klimawandel wirklich sein? Wird sich die Wahrheit noch vor dem Ausbruch eines Supervulkans durchsetzen, oder wird die Menschheit Opfer mangelnder geistiger und physischer Anpassungsfähigkeit werden? Wenn nur ein Teil von uns die nächsten zehn oder fünfzehn Jahre überleben wird, welcher Teil wird es sein? Werden die Transhumanisten oder die fühlenden Menschen aus Fleisch und Blut überleben? Fragen über Fragen – und es wird Zeit, dass wir sie offen stellen.

Fazit

Als ich mit diesem Buch begann, dachte ich eigentlich, es würde sich von selbst schreiben, da ich ja die gesamte Vorarbeit bereits für den eingangs erwähnten Vortrag geleistet hatte, aber weit gefehlt. Täglich erreichten mich neue Meldungen über weitere Verstrickungen und Machenschaften, so wie ich sie beispielsweise im letzten Kapitel „Massensterben" noch eingefügt habe.

Täglich gab es mehr Details zum bereits begonnenen Kataklysmus und widersprüchliche Meldungen dazu aus dem weit gefächerten Bereich der Wissenschaft – oder dessen, was wir dafür halten. Ich hätte das Manuskript also stetig erweitern und aktualisieren können, doch der weitaus größte Teil des Buches war bereits im Lektorat, und mein Verleger wollte nun endlich einen finalen Titel für das Buch haben, um es anmelden und vorbereiten zu können.

Der Titel meines Vortrags lautete: *„Der anthropogene Klimawandel – Eine bequeme Unwahrheit"* Das war für einen Buchtitel eindeutig zu lang. Mein Wunschtitel war *„Die Klima-Agenda"*, weil er aus meiner Sicht am besten das große ganze Bild zusammenfasste, aber er wurde rundum von allen Befragten als zu schwach und langweilig abgelehnt. Da es bereits eine Vielzahl von Büchern zum Thema „Klimawandel" gibt, musste es ein neuer Titel sein, der sich zudem von allen bisherigen absetzte, damit die Menschen das Buch überhaupt finden konnten. Außerdem sollte er auffallen und aufhorchen lassen. Der Titel, der vom Verlag präferiert wurde, lautete „Klima-Terror". Ich persönlich wehrte mich dagegen, solange ich konnte, weil ich ihn zu „reißerisch" fand, und ich fürchtete, dass er suggerierte, dass es sich dabei nur um ein Buch über die Klimakleber handelte, was ja bei Weitem nicht der Fall ist. Aber am Ende konnte ich nur der Erfahrung aller Beteiligten vertrauen und mich ihrem Urteil fügen.

Die Klima-Agenda ist auf einer Vielzahl von Lügen aufgebaut, physischer und psychischer Terror sind nur ein Teil davon. Der Klima-Wandel hat nichts mit unserem CO_2-Ausstoß zu tun, sondern mit den veränderten energetischen Zuständen im Universum. Ein verstärkter Energiezufluss und ein gleichzeitig schwächer werdendes Magnetfeld der Erde führen zu Hybridprozessen im Erdinneren, die wiederum gravierende Auswirkungen auf die Erdoberfläche haben.

All dies deutet darauf hin, dass wir am Beginn eines besonders heftigen Kataklysmus stehen, wie er sich nur alle 24.000 Jahre auf Erden wiederholt. Ein solches zyklisches Großereignis führte bislang immer zu aussterbenden Tier- und Pflanzenarten und zu einer Reduzierung der Menschheit. Was diesmal anders ist als die vorigen Male, ist der Umstand, dass erstmals eine kleine Gruppe von Erdenbewohnern in großem Umfang auf völlig unkontrollierte Weise noch zusätzlich in das Wettergeschehen eingreift, was alle Anpassungsversuche an die ohnehin kritische Lage noch komplizierter und schwieriger macht. Wir wissen heute kaum noch, welche Wetterlage noch natürlich und welche künstlich ist, und da viele Länder an der Wettermanipulation teilhaben, ist es nahezu unmöglich zu sagen, wer aktuell welches Wettergeschehen verursacht hat.

Die Klima-Agenda, wie ich sie hier beschrieben habe, ist ein *Mind-Control-Projekt*, das alle bisherigen in den Schatten stellt. Es hat noch nie zuvor ein größer angelegtes und länger vorbereitetes derartiges militärisch-milliardärisches Projekt gegeben, mit dem man das Denken und Handeln eines Großteils der Weltbevölkerung steuern konnte. Wir leben in Zeiten großer Wirren und Verwirrung, und ich habe den Eindruck, dass die meisten Beteiligten an dieser Geheimoperation sowohl die Kontrolle als auch den Überblick über ihre Aktionen verloren haben, was die Sache für alle noch unberechenbarer macht.

Wir sind, was wir denken und tun. Unsere Gedanken und unser Handeln erschaffen unser Leben – egal von welcher Seite aus man es betrachtet. Doch muss man sich jeden Tag aufs Neue ernsthaft die Frage stellen, ob das, was einem durch den Kopf geht, tatsächlich die eigenen Gedanken sind oder nicht vielmehr Denkmuster, die uns mittels frühkindlicher Indoktrination, unentwegter Falschinformationen und Dauerbestrahlung eingepflanzt wurden, um der Agenda einer kleinen Gruppe sehr reicher Psychopathen Vorschub zu leisten.

Doch die kosmischen Vorgänge haben ebenso Einfluss auf unseren Geist und unseren Körper wie unsere Ernährung, unsere Gesellschaft, unsere Geisteshaltung und die Informationen, die uns erreichen. Wir leben in stürmischen Zeiten. Die Inflation wird weiter hoch bleiben, was bedeutet, dass das Gros der Menschen noch weiter verarmen wird. Mehr und mehr Firmen wandern aus Europa ab oder schließen für immer. Mehr und mehr Menschen werden arbeitslos, und dennoch sinken die offiziellen Arbeitslosenzahlen, was zum einen auf gefälschte Statistiken hindeutet, auf der anderen Seite aber auch Ausdruck dessen ist, dass ein großer Teil der Bevölkerung nach dem Impfregime der Jahre 2021 und 2022 dauerhaft arbeitsunfähig ist, wodurch sie nicht in dieser Statistik auftauchen.

Die Europäer und Nordamerikaner werden sich in den kommenden Jahren zunehmend an Mangel gewöhnen müssen, nicht nur im Bereich des Warenangebots, sondern auch im Bereich der Dienstleistungen und der Energieversorgung. Reisen wird deutlich schwieriger werden und ohne einen digitalen WHO-Impfpass bald nicht mehr möglich sein. Es werden leider vermutlich noch mehr Menschen an den Folgen der Corona-Inszenierung sterben, und es ist recht wahrscheinlich, dass wir bald die nächste Fake-Pandemie erleben werden. Internen Quellen zufolge ist die nächste, wesentlich heftigere „Pandemie" für den Winter 2024/2025 geplant, aber wie wir alle wissen, kann der zeitliche Ablauf solcher Aktionen immer etwas variieren, denn Widerstand wirkt, wie wir zuvor bereits mehrfach gesehen haben.

Mitte Juni 2023 tat der deutsche Gesundheitsminister Karl Lauterbach nach einem weltweit eher kalten und niederschlagreichen Jahr wiederum alles, um mediale Aufmerksamkeit zu erhaschen und eine Hitzepanik mit vielen Toten heraufzubeschwören, was nahelegt, dass vor der nächsten Plandemie vielleicht noch der Klima-Lockdown über Europa verhängt werden könnte und die Menschen gezwungen werden, den Sommer zuhause im Keller zu verbringen.

Wie also beendet man ein solches Buch? Der Vortrag endete mit Applaus, aber ohne ein Resümee oder eine Zusammenfassung, weil ich meine Zeit bereits überschritten hatte. Im Anschluss kamen einige interessierte Zuhörer zu mir und stellten alle dieselbe Frage: *„Was können wir nun tun?“* oder *„Was sollen wir nun mit all den Informationen anfangen?“*

Was können wir alle tun, damit all die anderen inszenierten ökonomischen, militärischen und sozialen Krisen nicht vom wahren Kern der Klima-Agenda ablenken? Was können wir tun, um deutlich zu machen, dass die *Agenda 2030* und der *European Green Deal* in Wahrheit ein eugenisches Programm sind und nicht das Ziel haben, den Planeten zu retten, sondern mehr Platz für die gefühllosen Eliten zu schaffen?

Ich gehe nicht mehr davon aus, dass die Menschheit als Ganzes erwachen und „aufsteigen“ wird, vielmehr driften die unterschiedlichen Zeitlinien oder parallelen Realitäten immer weiter auseinander. Ich hatte dieses Prinzip bereits in meinen Büchern »Lockdown« und »Lockdown – Band 2« beschrieben und werde daher nicht wieder darauf eingehen. Aber ich denke, es gibt vereinfacht gesagt drei Dinge, die wir alle tun können, um sinnvoll mit dem neu erworbenen Wissen, das zu einer Bewusstseinserweiterung beiträgt, umzugehen:

1. Wir können die Informationen mit so vielen offenen Menschen wie möglich teilen, denn Wissen ist Macht. Das kann im Freundeskreis, im Verein oder in jeder Art von Zusammentreffen ge-

schehen. Wichtig ist, dass die Menschen das Wissen freiwillig annehmen möchten und nicht zwangsbeglückt werden. Denen, die offen oder unentschieden sind, präsentiert man Fakten, und zwar möglichst leicht verständlich und spannend aufbereitet. Je mehr Menschen die Fakten kennen, desto schwieriger wird es, die Klima-Agenda bis zum geplanten Ende durchzuziehen.

2. Wir können einen positiven Beitrag zum Wandel leisten, wenn wir uns intensiv um uns selbst kümmern, wenn wir dafür sorgen, dass wir selbst glücklich, ausgeglichen und erfüllt sind. Dabei kann alles helfen, was einem guttut und dabei unterstützt, zur Ruhe zu kommen und bei sich selbst zu bleiben. Das kann Zeit in der Natur sein ebenso wie Sport, Yoga, Meditation oder Gartenarbeit. Unsere Gedanken erschaffen unsere Realität und beeinflussen die der anderen. Je klarer und zielgerichteter wir sind, desto eher werden wir die Welt ein wenig besser zurücklassen, als wir sie vorgefunden haben. Das geht am effektivsten, indem wir einen für uns persönlich positiven Ausgang dieses kosmischen Experiments visualisieren. Je mehr wir unseren Fokus verteilen und streuen, desto ineffizienter werden wir. Es ist wichtig, möglichst gut und umfassend informiert zu sein, aber noch wichtiger ist es, sich nicht mit dem Negativen und Destruktiven aufzuhalten und zu identifizieren.

3. Selbst auf der besten aller Zeitlinien wird es in den kommenden zwei bis drei Jahren noch sehr turbulent werden, weshalb ich zur Eigenvorsorge rate. Sowohl inszenierte als auch natürliche Krisen oder Katastrophen werden bald viele Menschen dazu zwingen, ihren aktuellen Standort zu verlassen und/oder ihr Leben grundlegend zu verändern. Es wird vermutlich für manche von uns deutliche Einschränkungen bei Nahrungsmitteln und bei der Stromversorgung geben. Wer sich rechtzeitig für schwierige Zeiten rüstet und einen Fluchtplan für den Tag X

entwickelt, wie ich es in meinem Buch »Blackout – Der last-minute-Vorsorge-Guide« beschrieben habe, hat aus meiner Sicht deutlich größere Chancen, diese Zeiten des totalen Wandels zu überstehen.

Ich weiß, dass viele von uns bereits am Limit sind und oftmals kaum die Kraft haben, ihren Alltag zufriedenstellend zu bewältigen. Daher ist es umso wichtiger, die eigene wertvolle Lebensenergie nicht an Mitmenschen zu verschwenden, die damit nicht respektvoll und in Dankbarkeit umgehen können. Es ist längst an der Zeit, alle alten Konventionen, Konditionen und Denkmuster aufzugeben und sich der rasch wandelnden Realität zu stellen. Die Dinge so anzunehmen, wie sie sind, ist enorm befreiend, auch wenn sie nicht so sind, wie man sie ursprünglich gerne gehabt hätte.

Ich weiß nicht, ob es wärmer oder kälter werden wird, ob viele küstennahe Großstädte in den kommenden Jahrzehnten überflutet werden, ob das Eis in der Antarktis komplett schmelzen wird oder der Trend sich umkehrt, aber wie auch immer dieses Experiment ausgehen wird, wir sollten an jedem einzelnen Tag dieser Inkarnation versuchen, das Beste daraus zu machen und so viel Spaß und Freude wie möglich zu haben. Wir können nur bedingt bestimmen, was von außen auf uns zukommt, aber wir können immer selbst entscheiden, wie wir damit umgehen – sofern wir selbstständig denken können und wachsam bleiben.

Ich wünsche allen Lesern und deren Liebsten von Herzen alles Gute – und dass Sie nie Ihren Sinn für Humor verlieren mögen!

Herzlichst

Michael Morris

Literatur- und Quellenverzeichnis

1. Wikipedia „Warmklima"
2. Wikipedia: Almut Bick: *Die Steinzeit*. Theiss, Stuttgart 2006
3. www.deutschlandfunkkultur.de/groenland-war-mal-gruen-100.html
4. www.umweltbundesamt.de/daten/klima/treibhausgas-emissionen-in-deutschland
5. Prof. Dr. Werner Kirstein, deutscher Klimatograph und Universitätsprofessor für Geografie, www.wetteronline.de/wetterticker/ungewoehnliches-phaenomen-meerespiegel-des-mittelmeers-sinkt-in-frankreich--701ebaa6-ba30-41c8-a37c-4e262ac568ce
6. Geoinformatik, Kartografie und Geostatistik in seinem Buch *„Klimawandel – Realität, Irrtum oder Lüge*", erschienen im Jahr 2020
7. https://creativesociety.com/de
8. www.youtube.com/watch?v=oYhCQv5tNsQ
9. www.youtube.com/watch?v=oYhCQv5tNsQ
10. www.sciencealert.com/mysterious-anomaly-weakening-earth-s-magnetic-field-seems-to-be-splitting-into-two
11. www.weltderphysik.de/gebiet/erde/erde/erdmagnetfeld/)
12. www.youtube.com/watch?v=RroIKW5kcJQ
13. *https://symbio-harmonizer.com/der-herzschlag-der-erde-die-schumann-resonanz/*
14. www.nature.com/articles/s41467-018-02954-1
15. www.spektrum.de/news/tuvalu-geht-nicht-unter-im-gegenteil/1544559
16. www.salonkolumnisten.com/mythenjagd-13-tuvalu-und-kiribati-versinken-im-meer/
17. https://taz.de/Einwanderung-in-Neuseeland/!5036227/
18. www.diepresse.com/5083413/abschied-von-tuvalu-die-geschichte-des-ersten-klimafluechtlings
19. www.krone.at/1630674
20. www.wetter.de/cms/niedrigwasser-statt-hochwasser-in-venedigs-kanaelen-4714283.html
21. www.mallorcamagazin.com/nachrichten/lokales/2023/02/16/109385/nanu-einigen-kustenabschnitten-auf-mallorca-geht-das-wasser-rapide-zuruck.html
22. https://agupubs.onlinelibrary.wiley.com/doi/10.1029/2022GL101827
23. www.theguardian.com/environment/2020/oct/14/enormous-amount-of-heat-even-deepest-ocean-is-warming-study
24. CORRUPTED CLIMATE STATIONS - The Official U.S. Temperature Record Remains Fatally Flawed, Anthony Watts, 2022 Edition)
25. https://at.galileo.tv/natur/baeume-sind-die-neuen-superhelden-im-kampf-gegen-den-klimawandel/
26. https://en.wikipedia.org/wiki/Cold_wave
27. https://en.wikipedia.org/wiki/December_2022_North_American_winter_storm
28. https://en.wikipedia.org/wiki/2022%E2%80%9323_North_American_winter#Early_February_cold_wave
29. https://eu.usatoday.com/story/graphics/2023/03/15/california-snowfall-record/11435377002/
30. https://watchers.news/2023/04/05/historic-tulare-lake-back-to-life-after-nearly-a-century-california/
31. www.msn.com/en-au/news/other/sydney-ends-longest-cold-streak-for-140-years/ss-AA16xni4

32. siehe Telegram-Kanal Sun Evo News
33. https://twitter.com/yangyubin1998/status/1616992562195365889
34. www.tagesschau.de/ausland/asien/china-kaelterekord-101.html
35. www.youtube.com/watch?v=K4SMmLYcxG4&feature=youtu.be
36. https://en.wikipedia.org/wiki/February_2021_Greek_cold_wave
37. https://meinka.de/baden-wuerttemberg-mit-rekordwaerme-und-kaelterekord-2022/
38. https://watchers.news/2021/05/03/uk-records-coldest-april-since-1922-and-frostiest-since-1960/
39. Kältereport Nr. 34/2022, Chris Frey
40. Kältereport Nr. 34/2022, Chris Frey
41. https://zuerich24.ch/articles/180074-kaelte-und-schnee-auf-mallorca
42. www.mallorcazeitung.es/panorama/2023/01/25/schnee-wetter-kaelte-aussichten-81966604.html
43. www.tessloff.com/was-ist-was/wissenschaft/wetter/was-ist-die-heisseste-und-kaelteste-temperatur-aller-zeiten.html
44. www.wetteronline.at/wetterticker/unter-minus-75-grad-in-wostok-sehr-frueh-extreme-kaelte-in-der-antarktis--c9ddf2f4-9da2-408b-aeb7-0f3167ec5888
45. https://science.nasa.gov/science-news/science-at-nasa/2009/23dec_voyager
46. https://ec.europa.eu/research-and-innovation/en/horizon-magazine/earths-magnetic-poles-could-start-flip-what-happens-then
47. www.science.org/content/article/earths-waning-magnet
48. www.berliner-kurier.de/panorama/survival-condo-projects-post-apokalyptischer-luxus-bunker-fuer-reiche-li.87377
49. https://de.wikipedia.org/wiki/Kali-Yuga
50. https://isha.sadhguru.org/global/de/wisdom/article/kali-yuga
51. https://de.rawveganpsychic.com/the-adam-and-eve-story-uncensored
52. www.youtube.com/watch?v=wiHNO031egE
53. www.sciencedirect.com/science/article/pii/S1674984715000518
54. www.theweathernetwork.com/en/news/weather/severe/worlds-deepest-earthquake-uncovered-at-751-km-below-earths-surface
55. https://physicstoday.scitation.org/do/10.1063/pt.6.1.20220405a/full/
56. https://physicsworld.com/
57. https://eswd.eu/cgi-bin/eswd.cgi
58. https://fgga.univie.ac.at/news/news-views/detailansicht/news/der-historische-neusiedler-see-von-austrocknung-bis-25-meter-plus/
59. https://watchers.news/2023/04/05/historic-tulare-lake-back-to-life-after-nearly-a-century-california/
60. www.nasa.gov/image-feature/heavy-rain-snow-revive-tulare-lake
61. www.volcanodiscovery.com/de/earthquakes-volcanoes/news/209483/Volcano-earthquake-report-for-Tuesday-18-Apr-2023.html
62. *www.thenationalnews.com/uae/2023/04/05/uae-to-acquire-advanced-cloud-seeding-aircraft/*
63. www.zawya.com/en/world/middle-east/uae-cloud-seeding-to-help-improve-production-of-certain-crops-tackle-water-scarcity-vgmkw75a
64. www.jstor.org/stable/26247991

65. www.geoengineeringmonitor.org/2022/04/quarterly-review-i-part-1-weather-modification-current-developments-and-lessons-learned-after-70-years-of-deployment/
66. www.aemet.es/es/conocermas/modificacion_artificial_tiempo
67. www.youtube.com/watch?v=X0sN2tG7uEY
68. https://report24.news/staatlicher-meteorologischer-dienst-spaniens-gibt-zu-techniken-zur-wettermanipulation-weltweit-im-einsatz/
69. www.naturalnews.com/041201_chemtrails_nanoparticles_degenerative_disease.html
70. www.quora.com/Is-aluminium-used-to-make-fireworks
71. www.prnewswire.com/news-releases/aluminum-dust-from-geoengineering-fueling-super-wildfires-according-to-author-300707890.html
72. https://rebelsiren.wordpress.com/2014/08/22/francis-mangels-former-usda-biologist-with-the-us-forest-service-scientific-findings-lab-reports-conclusive-evidence-of-geo-engineering/
73. https://bit.ly/3qR30EV
74. https://stop5g.cz/us/scalar-energy-in-military-technology-mathematics-of-spherical-hyper-dimensions-scalar-interferometry/
75. https://futurezone.at/digital-life/havanna-syndrom-us-geheimdienste-bericht-kein-angriff-strahlenwaffen-akkustikwaffen/402348072
76. https://futurezone.at/science/weltraum-sonnenschirm-sonnensegel-erderwaermung-klimawandel-stoppen-abkuehlen/401416473
77. https://reitschuster.de/post/klimarettung-2-0-forscher-arbeiten-an-kuenstlicher-sonnenfinsternis/
78. „Institute of Atmospheric Physics, Chinese Academy of Sciences“ / Huang et al.
79. Standortgebunden abgeschöpfter Wind verursacht „Windsterben“ – Windflaute stürzt Europa und die Welt in eine Dürre-Katastrophe
80. www.vi-rettet-brandenburg.de/intern/dokumente/Windsterben.pdf SEP)
81. „Institute of Atmospheric Physics, Chinese Academy of Sciences“ / Huang et al.
82. Standortgebunden abgeschöpfter Wind verursacht „Windsterben“ – Windflaute stürzt Europa und die Welt in eine Dürre-Katastrophe
83. https://pullnews.medium.com/what-i-learned-about-climate-change-the-science-is-not-settled-1e3ae4712ace
84. https://de.wikipedia.org/wiki/Vannevar_Bush
85. www.rockefellerfoundation.org/profile/victoria-coleman/
86. www.rockefellerfoundation.org/profile/maria-kozloski/
87. Eugenics and America's Campaign to Create a Master Race—Expanded Edition by Edwin Black. Copyright 2003 and 2012 Edwin Black. Original publication titled "Eugenics and the Nazis—The California
88. www.wiwo.de/zukunftsforscher-yuval-noah-harari-die-meisten-menschen-sind-fuer-die-wirtschaft-ueberfluessig/19554090.html
89. http://conspiracywiki.com/articles/new-world-order/club-of-rome/
90. www.kurier.de/inhalt.prinz-philip-best-of-prinz-philip-zitate.741157e7-80ad-4dea-a804-81c4dcad0408.html
91. www.mauricestrong.net/index.php?option=com_content&view=article&id=167&Itemid=88
92. https://legitim.ch/keine-ziegel-kein-glas-kein-zement-das-fordert-die-netto-null-politik-laut-staatlich-finanziertem-bericht/

93. www.architonic.com/de/story/peter-smisek-hautnah-mikro-wohnraum/20048160
94. https://algore.com/news/statement-by-former-vice-president-al-gore-on-the-passing-of-maurice-strong
95. https://pm.gc.ca/en/news/statements/2015/11/28/statement-prime-minister-death-maurice-strong
96. www.sourcewatch.org/index.php/State_of_the_World_Forum
97. https://legitim.ch/der-weltberuehmte-autor-von-die-grenzen-des-wachstums-befuerwortet-die-vernichtung-von-86-der-weltbevoelkerung/
98. https://de.wikipedia.org/wiki/Politik
99. https://de.wikipedia.org/wiki/Politik
100. www.spiegel.de/wirtschaft/unternehmen/credit-suisse-tauscht-ecuadors-schulden-gegen-den-erhalt-der-galapagos-inseln-a-acbc50db-8ef0-44c6-a1b9-8b481a061e4a
101. https://greencentralbanking.com/2023/03/22/credit-suisse-failure-may-affect-nature-financing/
102. https://magazin.nzz.ch/nzz-am-sonntag/hintergrund/wie-oesterreichs-politiker-ihre-medien-am-gaengelband-fuehren-ld.1734453?reduced=true
103. *BAG 19. März 2008 – 7 AZR 1100/06 – Rn. 33 mwN, BAGE 126, 211*
104. www.forschung-und-lehre.de/forschung/geforscht-wird-was-bezahlt-wird-1069/
105. http://haetten-sie-gewusst.blogspot.com/2014/01/zahl-der-wissenschaftler-wie-viele.html
106. www.academics.de/ratgeber/usa-deutschland-vergleich-wissenschaft-bildung
107. www.spiegel.de/wissenschaft/medizin/nobelpreistraeger-randy-schekman-kritisiert-science-und-nature-a-1154483.html
108. www.youtube.com/watch?v=oYhCQv5tNsQ
109. www.youtube.com/watch?v=oYhCQv5tNsQ
110. www.unep.org/unep-50-leaders-through-years/maurice-strong
111. https://de.wikipedia.org/wiki/Intergovernmental_Panel_on_Climate_Change
112. www.youtube.com/watch?v=oYhCQv5tNsQ
113. www.libertynation.com/a-climate-alarmist-sued-a-skeptic-for-defamation-and-lost/
114. https://twitter.com/MichaelEMann/status/1168722487984754691/photo/1
115. www.theregister.com/2009/11/30/crugate_analysis/
116. www.wsj.com/articles/SB10001424052970204452104577059830626002226
117. www.forbes.com/sites/jamestaylor/2011/11/23/climategate-2-0-new-e-mails-rock-the-global-warming-debate/
118. www.historyisaweapon.com/defcon1/zinnproblemobedience.html
119. www.fr.de/politik/jutta-ditfurth-extinction-rebellion-eine-weltuntergangssekte-13116627.html
120. https://deutsche-wirtschafts-nachrichten.de/702895/Politisches-Harakiri-Ampel-verdoppelt-Lkw-Maut-mit-CO2-Aufschlag
121. https://www.myclimate.org/de/informieren/faq/faq-detail/was-bedeutet-netto-null-emissionen/
122. www.myclimate.org/
123. www.weforum.org/people/moritz-lehmkuhl
124. https://marjorie-wiki.de/wiki/ClimatePartner#cite_ref-5
125. https://komuno.de/lexikon/esg-rating/
126. www2.deloitte.com/de/de/pages/audit/articles/esg-reporting.html

127. www.zerohedge.com/political/what-esg-its-leveraging-tool-woke-communist-takeover
128. www.agrarheute.com/management/recht/holzheizungen-verboten-neuen-gebaeudeenergiegesetz-606003
129. www.tichyseinblick.de/daili-es-sentials/fdp-fuenfmal-hoehere-kosten-waermewende-habeck
130. www.fr.de/verbraucher/2023-pflicht-gesetz-klimaschutz-oel-gas-waermepumpe-kosten-austausch-heizung-91990676.html
131. https://money.cnn.com/quote/shareholders/shareholders.html?symb=CARR&subView=institutional
132. https://pleiteticker.de/experten-fuehlen-sich-schlicht-uebergangen-habeck-ignorierte-kritik-von-experten-bei-heizungs-gesetz/
133. www.welt.de/vermischtes/weltgeschehen/article245367738/Statistisches-Bundesamt-Ein-Fuenftel-der-Deutschen-ist-von-Armut-oder-Ausgrenzung-bedroht.html
134. https://oe1.orf.at/programm/20220809/687190/Umstrittene-Punkte-fuer-Buerger-innen
135. https://heartland.org/publications/financial-institutions-are-expanding-esg-social-credit-scores-to-target-individuals-small-businesses/
136. https://norberthaering.de/geldsystem/wef-iwf-cbdc/
137. www.goldseiten.de/artikel/567590--Nick-Giambruno~-Wie-Sie-sich-gegen-CBDCs-wehren-koennen---5-Wege-wie-Sie-aus-dieser-dystopischen-Zukunft-aussteigen-koennen.html?seite=1
138. https://kontrast.at/privatjet-staatshilfe/
139. www.agrarheute.com/management/betriebsfuehrung/hoefesterben-extrem-mehr-5-millionen-landwirte-eu-geben-605590
140. www.aargauerzeitung.ch/wirtschaft/fleisch-ist-ein-auslaufmodell-am-open-forum-wird-uber-ernahrung-diskutiert-ld.1480062
141. www.zerohedge.com/political/scientists-say-meat-crucial-human-diet-warn-against-vegan-zealotry
142. www.dublin-declaration.org/
143. www.theguardian.com/commentisfree/2021/apr/05/bill-gates-climate-crisis-farmland
144. https://usrtk.org/bill-gates/radical-menu/
145. www.businessinsider.com/bill-gates-optimistic-future-fake-meats-plant-based-foods-2023-1?r=US&IR=T
146. https://usrtk.org/bill-gates/radical-menu/
147. www.slowfood.de/aktuelles/2020/eu-farm-to-fork-strategie-die-wichtigsten-infos-auf-einen-blick
148. www.agrarheute.com/management/finanzen/solaranlagen-ackerland-flaechenfrass-exorbitante-pachtpreise-600993
149. www.bvl.bund.de/SharedDocs/Fachmeldungen/01_lebensmittel/2023/2023_01_25_Fa_Getreideschimmelkaefer.html
150. https://de.wikipedia.org/wiki/Gl%C3%A4nzendschwarzer_Getreideschimmelk%C3%A4fer
151. www.vegan.at/insektenpulver
152. www.vegan.at/insektenpulver
153. www.energiezukunft.eu/klimawandel/methan-blocker-fuer-britische-kuehe/
154. https://exxpress.at/kampf-gegen-klimawandel-maskenpflicht-soll-schaedliche-kuh-ruelpser-stoppen/

155. https://beruhmte-zitate.de/zitate/134938-jean-claude-juncker-wir-beschliessen-etwas-stellen-das-dann-in-den-rau/
156. https://oxiblog.de/letzte-generation-wie-radikal-muesste-es-sein/
157. https://pleiteticker.de/forderungsliste-aufgetaucht-klimaaktivisten-wollen-lebensmittel-rationieren-und-fleischverbot/
158. www.focus.de/immobilien/kaufen/wir-erleben-eine-krise-die-alle-vorher-in-den-schatten-stellt_id_193534407.html
159. https://jungefreiheit.de/kultur/gesellschaft/2023/letzte-generation-kriminell-verein/
160. https://jungefreiheit.de/politik/ausland/2023/letzte-generation-todesfall/
161. https://letztegeneration.de/forderungen/
162. https://twitter.com/CBGSpender/status/1653827236888190993
163. https://de.wikipedia.org/wiki/Letzte_Generation
164. www.deutschlandfunkkultur.de/narzissmus-das-zwanghafte-kreisen-ums-ich-100.html
165. www.pm-magazin.de/t/gehirn-intelligenz/gehirnforschung/woran-erkennt-man-psychopathen
166. www.handelsblatt.com/technik/forschung-innovation/autismus-das-mitleid-der-teilnahmslosen/2699980.html
167. www.youtube.com/watch?v=2ekwKKvAC4w
168. www.welt.de/welt_print/article1137218/EU-finanziert-Umweltgruppen.html
169. Friends of the Earth Europe's detailed financial information for the year 2021, May 2022
170. https://de.wikipedia.org/wiki/Green_European_Foundation
171. https://de.wikipedia.org/wiki/Hal_Harvey
172. www.tichyseinblick.de/daili-es-sentials/hal-harvey-der-freundliche-geldgeber-der-deutschen-energiewende
173. www.handelsblatt.com/themen/jennifer-morgan
174. https://de.wikipedia.org/wiki/Jennifer_Morgan_(Umweltaktivistin
175. https://de.marketscreener.com/kurs/aktie/METRO-AG-36818765/unternehmen/
176. https://de.wikipedia.org/wiki/Mercator_Kolleg_f%C3%BCr_internationale_Aufgaben
177. https://de.wikipedia.org/wiki/Ottmar_Edenhofer
178. www.weforum.org/agenda/authors?page=147
179. www.pik-potsdam.de/de/institut/ueber/ueber
180. https://de.wikipedia.org/wiki/Leibniz-Gemeinschaft
181. https://agupubs.onlinelibrary.wiley.com/doi/10.1029/2022GL101827
182. www.stiftung-mercator.de/de/pressemitteilungen/honorarprofessur-fuer-dr-bernhard-lorentz/
183. www2.deloitte.com/de/de/profiles/bernhard-lorentz.html
184. www.tichyseinblick.de/meinungen/patrick-graichen-der-mann-der-ihre-heizung-will/amp
185. www.bmwk.de/Redaktion/DE/Pressemitteilungen/2023/01/20230109-elga-bartsch-ist-neue-abteilungsleiterin-wirtschaftspolitik.html
186. www.spiegel.de/wirtschaft/elga-bartsch-ehemalige-blackrock-oekonomin-wechselt-ins-wirtschaftsministerium-a-8e0e5c8e-a291-4551-ab68-f0d17d36b907
187. https://de.wikipedia.org/wiki/The_Climate_Reality_Project
188. www.climaterealityproject.org/partners
189. https://wetzlar-kurier.de/1255-greta-thunberg-wird-von-personen-instrumentalisiert-die-es-besser-wissen-mussten-und-die-es-besser-wissen/

190. www.one.org/africa/globalgoals/climate-action/
191. www.thesun.co.uk/news/22109854/extinction-rebellion-leader-gail-bradbrook-exposed-eco-hypocrite/
192. www.climatecardinals.org/about
193. https://en.wikipedia.org/wiki/Sophia_Kianni
194. www.thegatewaypundit.com/2023/04/rfk-jr-mega-billionaires-are-using-climate-change-to-usher-in-totalitarian-controls-of-population-video/
195. www.wsws.org/de/articles/2023/01/13/amp1-j13.html
196. www.zentrum-der-gesundheit.de/news/gesundheit/allgemein-gesundheit/sinkende-lebenserwartung
197. www.bbc.co.uk/news/health-53409521?at_custom1=%5Bpost+type%5D&at_custom4=373A8206-C667-11EA-B9A4-24203A982C1E&at_medium=%20custom7&at_campaign=64&at_custom3=BBC+News&at_custom2=facebook_page
198. https://bit.ly/3phhsWw
199. https://dieunbestechlichen.com/2023/05/pfizer-files-wenn-der-impfstoff-zur-abtreibung-fuehrt/?utm_source=rss&utm_medium=rss&utm_campaign=pfizer-files-wenn-der-impfstoff-zur-abtreibung-fuehrt
200. https://exxpress.at/klima-schutz-extrem-50-000-euro-belohnung-fuer-paare-die-auf-kinder-verzichten/
201. https://report24.news/offizielle-daten-aus-der-schweiz-groesster-geburtenrueckgang-seit-ueber-hundert-jahren/?feed_id=30176
202. www.destatis.de/DE/Themen/Gesellschaft-Umwelt/Bevoelkerung/Geburten/geburten-aktuell.html
203. https://unric.org/de/superheld-des-klimaschutzes/
204. www.umweltbundesamt.de/themen/klima-energie/erneuerbare-energien/windenergie-an-land#flaeche
205. www.blickpunkt-lateinamerika.de/artikel/ecuador-windraeder-aus-balsaholz-beschleunigen-regenwald-abholzung/
206. www.umweltbundesamt.de/themen/regenwald-abholzung-klimafolgen-sind-groesser-als
207. www.regenwald.org/regenwaldreport/2022/604/aus-dem-regenwald-ins-windrad
208. www.bafu.admin.ch/bafu/de/home/themen/klima/dossiers/klimaschutzgesetz.html
209. https://web.archive.org/web/20200420224305/https://cei.org/content/ipcc-report-criticized-one-its-lead-authors
210. www.bz-berlin.de/berlin/mitte/gruene-verzweifeln-an-ihrer-eigenen-waermepumpe
211. www.zerohedge.com/markets/david-stockman-phony-climate-change-catastrophe-and-why-americans-will-foot-bill
212. www.costanachrichten.com/service/residenten-ratgeber/digitaler-euro-id-wallet-zentralbank-cbdc-eu-spanien-bargeld-bezahlen-kritik-92046135.html
213. https://unric.org/de/superheld-des-klimaschutzes/

Bildquellen

(1) www.kachelmannwetter.com
(2) www.zamg.ac.at/cms/de/klima/informationsportal-klimawandel/klimavergangenheit/palaeoklima/4-6-mrd.-jahre
(3) www.allmystery.de/i/6f01cefbe44a1e69_CO2_60Mio.jpg
(4) www.wetter.de/cms/wetterlexikon-erdatmosphaere-2399036.html
(5) https://klassewasser.de/content/language1/html/6328.php
(6) www.mdr.de/wissen/polsprung-naturkatastrophe-massensterben-erdmagnetfeld-100.html
(7) https://riskfrontiers.com/insights/risks-of-weakening-of-the-earths-magnetic-field/
(8) https://de.wikipedia.org/wiki/Erdmagnetfeld#/media/Datei:Magnetosphere_rendition.jpg
(9) siehe Telegramkanal Sun Eco News
(10) www.youtube.com/watch?v=RroIKW5kcJQ
(11) www.zamg.ac.at/cms/de/images/klima/bild_ip-klimawandel/klimafolgen/meeresspiegel/5-3-1_1_rekonstruktion_lang
(12) www.geologyin.com/2018/08/massive-105-foot-wide-sinkhole-abruptly.html
(13) Creative Society, Victor C. Tsai
(14) Creative Society, 2022
(15) Creative Society
(16) www.dailymail.co.uk/sciencetech/article-11723891/Where-worlds-earthquake-hotspots.html
(17) https://bit.ly/42VpQJ9
(18) www.geoengineeringwatch.org
(19) https://twitter.com/BBCNWT/status/1438761791387996160/photo/1)
(20) Michael Morris
(21) https://schwyz-infra.ch/reportagenuebersicht/zeit-und-wirtschaftsgeschehen/wettermanipulation-durch-skalar-interferometrie-suchtbar-gemacht/
(22) https://stop5g.cz/us/scalar-energy-in-military-technology-mathematics-of-spherical-hyper-dimensions-scalar-interferometry/)
(23) Michael Morris
(24) https://twitter.com/home2hiraeth/status/1046840154881589248
(25) www.epochtimes.de/assets/uploads/2021/05/ET_Energiewende-Doehler_WKA-Horns-Rev_CC-2-0-640x480.jpg
(26) www.epochtimes.de/assets/uploads/2021/05/ET_Energiewende-Doehler_Windkraft-Enercon-WKA.png
(27) www.history.com/news/nuclear-bomb-tests-bikini-atoll-facts
(28) https://library.ucsd.edu/dc/object/bb51205477
(29) https://nap.nationalacademies.org/read/11522/chapter/20
(30) https://de.wikipedia.org/wiki/Operation_Crossroads#/media/Datei:Admiral_Blandy_Mushroom_Cloud_Cake.jpg
(31) https://gml.noaa.gov/ccgg/trends/
(32) https://twitter.com/MichaelEMann/status/1168883764036022274
(33) https://climatestate.com/2013/05/17/ninety-seven-percent-of-scientists-agree-climate-change-is-real-man-made-and-dangerous/
(34) www.one.org/international/blog/meet-luisa-a-germany-youth-ambassador-for-one/
(35) https://de.m.wikipedia.org/wiki/Datei:Sophia_Kianni_with_Jane_Fonda_at_2019_Black_Friday_climate_strike.jpg
(36) www.glamour.com/story/why-rory-kennedy-is-in-barbies
(37) www.telegraph.co.uk/environment/2019/09/06/getty-heiress-donates-500000-fund-backs-extinction-rebellion/

Sachregister

Namenregister

ES IST KRIEG

Michael Morris

Die Superreichen gegen den Rest der Welt!

Wir befinden uns in jener Zeit, die künftig vielleicht als die Endschlacht um das Überleben der Menschheit in die Geschichtsbücher eingehen wird, und der Ausgang dieses Krieges ist ungewiss. • Die vermeintliche „Corona-Impfung" zerstört das Immunsystem der Geimpften und führt dazu, dass jeder Betroffene an seiner ganz individuellen Schwachstelle erkrankt oder daran verstirbt. • Die Regisseure dieser künstlich geschaffenen Krise kommen vorwiegend aus dem Bereich der IT, der Pharmaindustrie, des militärisch-industriellen Komplexes und der Geheimdienste. • Im Rahmen der Corona-Inszenierung sollen wir Menschen auf eine digitale Identität (QR-Code) reduziert werden, um uns uneingeschränkt kontrollieren zu können (Social Ranking System). • Die Lüge vom menschengemachten Klimawandel dient dem Zweck, die Bevölkerung in Angst zu halten und immer neue Steuern zu erheben und Verbote auszusprechen. • Die grassierende gewollte Inflation könnte schon bald zu einer Hyperinflation ausarten und in einer Währungsreform enden, um eine neue, rein digitale Weltwährung zu etablieren. All diese Themen sind eng miteinander verflochten und verfolgen dasselbe Ziel: den klassischen Menschen abzuschaffen und durch einen digital gesteuerten Sklaven zu ersetzen. Wissen ist Macht. Vorbereitung ist essentiell. Widerstand ist unsere letzte Hoffnung!

ISBN 978-3-938656-96-9 • 24,00 Euro

LOCKDOWN

Michael Morris

Der Ausnahmezustand ist die neue Norm!

- Wie kann man den längst überfälligen systemischen Crash der Weltwirtschaft organisieren, ohne dass es einen Schuldigen gibt?
- Wie kann man die Nutzung von Bargeld abschaffen, ohne Widerstand aus der Bevölkerung zu erzeugen?
- Wie kann man problemlos die flächendeckende und lückenlose Überwachung aller Menschen etablieren?
- Wie kann man Versammlungs- und Demonstrationsverbote ohne Widerstand durchsetzen?
- Wie kann man die Menschen dazu bewegen, sich freiwillig impfen und chippen zu lassen?
- Wie kann man die Weltbevölkerung reduzieren, ohne dass irgendjemand Verdacht schöpft?

ISBN 978-3-938656-19-8 • 21,00 Euro

BLACKOUT

Michael Morris

Regelmäßige Strom-Abschaltungen für einzelne Gebiete und Großstadt-Teile sind in mehreren europäischen Staaten bereits in Vorbereitung, sogenannte „Rollierende Blackouts", bei denen Millionen von Haushalten für mehrere Stunden täglich der Strom abgestellt werden soll, um einen echten, flächendeckenden Blackout zu verhindern. Unabhängig davon befürchten viele Experten, dass ein großflächiger Ausfall des Stromnetzes – egal, ob durch Militär, Sonnensturm, Hackerangriff oder durch die Energiewende ausgelöst – kaum noch zu verhindern ist. Doch bereits ein Blackout von nur wenigen Tagen würde wochen- oder monatelange Versorgungsprobleme zur Folge haben, und so gut wie niemand ist darauf adäquat vorbereitet. Von staatlicher Seite ist keine Hilfe zu erwarten, also sollten wir dringend für unsere Liebsten und uns selbst vorsorgen. Dafür benötigen wir einen Plan, ein maßgeschneidertes Konzept, bei dem es viel zu berücksichtigen gibt, worüber wir uns normalerweise nie Gedanken gemacht haben. In diesem Buch wird aufgezeigt, wie man selbst mit geringem finanziellen Aufwand im Notfall auch weiterhin heizen und kochen kann, aber auch, welche stilvollen Lösungen es für die ansonsten dunklen und kalten Tage gibt.

ISBN 978-398562-003-6 • 15,00 Euro

WAS SIE NICHT WISSEN SOLLEN!

Michael Morris

Einigen wenigen Familien gehört die gesamte westliche Welt – und nun wollen sie den Rest!

Eine kleine Gruppe von Privatbankiers regiert im Geheimen unsere Welt. Das Ziel dieser Geldelite ist kein Geringeres als die Weltherrschaft, genannt die *Neue Weltordnung*!

Michael Morris erklärt über die Zukunft der Finanz- und Wirtschaftswelt: *„Die Ländergrenzen werden bleiben, aber die Währungsgrenzen fallen! Ich habe in diesem Buch den Fokus auf die Wirtschaft, auf Geld und das Bankwesen gelegt, denn die Mechanismen des Geldes sind der Schlüssel zur Macht dieser Bankier-Clans. Seit fast zweihundert Jahren sind wir immer wieder auf dieselben Tricks hereingefallen... Jeder Börsencrash war geplant und so ist es auch der nächste – und der kommt sehr bald!"*

ISBN 978-3-938656-13-6 • 21,00 Euro

GRÜNLAND

Werner Pilipp

Der Wahnsinn hat eine Farbe – Grün!

Für den normalen Bürger ist unsere Politik kaum mehr zu ertragen. Sind die denn alle bekloppt? Dass junge Klimakleber sich vor einen dieologischen Karren spannen lassen, weil sie es nicht besser wissen, ist das Eine. Doch was ist mit unseren Akademikern, mit den Wissenschaftlern? Die Klimadiskussion ist völlig absurd, ebenso wie unsere derzeitige Migrationspolitik, das leidige Impf-Thema oder das großkotzige Verhalten gegenüber Russland oder China, von denen wir wirtschaftlich abhängig sind. Wir verschulden uns für Länder, die laut Außenministerin Baerbock „hunderttausende Kilometer von uns entfernt" sind, das Verbrennerverbot nimmt uns unsere Mobilität, und das Verbot von Öl- oder Gasheizungen lässt uns im Kalten sitzen. Firmensterben oder -abwanderung sowie hohe Strom- und Heizpreise verarmen die Menschen noch weiter. Und was macht unsere Politik? Gender-Gaga, LGBTQ+-Wahnsinn, jährlich möglicher Geschlechterwechsel, Rassismuswahn, immer einschneidendere Bürgerentrechtung usw. Mal ganz ehrlich: Sind die noch ganz dicht?

Doch welch Glück, dass es einen Sündenbock gibt, den man für all das verantwortlich machen kann – sein Name beginnt mit P. Er hat die Ukraine überfallen, und da man die Geschichte vor dem Krieg geflissentlich verschweigt, erscheint dies auf den ersten Blick auch plausibel. Aber der Sündenbock kann noch viel mehr. So lebte unser Land über viele Jahre sehr gut auch aufgrund der billigen russischen Energie. Dies war der US-Hochfinanz schon immer ein Dorn im Auge. Tja, und so ein Zufall, da sprengt der böse P. auch noch seine eigene Gas-Pipeline... Die unkritische Masse bekommt nur wenig mit, was im Hintergrund alles vorbereitet wird und wie man unsere Gesellschaft langsam, aber sicher in eine ganz bestimmte Richtung lenkt. Und dieser links-grün-woke Singsang schallt uns tagtäglich im Radio oder im Fernsehen entgegen – fast alle machen mit. Gäbe es die sozialen Medien nicht, so wären wir restlos verloren. Vor allem ist das Tempo beängstigend, mit dem unsere grünen Politiker alles zerstören, was Generationen vor uns wirtschaftlich, aber auch kulturell und an Werten mühsam aufgebaut haben.

Doch wer steuert das alles? Wer bestimmt, dass überall das Gleiche propagiert und Widerspruch nicht toleriert wird? Werner Pilipp hat in diesem Buch extrem detailliert aufgeführt, welche Interessensgruppen diesen Trend wollen, wem unsere Politiker eifrig dienen, welchen Kartellen fast alle Medien und TV-Sender gehören und was ihr wahres Endziel ist.

ISBN 978-398562-012-8 • 33,00 Euro